高校学生志愿服务融入社会治理的逻辑与路径

——以四川大学为例

赵露 姜新 青杨媚 吴银雪 著

四川大学出版社
SICHUAN UNIVERSITY PRESS

图书在版编目（CIP）数据

高校学生志愿服务融入社会治理的逻辑与路径：以四川大学为例 / 赵露等著. -- 成都：四川大学出版社，2024.8. -- ISBN 978-7-5690-7224-2

Ⅰ. G646；D432.6

中国国家版本馆CIP数据核字第2024AN3363号

书　　名：	高校学生志愿服务融入社会治理的逻辑与路径——以四川大学为例
	Gaoxiao Xuesheng Zhiyuan Fuwu Rongru Shehui Zhili de Luoji yu Lujing——Yi Sichuan Daxue Weili
著　　者：	赵　露　姜　新　青杨媚　吴银雪

选题策划：	李思莹
责任编辑：	张伊伊
责任校对：	张宇琛
装帧设计：	墨创文化
责任印制：	王　炜

出版发行：	四川大学出版社有限责任公司
地　址：	成都市一环路南一段24号（610065）
电　话：	（028）85408311（发行部）、85400276（总编室）
电子邮箱：	scupress@vip.163.com
网　址：	https://press.scu.edu.cn
印前制作：	四川胜翔数码印务设计有限公司
印刷装订：	成都金阳印务有限责任公司

成品尺寸：	170mm×240mm
印　　张：	21.75
字　　数：	414千字

版　　次：	2024年8月 第1版
印　　次：	2024年8月 第1次印刷
定　　价：	98.00元

本社图书如有印装质量问题，请联系发行部调换

版权所有 ◆ 侵权必究

扫码获取数字资源

四川大学出版社
微信公众号

前　言

自古以来，中华民族便有"礼仪之邦"的称号，有着"助人""自助"的优秀文化传统。《孟子·梁惠王上》记载："老吾老，以及人之老；幼吾幼，以及人之幼。"助人为乐、尊老扶幼不仅是追求崇高道德境界的个人修行，也是维系社会安宁的有效途径。在崇尚"仁政"的漫长历史过程中，历朝历代均将"尊老""尊长""扶弱""扶幼"视为美德，儒家倡导"仁爱"，墨家倡导"兼爱"——"有力者疾以助人，有财者勉以分人，有道者劝以教人。若此，则饥者得食，寒者得衣，乱者得治"。"乐善好施""扶弱济困"的传统美德深深融入中华儿女的精神血脉，为当今的志愿服务事业奠定了深厚的文化涵养基础。

"奉献、友爱、互助、进步"的志愿服务精神为联合国前秘书长安南所提出，体现了志愿精神的本质，其服务、团结的理想和使这个世界更加美好的信念，是联合国精神的最终体现，与中国特色社会主义核心价值观具有内在一致性。"富强""民主""文明""和谐""自由""平等""公正""法治""爱国""敬业""诚信""友善"24字社会主义核心价值观，是基于国家层面、社会层面、公民个人层面所提出的价值观，是社会群体的是非标准与行为准则，也是整个社会的文化核心。社会主义核心价值观所构成的中国特色社会主义社会是一个物质充足与精神富裕相协调的美好社会，志愿服务精神与社会主义核心价值的最终追求均在于建设更加和谐美好的社会。正如费孝通先生所言，维系不同文化的奥义在于"各美其美，美人之美，美美与共，天下大同"，志愿服务精神具有推己及人的助人内涵，与中国特色社会主义核心价值观强调的"互助友善"具有价值的一致性，有助于实现多元融合，弘扬先进文化。

高校志愿服务是有理想、有担当的青年一代在奋力实现中国梦的伟大征程中的火热实践与积极贡献。在青年大学生群体中弘扬和倡导志愿奉献，是高校贯彻和践行党的二十大精神的积极举措。在步入第二个百年奋斗征程的今天，将"奉献、友爱、互助、进步"的志愿服务精神融入当代大学生的精神血脉，有利于艰苦奋斗、不怕困难等宝贵的革命传统的继承与发扬，有利于青年一代形成中国特色社会主义的道路自信、理论自信、制度自信与文化自信，为新时期青年群体融入中国式现代化建设奠定广泛的、深厚的、可感知的价值基础。

高校志愿服务作为志愿服务体系中的重要组成部分，兼具人才培养与服务社会的功能。早在2015年3月，教育部在印发的《学生志愿服务管理暂行办法》中即提出"高校今后应将志愿服务纳入实践学分管理"，应及时把学生志愿服务认定记录纳入学生综合素质档案，将学生志愿服务"纳入大学生思想政治教育和未成年人思想道德建设工作评估体系"。高校学生志愿服务作为实践教育的重要形式，已成为高校德育、美育、劳育的重要载体，也是高校智育、体育的重要补充。同时，在信息化浪潮下，高校自觉或不自觉地与社会频繁互动，为避免被动沦为社会发展的追随者，高校志愿服务必须主动嵌入社会发展进程，主动融入社会治理所需，让大学生的社会实践教育紧扣时代发展的节奏，从而培养出国家所需、社会所需、人民所需的高素质人才，切实回应"培养什么样的人，怎样培养人，为谁培养人"的教育命题。

著　者
2024年2月

目 录

第一章 绪论……………………………………………………（1）
　一、习近平总书记关于志愿服务的重要论述……………………（1）
　二、志愿服务文化…………………………………………………（3）
　三、志愿服务伦理…………………………………………………（7）
　四、志愿服务法治…………………………………………………（11）

第二章 志愿服务发展与历史机遇……………………………（15）
　一、我国志愿服务的发展…………………………………………（15）
　二、高校学生志愿服务的发展……………………………………（15）
　三、高校学生志愿服务的历史机遇………………………………（23）
　四、志愿服务事业的顶层设计……………………………………（25）
　五、志愿服务行动的全域格局……………………………………（30）

第三章 高校学生志愿服务融入社会治理的逻辑理路………（35）
　一、高校学生志愿者个体自我实现的需要………………………（36）
　二、高校学生志愿服务中的双因素激励…………………………（39）
　三、高校学生志愿服务中的心理契约……………………………（42）
　四、高校学生志愿服务提升社会资本价值………………………（49）
　五、高校学生志愿服务组织激活社会治理体系…………………（54）
　六、高校学生志愿服务活动推动社会治理技术变革……………（67）
　七、高校学生志愿服务孕育社会善治的力量……………………（71）

第四章 四川大学学生志愿服务参与社会治理的模式………（74）
　一、四川大学青年志愿者服务融入社会治理的代表性与典型性……（74）
　二、四川大学学生志愿服务队伍建设现状与参与社会治理情况……（82）

第五章　四川大学学生志愿参与社会治理的典型案例分析……(244)

- 一、"服务乡村，奉献青春"助力乡村振兴实践团 ……(244)
- 二、"药健康"乡村家庭医药学健康科普志愿帮扶实践团 ……(248)
- 三、四川大学轻工科学与工程学院"千纸鹤"支教队……(253)
- 四、"彝新风"推普助力乡村振兴实践团 ……(257)
- 五、四川大学赴新疆、西藏、四川普通话推广实践团……(261)
- 六、"博士快车"健康宣讲与义诊实践团 ……(266)
- 七、"百川之声"知史爱党志愿讲解特色项目 ……(269)
- 八、四川大学图书馆志愿者队"浸润书香 阅见世界"阅读文化节 ……(271)
- 九、"手机课堂，陪伴夕阳"志愿服务项目 ……(274)
- 十、"坝坝法庭"法治文化进社区系列活动 ……(278)
- 十一、华西口腔医学院博物馆科普讲解志愿服务项目……(281)
- 十二、"解语花"藏族病患专属翻译就医陪同服务 ……(287)
- 十三、"立信·明远"结对互助计划 ……(290)
- 十四、良师"医"友——全民医学科普志愿服务项目……(292)
- 十五、"青橄榄"环保课堂志愿服务项目 ……(295)
- 十六、飞扬俱乐部免费IT服务助力师生成长项目 ……(300)
- 十七、"每天运动1小时"保障师生健康活动 ……(303)
- 十八、四川大学"泰迪熊医生医路童行"关爱儿童健康志愿服务项目……(307)
- 十九、"五彩石——孩子稳定的心灵陪伴"志愿服务项目 ……(309)

第六章　高校学生志愿服务融入社会治理的路径探索……(314)

- 一、高校学生志愿服务融入社会治理的现有路径……(314)
- 二、高校学生志愿服务融入社会治理的优势与困境……(321)
- 三、高校学生志愿服务融入社会治理的优化路径……(333)

第一章 绪论

一、习近平总书记关于志愿服务的重要论述

志愿服务是社会文明进步的重要标志。习近平总书记在党的二十大报告中提出,要"完善志愿服务制度和工作体系"。广大志愿者、志愿服务组织、志愿服务工作者积极响应党和人民号召,弘扬和践行社会主义核心价值观,走进社区、走进乡村、走进基层,为他人送温暖、为社会做贡献,充分彰显了理想信念、爱心善意、责任担当,成为人民有信仰、国家有力量、民族有希望的生动体现。2014年7月,习近平在给南京青奥会志愿者的回信中谈道,青奥会不仅是体育竞技的舞台,也是中国青年和各国青年分享青春、交流思想、畅谈未来的舞台。作为志愿者,无论是在台前还是幕后,无论是迎来送往还是默默值守,都可以在这场青春盛会中展现自己的风采。2019年1月17日,习近平在天津考察时的讲话提到,志愿者事业要同"两个一百年"奋斗目标、同建设社会主义现代化国家同行。志愿服务是社会文明进步的重要标志,是广大志愿者奉献爱心的重要渠道。各级党委和政府要为志愿服务搭建更多平台,更好发挥志愿服务在社会治理中的积极作用。2020年6月27日,习近平在给复旦大学《共产党宣言》展示馆党员志愿服务队全体队员的回信中谈道:"你们积极宣讲老校长陈望道同志追寻真理的故事,传播马克思主义理论,是一件很有意义的事情。希望你们坚持做下去、做得更好。"

志愿服务是社会主义核心价值观的重要内容。习近平总书记在同各界优秀青年代表座谈时强调,广大青年要把正确的道德认知、自觉的道德养成、积极的道德实践紧密结合起来,自觉树立和践行社会主义核心价值观,带头倡导良好社会风气。要倡导社会文明新风,带头学雷锋,积极参加志愿服务,主动承担社会责任,热诚关爱他人,多做扶贫济困、扶弱助残的实事好事,以实际行动促进社会进步。2013年12月5日,习近平在给华中农业大学"本禹志愿服

务队"的回信中谈道:"历史和现实都告诉我们,青年一代有理想、有担当,国家就有前途,民族就有希望,实现中华民族伟大复兴就有源源不断的强大力量。希望你们弘扬奉献、友爱、互助、进步的志愿精神,坚持与祖国同行、为人民奉献,以青春梦想、用实际行动为实现中国梦作出新的更大贡献。"2019年7月23日,习近平在致中国志愿服务联合会第二届会员代表大会的贺信中写道,希望广大志愿者、志愿服务组织、志愿服务工作者立足新时代、展现新作为,弘扬奉献、友爱、互助、进步的志愿精神,继续以实际行动书写新时代的雷锋故事。2022年4月8日,习近平在北京冬奥会、冬残奥会总结表彰大会上谈道,要在全社会广泛弘扬奉献、友爱、互助、进步的志愿精神,更好发挥志愿服务的积极作用,促进社会文明进步。要弘扬奥林匹克精神,发挥奥林匹克促进人类和平发展的重要作用,为人类文明进步贡献更多中国智慧和中国力量。

志愿服务是实现社区共建共治共享的基础。2020年2月23日,习近平总书记在统筹推进新冠肺炎疫情防控和经济社会发展工作部署会议上谈道,广大公安民警、疾控工作人员、社区工作人员等坚守岗位、日夜值守,广大新闻工作者不畏艰险、深入一线,广大志愿者等真诚奉献、不辞辛劳,为疫情防控作出了重大贡献。2021年8月24日,习近平在河北省承德市高新区滨河社区考察时强调,要把老有所为同老有所养结合起来,研究完善政策措施,鼓励老年人继续发光发热,充分发挥年纪较轻的老年人作用,推动志愿者在社区治理中有更多作为。

志愿服务是现代化管理事业的重要组成部分。2019年7月23日,习近平总书记在致中国志愿服务联合会第二届会员代表大会的贺信中强调,中国志愿服务联合会要认真履行引领、联合、服务、促进的职责,为广大志愿者、志愿服务组织服务他人、奉献社会创造条件。各级党委和政府要为志愿服务搭建更多平台,给予更多支持,推进志愿服务制度化常态化,凝聚广大人民群众共同为实现"两个一百年"奋斗目标、实现中华民族伟大复兴的中国梦贡献力量。2020年12月31日,习近平通过中央广播电视总台和互联网发表2021年新年贺词时强调,从白衣天使到人民子弟兵,从科研人员到社区工作者,从志愿者到工程建设者,从古稀老人到"90后""00后"青年一代,无数人以生命赴使命、用挚爱护苍生,将涓滴之力汇聚成磅礴伟力,构筑起守护生命的铜墙铁壁。2021年2月25日,习近平在全国脱贫攻坚总结表彰大会上呼吁,向为脱贫攻坚作出贡献的各级党政军机关和企业事业单位、农村广大基层组织和党员、干部、群众,驻村第一书记和工作队员、志愿者,各民主党派、工商联和无党派人士，人民团体以及社会各界，致以崇高的敬意。

志愿服务"积善"的道德追求与为人民服务一脉相承。2014年5月，习近平给河北保定学院西部支教毕业生群体代表回信道："同人民一道拼搏、同祖国一道前进，服务人民、奉献祖国，是当代中国青年的正确方向。好儿女志在四方，有志者奋斗无悔。希望越来越多的青年人以你们为榜样，到基层和人民中去建功立业，让青春之花绽放在祖国最需要的地方，在实现中国梦的伟大实践中书写别样精彩的人生。"2019年10月6日，习近平在给澳门街坊总会颐骏中心长者义工组老人的回信中写道："希望你们坚持老有所为、继续发光发热，多向澳门青年讲一讲回归前后的故事，鼓励他们把爱国爱澳精神传承好。积极参与粤港澳大湾区建设，携手把澳门建设得更加美丽。"

二、志愿服务文化

（一）志愿服务文化概况

21世纪以来，党和国家提高了对志愿服务文化的重视程度。2005年提出"建立社会志愿服务体系"。2007年提出"完善社会志愿服务体系"。2008年由中央文明委牵头，团中央、民政部配合，共同建立志愿服务的新机制，逐渐取得成效，为中国经济社会的发展做出了积极贡献，得到了国内外的积极评价。

近年来，随着志愿事业的蓬勃发展，我国的志愿服务文化也日益繁荣。党的十七大报告明确提出"加强社会建设"和"完善社会志愿服务体系"，党的十八大报告重申了十七大报告中的相关精神。这是对我们志愿者文化事业发展的极大支持与鼓励。党的十九大报告提出"中国特色社会主义进入了新时代"，要"把人民对美好生活的向往作为奋斗目标"，"推进诚信建设和志愿服务制度化，强化社会责任意识、规则意识、奉献意识"，这是对志愿服务发展的新要求、新期望。党的二十大报告提出"提高全社会文明程度，实施公民道德建设工程，弘扬中华传统美德，加强家庭家教家风建设，推动明大德、守公德、严私德，提高人民道德水准和文明素养，在全社会弘扬劳动精神、奋斗精神、奉献精神、创造精神、勤俭节约精神"，为中国志愿服务事业发展指明了方向。新时代中国特色社会主义志愿服务逐渐走向全民参与、全民共享的格局，我们要努力创造各阶层、各群体踊跃加入志愿组织、踊跃参加志愿服务的社会氛围，并且适应广大人民群众日益发展的利益需求，提供更多更好的关爱和帮助，促进社会文明进步，促进全社会共同富裕。

2013年以后,志愿服务文化受到越来越多的关注,多数学者虽然没有明确提出志愿服务文化的概念,但是在对志愿服务的研究过程中已经体现出志愿服务文化的理念,因此,可以说志愿服务文化已经进入学术界的研究视野。同时,在志愿服务行动的实践中,志愿服务文化不仅是志愿者个人志愿服务精神的展现,同时也体现了志愿服务团队与组织在方方面面的带动与影响,彰显了全社会对志愿服务行动的广泛关注,得到了深厚的实践印证。

(二)志愿服务文化的含义

随着越来越多人群的参与,志愿服务作为一种人们参与社会各项公益事业的行为方式,也正日益发展为一种文化现象。狭义的志愿服务文化是在志愿从事公益事业的实践中形成的相关文化,着眼于志愿活动本身的实践。广义的志愿服务文化,除狭义的志愿服务文化,还包括与之相关的历史人文背景、制度保障体系、组织结构框架、精神理念价值、推广传播范围及影响等。总而言之,志愿服务文化是长期志愿服务行动的实践积累的结果,包含志愿服务行动的程序、规范、服务成效,同时更加关注志愿精神价值的提炼与深远影响。志愿服务文化是社会文化的重要组成部分,社会基础决定了志愿服务文化的特点,这些特点又积极影响志愿者的行为,推动着志愿服务文化事业的不断发展。

高校志愿服务文化是高校在持续推进志愿服务实践过程中积淀形成的,是高校志愿服务事业的价值凝练,既包含以"奉献、友爱、互助、进步"为核心内容的"志愿精神文化",也包括作为实践主体的"志愿者文化"、作为实践内容的"志愿服务文化"和作为实践背景的"志愿环境文化"。推动高校志愿服务文化大发展大繁荣是新时代高校志愿服务事业长效发展的源动力。

(三)志愿服务文化的基本特征

志愿服务文化的基本特征可以概括为奉献他人、示范引领与价值认同。

志愿服务行动是志愿者自愿贡献个人的时间和精力,在不求物质报酬的前提下,为推动人类发展、社会进步和社会福利事业而提供的服务。这种奉献他人的精神,是自我存在与尊重他人的有机统一。

志愿服务行动在实践和宣传过程中可以产生示范引领作用。在当今时代背景下,我们所倡导的志愿服务文化以公益性为主要特征,提倡通过合理有效的志愿服务活动载体,在全社会倡导志愿服务精神,形成志愿服务氛围。在市场经济条件下,志愿服务文化因其超越现实功利性而独树一帜。志愿者在自愿的基础上作出选择,以服务社会和服务他人为价值目标,具有很强的现实影响力。

志愿服务行动实现了个人价值和社会价值的有效统一,在社会范围内形成了普遍的价值认同。所谓价值认同,就是对一定价值的理解和接受。从志愿者的主体角度来看,服务他人、服务社会都是自我实现的方式,即所谓的做自己想做的、做自己能做的。志愿服务行动可以动员更多的社会成员融入社会发展,参与国家建设,从经济、政治、社会等层面审视并了解今天的现实与发展愿景,最终形成正确的政治意识和向上向善的道德信念。

(四)志愿服务文化的社会价值

随着时代的发展,志愿服务已经成为一种社会潮流和时代风尚,越来越多的人主动加入志愿者的队伍贡献自己的力量。志愿文化建设愈发受到青年志愿者、志愿服务组织重视。文化的本质是思想。思想对象化在器物中便成为器物文化,在制度中就体现为制度文化,在人类行为中便体现为行为文化。志愿文化的核心就是"奉献、友爱、互助、进步"的志愿精神。着眼于新文化的建设,志愿精神必将成为中国特色社会主义文化的高尚元素。从这个意义上说,青年志愿者行动所担负的是一种新的服务于民族复兴的文化使命。当志愿服务日益成为人们日常生活中的一部分时,这些文化元素会对社会成员形成潜移默化的影响,从而在根本上改变社会整体的道德面貌,形成积极健康的社会文化。对个人来说,志愿服务文化的培育提升了志愿者主体的个人精神境界,提供了学习机会,增强了社会化能力,促进了志愿者主体的全面发展。

志愿者在参与志愿服务的过程中,除了帮助他人,还可以培养自己的组织及领导能力,学习新知识、增强自信心及学会与人相处等。应逐步引导志愿者运用所学知识能力积极参与社会、服务大众,通过志愿服务行动将所学技能和知识运用于社会实践,检验知识,发现不足,弥补缺陷,促进志愿者主体的自我成长成才。同时,志愿者在参与服务前有机会参与系统的专业培训和注意事项的讲授,可以更好地学习服务技巧,提升服务能力,从而提供优质专业的志愿服务。

志愿者参与有意义的志愿工作和活动,既可扩大自己的生活圈子,又可亲身体验社会中的人和事,加深对社会的认识,这对志愿者自身的成长和提高是十分有益的。尤其对于在校大学生来讲,志愿服务能够帮助他们提前接触社会、认识社会,增强社会交往交流能力,成为检阅个人优势和特长的重要渠道。志愿者参与志愿服务有利于丰富工作经历和人生阅历,形成适应社会现实生活的性格特征、心理倾向和行为方式。

志愿者通过参与志愿服务，可以满足自我实现的强烈需要。在组织和参与志愿服务工作中，志愿者有机会为社会出力，增强自主意识，挖掘内在热情，调动自身积极性，发挥自身能力与才干。在这一过程中，志愿者主体在志愿服务活动中切身体会到被他人、被社会需要的感受，满足自身需要，提高自我认同，人生的价值在志愿活动当中得到体现，精神境界也得到了升华。

志愿者在参与志愿服务过程中，不计报酬，无偿服务，摒弃拜金主义和享乐主义，树立积极向上的人生观；志愿服务奉献和服务他人，引导他们远离个人主义和实用主义，形成正确合理的价值观；志愿服务强调实践、服务社会，培养爱国主义情怀，逐步形成正确的世界观。志愿服务的助人自助、积极参与、相互依赖、共促发展，使人获得物质和精神的双重满足，从而促进人的全面发展。对社会来说，志愿服务文化能推动社会道德化育，有益于构建社会合作网络，推动社会主义和谐社会的良性发展。

文化具有熏陶、教化、激励作用，先进文化更能在全社会起到凝聚、润滑、整合的作用。营造志愿服务文化氛围，能够最大限度地传播志愿服务理念。志愿者个体在服务过程中形成了敬业、进步的文化，志愿者之间形成了信任、互助、合作的文化，志愿者与服务对象之间形成了奉献、友爱的文化。在提供志愿服务的过程中，志愿者通过倾真情、办实事、献爱心，不仅使志愿服务对象逐步被与人为善、平等尊重、友爱互助的志愿精神感动和吸引，还在志愿服务对象心中种下了提升自己、回馈社会的种子。这一过程的循环往复，为良好社会风尚的形成奠定了扎实的基础。当志愿服务日益成为人们日常生活中的一部分时，这些文化元素会对社会成员形成潜移默化的影响，从而在根本上改变社会整体的道德风貌，形成积极健康的社会文化。

文化是识别码、身份证。不同群体因志愿服务产生交集，在共同参与中形成志愿文化，产生文化认同、身份认同，容易促进交流。个人在志愿精神的感召下，积极参与志愿服务，成为志愿者的一分子，完成服务对象与志愿者之间的身份转化。志愿服务通过一次又一次行动，不断强化人与人之间的信任，从而构筑起越来越广泛的社会网络，人们在这一开放流动的社会网络中共享社会资源，提升知识技能，从而实现共同的目标和任务，实现人与人之间合作的流动性。

志愿服务文化体系能够促进社会文化的主流发展与多样性发展的和谐统一。志愿服务文化在大量的志愿服务实践中得到完善并且让人深有体悟。志愿服务文化的培育和志愿精神的发挥能消除社会隔阂，减少社会分化所带来的疏离和冷漠，促进人际互助，缓和社会矛盾和冲突。志愿服务可以大规模提高公共服务的覆盖范围以及公共服务的质量与效率。同时，积极参加志愿者行动，沉淀志愿服务文化，有利于志愿者锤炼品质和素质，成长为社会主义和谐社会建设的主力军。

三、志愿服务伦理

党的二十大报告强调要完善志愿服务制度和工作体系，因此，除了从法律、行政等层面着手，还需要从伦理层面进行思考和探索，构建志愿服务伦理规制体系，推进志愿服务伦理建设。而要构建志愿服务伦理规制体系、推进志愿服务伦理建设，就必须深入了解和掌握志愿服务的伦理特性，这样才能使构建的志愿服务伦理规制体系契合志愿服务的伦理本质、合乎志愿服务伦理的内在规律，使志愿服务伦理建设真正富有成效地进行，从而使我们的服务产生更好的效果，也能使志愿者角色更好地发挥社会功能，传达应有的价值理念。

（一）志愿服务伦理的含义

志愿服务伦理是社会伦理的重要组成部分，志愿服务对"真、善、美"的展示与追求很好地诠释了社会伦理的内涵。志愿服务伦理是指志愿服务的相关人员在服务过程中，应遵守的行为规范和道德标准，也可以说，志愿服务伦理是调节志愿服务行动中主体间关系的行为规范和准则。

（二）志愿服务伦理的特质属性

志愿服务的伦理特征集中体现了康德伦理学的本旨，也就是基于纯粹"善良意志"（动机）的普遍道义论追求。可见，作为一种现代社会越发常见和成熟的道德实践方式，志愿者群体及其精神品质是值得从伦理学的角度去认识和思考的。在志愿服务行动中，志愿者自愿奉献他们的时间、物力、精力和心力，用康德的伦理学术语来说，志愿者的服务伦理是纯动机论的。他们不求任何回报，即无条件地付出和奉献，同时不设任何限制，不讲任何条件，无论何人何事，只要是需要帮助的，他们都乐于尽其所能地去帮助，并期待通过他们的行动和努力，帮助所有需要帮助的人和事，以此促进人们之间的互助互爱和社会团结，改善我们社会生活世界的道德伦理状况。

近年来有关志愿服务的伦理学研究日益增多，然而，不同国家或地区的社会发展或文明程度不尽相同，志愿者群体的组织形式、活动或行动方式、社会影响等也不尽相同，这使得相关伦理学研究在方法、所取视角、评价方式乃至理论建构等方面呈现千姿百态、各显其风的状态。受经济、政治状况的制约以及风俗习惯、民族文化等的影响，世界各国的志愿服务在伦理特性方面必然存在一些本质的、根本性的差异，我国的志愿服务大大不同于西方国家的志愿服务。

我国志愿服务事业在长期发展过程中取得了巨大的成就，已经把推动志愿服务事业发展摆到了事关社会主义现代化建设的重要位置。我国特色志愿服务开创了崭新局面，人民群众积极参与志愿服务活动，凝聚力不断增强；进一步实现增进民生福祉、顾全服务大局的能力；担当急难重任、发挥特殊作用的战斗力不断增强，涵育主流价值、培育文明新风的引领力不断提升。因此，依据习近平总书记关于志愿服务的重要指示精神以及《志愿服务条例》等对志愿服务的规定，基于我国志愿服务产生和发展的历史背景以及实际情况，从中国话语和中国叙事体系来探析志愿服务的伦理特性，更能体现我国志愿服务伦理特质。

志愿服务伦理特质体现在高度自觉的社会责任感。志愿服务是志愿服务主体在不求回报的情况下，为改善社会、促进社会进步而自愿付出个人的时间及精力所做出的服务工作。这个自愿是主动的而不是被动的，是自觉的而不是强迫的。自愿性是志愿者服务的基本特征之一，是志愿者对公民义务的自觉担当和对公民身份的自发认同，是主体高度社会责任自觉的外在彰显。主体意识树立之后，服务主体自觉关注社会发展，自觉回应社会需要，并以投身志愿服务的实际行动帮助他人、贡献社会，使每个社会成员自觉融入社会主义价值体系建设中，往往展现出高度的社会责任感。

志愿服务伦理特质体现在执着追求的无私奉献精神。志愿者参与志愿服务活动并不以获取回报为前提，这也正是志愿服务的核心。奉献精神是指对某种事业全身心投入并且不求回报的精神品质，是社会大我人格的外在彰显，是一种不惜让渡甚至牺牲自身利益而增加他人和社会利益的精神。因此，志愿服务是志愿者利用自身技能无偿地为他人与社会提供服务，其精神内核与奉献精神在本质上内在统一。而这种行为的基础则是志愿者对自身社会关系的清晰认知和对志愿服务过程中精神满足的追求，将个人幸福与社会全体幸福相结合。

志愿服务伦理特质体现在牢固树立的以人为中心理念。以人为中心就是以人为本。人作为社会存在物，是以社会组织的方式来维持生存和发展的，社会乃是所有社会成员必须维护、关切和促进的生命共同体。以人为本，旨在以人为出发点和中心，围绕激发和调动人的主动性、积极性、创造性展开相关活动，就是要以人为基础，以人为前提，以人为动力，以人为目的。我国的"以人为本"的目标就是实现人的全面发展、满足人民群众的现实需要、尊重人的价值和尊严、追求人的解放和幸福。志愿服务有利于满足人民群众的现实需要，实现人的全面发展，使人的价值和尊严得到尊重，促进人对幸福的追求。因此，在开展志愿服务活动过程中，应牢固树立以人民为中心的理念，以解决群众的困难和问题为出发点和落脚点，以实实在在的成效赢得群众的认可和支持。

志愿服务伦理特质体现在共建共享和谐社会的根本信念。和谐社会提倡维护社会的稳定、公平和公正，提倡团结互助、扶贫济困的良好风尚，追求平等友爱、融洽和谐的人际关系。在一个社会中，不同群体之间存在着经济、文化、教育等方面的差异。通过志愿服务，这些差异可以得到弥合，从而促进社会的和谐发展。同时，志愿服务能够形成强大的道德感召力，从而有力推动社会主义核心价值观建设，净化社会风气，进而使社会在精神价值层面得到进一步发展。

（三）志愿服务伦理的守则

伦理是关乎人类社会道德生存的哲学，而具象的伦理形态仅适用于特定的历史范畴。规范志愿服务中的伦理守则，可以有效降低志愿服务实践中的失范风险。

第一，以社会主义核心价值观引领志愿服务活动开展。自觉以社会主义核心价值观为道德标尺和行动准则，规范志愿服务。社会主义核心价值观是我们党领导全国人民建设中国特色社会主义的价值指向和精神灵魂，从理论渊源层面看，志愿服务与社会主义核心价值观具有一致性，志愿服务的开展内在要求其以社会主义核心价值观为价值指引，同时在具体开展过程中有效践行社会主义核心价值观。当下，国际形势纷繁复杂，各类思潮不断涌现，使得处于社会发展与转型期的价值观呈现多元并存、多样易变等特征。加强社会主义核心价值观的引领地位，有利于正确处理主旋律与多样化的关系、一致性和多样性的关系，从而有效整合社会意识，加强社会主义文明建设，加强核心价值观对志愿服务行动的引领，只有这样，志愿服务才能获得更广泛的大众参与，形成更持久的精神动力。

第二，以规范的工作体系推动志愿服务高质量发展。"责任"通常指对正当权利承担的义务，与之相应的责任伦理旨在说明个体间权利与义务的关系。责任伦理旨在调适社会结构中自我与他者的关系，其逻辑起点是处于互动交往的主体所承担的社会角色。如今，我国的志愿服务工作体系建设取得了很多成绩，但在志愿服务活动中仍存在因认知不清、欲求不满而激化服务供需双方矛盾冲突的现象，凸显了建设参与主体角色和权责体系的紧迫性。因此，首先要推进志愿服务常态化宣传制度建设，形成人人参与、积极奉献的志愿风尚。其次要从理论研究、师资培养、课程研发、基地建设上加强建设，加强志愿者培训制度创新，提高供需双方的专业度。最后还要完善有关志愿服务法律法规、行业规范、志愿服务组织内部管理条例等制度内容，约束各主体行为，促进志愿服务法治化。

第三，以健全的保障机制促进志愿服务健康发展。志愿者提供的捐助或者服务的无偿性仅体现在受助群体免费获得服务上，而服务过程中客观产生的必要支出或风险成本，则应由志愿服务组织方承担。因此，要加快研究和健全志愿服务保障机制，以促进我国志愿服务健康长效发展。首先，要建立恰当的激励机制。志愿服务行动是一项奉献行为，因此需要被激励、塑造和强化。恰当的激励不仅不违背奉献精神，而且是对志愿者志愿服务行为的认可、鼓励，可以加强对志愿服务的引导。确保志愿服务长效发展，应当建立恰当的激励机制。其次，建立科学的组织机制。志愿者招募、管理、培训以及志愿服务前期筹备、过程监控、结果评价等，每一个环节的有力组织都将促进志愿服务的长效发展。最后，整合社会资源，加大对志愿服务的各种投入，保障志愿者的合法权益，为志愿者提供例如意外保险、劳保用品、餐食交通补贴等必要的资源和权利保障，提升社会认同，从而吸引更多的人弘扬志愿精神、参与志愿服务。

（四）志愿服务伦理的功能

志愿服务伦理关系到道德人格的培养与完善。道德人格是个人道德品质的外在表现。在伦理学意义上，道德人格是个体有关道德认知、情感、意志、信念和习惯的总和，它关注个体的价值取向和道德意识。道德人格同世界观、人生观和价值观一样，可以通过个人的学习与锻炼得到加强。参与志愿服务可以引导人们在服务他人、奉献社会的实践中传递积极向上的道德情感，使其道德人格进一步完善，社会责任感和使命感得到提升。

志愿服务伦理关系到情感理念与实践行动的统一。情感理念是指个体在长期社会生活中所形成的稳定的情感和信念的总和。情感理念需要通过学习才能获得，接受相关教育是一种重要方式。在此基础上，在社会生活中将情感理念转化为全过程的实践，并在实践中不断完善与发展理念，才能推动自身和社的发展进步。志愿服务活动是社会道德实践的有效方式,在志愿服务实践中,志愿者能够将其学习的理论知识加以运用,从而把抽象的理念转化为认识和解决实践问题的能力,促进学习内化和实践应用的统一。

志愿服务伦理的核心功用在于维系社会公平正义。在人类社会发展进程中,公平正义是一个道德理念,也是整个社会孜孜不倦追求的目标。人们对于个人发展、社会保障以及其他与个人利益息息相关的各领域的公平需求共同构成了对社会公正的追寻。在志愿服务实践中,志愿者可以帮助弱势群体获得更多关爱和支持,不仅满足了被帮助者的现实需求,同时也为未来的发展提供了更多的可能性。这体现了社会对弱势群体的伦理关怀,传递了社会关爱和温暖,有利于社会全体成员共享社会发展成果,推动了社会公平正义的实现,助力了社会和谐。

四、志愿服务法治

志愿服务作为一个专有名词,在我国的传统文化及学术话语中存在的历史并不久远。志愿服务作为一种工作形式,其诞生既受中华传统文化中互帮互助美德思想的影响,又受近代西方社会倡导的慈善行为的影响,可以说是中西文明互鉴的时代产物。在志愿服务理念不断传播的过程中,志愿服务的规范化管理、保障性需求呼声日益高涨,对志愿服务过程中的相关关系进行规范、对志愿服务工作的安全性及公益性进行立法保障日趋紧迫。

(一)志愿服务法治建设的重要性

志愿服务法治建设是志愿服务可持续发展的根本保障。有研究显示,我国的志愿服务发展中存在着志愿者组织发展速度快与运作不规范的矛盾、志愿者队伍不断壮大与志愿者权责不清的矛盾、志愿服务活动蓬勃开展与政府和社会的支持和保障力度不够的矛盾。[①] 这些矛盾涉及志愿者、服务对象、志愿者组织、政府各方的权利、义务关系,具体来说,涉及志愿者与志愿者组织之间的协议约定、志愿者安全保障、志愿者培训与物资保障等权益事项。各方面的矛盾,光靠道德自律、社会组织内部管理是不能解决的,只有通过法律法规的强制力与约束力方能为志愿服务活动提供最有力的保障,这是志愿服务领域倡导并呼吁开展法治建设的最根本原因。

---

① 陈卓. 志愿服务保障机制的法治化[J]. 国际关系学院学报,2009(1):95.

大学生是志愿者中的主力军，大学生对于志愿服务工作的条件保障需求比其他志愿者群体更高。一项关于志愿服务立法需求的调查显示，对志愿服务立法需求越强、对志愿者权益保障需求越高的志愿者在志愿服务过程中产生阻力的可能性越大。也就是说，法律因素是志愿者参与志愿服务活动的重要考量因素，志愿服务的条件保障也是志愿者参与志愿服务活动的重要考量因素。

因此，加强志愿服务法治建设，明确志愿服务的法律性质，保障志愿服务各方的权益，对于志愿服务特别是高校志愿服务来说具有稳基固本的作用。志愿服务的法治建设应当解决如下问题：志愿服务活动的性质界定，志愿服务组织的性质界定，志愿者身份的界定，志愿者、志愿者组织与服务对象三者间法律关系及权益的界定，志愿服务活动的伦理原则，志愿服务的运营管理包括经费筹措及管理的规定。

（二）志愿服务法治建设的发展现状

在新时代背景下，志愿服务呈现规模扩展的态势。据《慈善蓝皮书2023》发布的志愿服务相关统计，截至2022年底，全国实名注册志愿者人数为2.3亿，较上年同期增长3.6%，全国志愿服务折合人工成本价值约1915亿元。志愿服务在大型赛会、疫情防控及乡村振兴等领域呈现出深化推进的发展格局。

与志愿服务规模不断扩大相比，志愿服务的行业规范及法治建设相对滞后。志愿服务立法起步早但立法周期长且高阶法律缺失。从立法层次看，目前志愿服务领域的法律法规分为全国性立法和区域性立法。全国性立法文件仅有1部，即2017年8月22日由国务院发布的《志愿服务条例》，属于全国性的行政法规层级，2017年12月1日开始施行；地方性法规及文件61部，部门规章及文件73部，地方政府规章及文件302部，司法解释及文件1份，行业规定6份，团体规定173份。在所有的法律法规中，现行有效的共589份，已有52份失效。[①] 早在1995年召开的全国政协八届三次会议上便有《关于制定社会志愿服务法》的提案，之后召开的全国政协九届四次会议、全国政协十届二次会议，均有提案涉及志愿服务的全国性立法，呼吁对公民参与志愿服务的义务、志愿者与志愿组织即服务对象间的权益界定等进行详细规定。[②] 地方性法规中，广东、黑龙江、吉林、山东、福建、河南等出台了省级法规，南京、

---

① 数据来源为中国法律数字图书馆，由笔者整理。
② 陈卓. 志愿服务保障机制的法治化 [J]. 国际关系学院学报，2009 (1): 92-93.

宁波、杭州等地级市也出台了地方性条例，为地方志愿服务法治导航定向。其中广东省在1999年8月5日第九届人大常委会第十一次会议上通过了《广东省青年志愿服务条例》。综上所述，目前我国志愿服务领域的法治建设处于法规法条的阶段，缺乏高阶上位法支撑。

志愿服务通常被视为公益慈善服务的同类活动，是除政府公共部门外致力于增进社会总效应、推动社会问题解决、发挥社会协同作用以推动社会总体进步的社会活动，因此，志愿服务的法治建设离不开对公益慈善领域法治进展的支持，公益慈善领域的法治建设情况与志愿服务的法治建设密切相关。志愿服务法治建设相关的法律《中华人民共和国慈善法》于2016年3月16日颁布，并于2016年9月1日施行，其中涉及志愿服务的相关法条共12条。该法律为评价和判断慈善活动提供了标准和依据，是慈善公益事业领域的重要法治成果，为规范慈善组织开展志愿服务等公益慈善活动提供了法律基准。

《中华人民共和国慈善法》与《志愿服务条例》相比，前者属于法律，后者属于法规，二者从下位法与上位法组合的视角对志愿服务工作规范化起到了推动作用。同时，志愿服务工作还涉及青年就业、金融保险、社会福利、社会优抚，要实现志愿服务的可持续，发挥志愿服务促进社会善治的目标，还需要从民法、税法等细分领域中对志愿服务中涉及的劳动合同、保险、纠纷协商等相关情形做专门规定，保障和维护志愿者的权益，增进志愿服务的社会效益。与志愿服务法治建设相关的另一部法规《社会组织登记管理条例》处于征集意见后的阶段，尚未通过立法机构审议，需要推动立法进程，为规范、有序开展志愿活动提供有力的法律支持。

（三）志愿服务法治建设的重要方向

志愿服务法治建设是社会主义精神文明建设的重要领域。志愿服务在当代中国作为一种社会组织现象被人们认识和接纳的时间并不长，志愿服务的法治建设工作较为薄弱，要增强社会主义文化自信，形成全社会崇德、守信、爱国、奉献的社会风气，势必要为志愿服务工作提供强有力的法制基础。

志愿服务法治建设需注重知识交叉融合、注重理论与实践结合，不可脱离基层实际。志愿服务是一项需要融合心理学、法学、政治学、社会学相关知识来开展的综合性工作，从志愿服务的法律规范角度来看，其行业规范必然也涉及多学科的交叉融合，因此，志愿服务的法治建设需要相关研究者与实践工作者基于法学、心理学、社会学、政治学的学理知识，立足基层、立足社区、立足群众实际需求来组织相关活动，切不可脱离实际、褊狭片面。

志愿服务是系统工作，要对志愿服务的服务形式、活动流程、相关群体权益做细分，并在民商法中的劳动合同、税收、金融保险等相关法条中进行匹配，切实对志愿服务的社会效应做增量考量，实现志愿服务社会效益最大化。志愿服务法治化关系到志愿服务的长期可持续，关系到志愿服务的根本动力、长远作用、全局影响，要厘清志愿服务的法治思维，完善志愿服务活动相关立项、认证、指导、评审、监督、支持、反馈、激励等环节的法治保障机制。

第二章 志愿服务发展与历史机遇

一、我国志愿服务的发展

我国志愿服务起步较晚,发展时间也比较短。改革开放以来,我国志愿服务取得了突飞猛进的进步,志愿服务工作不断规模化、形式化、制度化。

20世纪80年代,我国开始出现志愿活动和志愿者,典型代表是基层社区服务活动。80年代末90年代初,在共青团的组织下,志愿者响应国家号召,参与并开展多种类型的志愿服务活动,同时,国内的民间组织也积极动员志愿者参与社会公益活动。21世纪以来,我国的志愿服务进一步发展,国家组织的大型活动、"西部计划"等项目的开展,标志着中国志愿服务发展进入了一个新阶段。

随着社会的不断进步,我国志愿服务的特色逐渐清晰。一是行政化色彩明显。我国志愿服务的发展伴随着国家大型社会活动或者现代化建设,同时,党和政府通过共青团和社区积极推进志愿服务发展,志愿服务的行政化色彩也就不可避免。二是志愿服务体系日渐完善。从小范围的试点,到区域性的探索,再到形成普遍的社会风尚,志愿服务逐渐成为社会文明程度的显著标识。三是国际化步伐稳健有力。选派青年志愿者服务联合国机构、参加全球志愿服务技术会议,中国青年志愿者逐步深化与世界各国志愿服务组织的交流与合作,为促进民心相通和文化交流互鉴贡献青春力量。

二、高校学生志愿服务的发展

改革开放后,我国青年志愿者活动和社会建设实现了较快发展。中国政府高度重视志愿服务工作,从上而下进行推动和倡导,无论是志愿服务形式、服务内容还是服务环境,都实现了较大的进步,志愿服务也逐步成为衡量个人道德水平和社会道德风尚的重要因素。本章主要是在明确国外高校学生志愿服务发展历程的基础上,对我国高校学生志愿服务的历程进行梳理。

(一)初步形成期

随着改革开放的不断深入,我国志愿服务和高校学生志愿服务工作发展循序渐进。1983年3月,北京市宣武区大栅栏街道发起"综合包户"的学雷锋活动,组织奉献爱心青年与帮扶对象签订服务协议,为帮扶对象提供寻医送药、修缮房屋、卫生打扫等服务。该活动通过签订协议,以契约的形式实现综合包户,具备了现代意义上志愿服务长期化、日常化的特点,标志着现代志愿服务模式破土而出。1987年,广州市青少年教育办公室、广州市教育局团委等部门联合开通了"广州市中学生心声"手拉手热线,为青春期的中学生提供援助,成为我国第一条专业化的志愿服务热线。1989年,深圳设立了"关心从聆听开始"热线,为深圳外来务工青年人员提供心理咨询和帮助,这是我国第一支现代意义上的社会义务工作者队伍。1989年3月,天津市和平区新兴街道的朝阳社区结合现代转型创办"社区志愿服务团队",成为全国第一个社区志愿服务团体。1990年6月,深圳市义务工作者联合会诞生,这是我国正式经民政局登记注册的志愿者社团组织。成立大会有46名成员参加,并通过了倡导"参与、互助、奉献、进步"精神,鼓励爱心奉献、助人自助,以"服务社会、传播文明"为宗旨的组织章程。这一期间,分散在全国各地、仍处于萌芽状态的志愿服务力量稍显单薄,社会影响力也不足。但是,这些带有学雷锋性质的活动逐渐以其旺盛的生命力,成为现代意义上的志愿服务。这一阶段的志愿服务活动为促进市场经济社会中新型友善互助风尚的形成提供了有益探索。

在社会志愿服务初步发展的同时,全国各高校也迎来了恢复高考后的一批批高校学生。当时的高校学生对知识和新鲜事物有着极大的热情,接受能力强,渴望实现自我价值。志愿服务是解放思想的产物,因此在志愿服务发展过程中,高校学生自然地充当了引领者,逐渐扛起了志愿服务的大旗。20世纪90年代初,志愿服务的教育作用逐渐被重视,在共青团的推动下,高校学生志愿服务开始走入人们的视线。1990年,为了迎接中国举办的第一次综合性国际体育大赛——第十一届亚运会,亚组委和北京团市委组织北京近4万名高校学生成立了"首都高校亚运会义务服务人员大队",成为此次亚运会志愿服务队伍中的中坚力量。1991年,清华大学以八十年校庆为契机,将鼓励学生参加志愿服务作为促进学生全面发展的重点之一,校团委组建"学生紫荆义务服务总队",即清华大学紫荆志愿者服务总队的前身。1993年11月,北京大学的部分学生义务为学校道路清理积雪,而后成立北京大学爱心社。爱心社作为中国高校早期志愿服务组织之一,对于高校的志愿服务事业发挥了重要的推动作用。而后,共青团中央为了响应党的号召,于1993年12月召开的共青团十三届二中全会上提出了"青年志愿者"的口号,将志愿服务活动作为跨世纪青年文明工程的内容写入了《在建设社会主义市场经济进程中我国青年工作战略发展规划》,逐渐开展中国青年志愿者行动。此次会议上,团中央明确了将推动志愿服务的发展作为凝聚广大青年高校学生的重要手段,实现其助人与育人的双重目标。1993年12月19日,两万余名铁路青年亮出了"青年志愿者"的身份,以"为旅客送温暖"为口号,在京广铁路沿线开展志愿服务。星星之火,可以燎原,在这一活动的号召下,全国40万名大中专学生利用寒假的时间,集中在铁路系统开展了"志愿者新春热心行动"。以此为开端,以高校学生为主体的青年志愿者活动在全国迅速蔓延。因此,1993年"铁路系统志愿服务"成为高校学生志愿服务发展历史进程中的一个重要标志。

通过这一时期的志愿服务活动,人们发现,在雷锋精神的影响下逐渐发展的青年志愿者活动,是一种与国际接轨,与社会主义市场经济同行的精神载体。这一载体不但继承了雷锋精神的先进性,而且更加注重参与主体的层次性和差异性,尊重了个人合理的价值追求。通过志愿服务,高校学生不但可以更好地弘扬雷锋精神,而且能在社会中充分发挥示范带头作用。共青团组织敏锐地察觉到这一变化,经过团中央的力推,高校学生登上了志愿服务的舞台,全国各高校开始组织学生利用所学专业知识参与各项公益事业,改变了以往学雷锋活动自上而下、政治化动员的形式。

(二)成长壮大期

经过了一段时期的探索,在共青团的大力推动下,高校学生积极投身志愿服务事业。1994年2月,共青团中央发出《关于"志愿者学雷锋奉献日"活动的通知》。同年12月,共青团中央成立了负责协调、组织、指导全国青年志愿服务工作的组织——中国青年志愿者协会,这标志着中国青年志愿服务事业进入了崭新、全面的快速发展阶段。

自1993年北京大学爱心社成立以来,在其辐射作用下,各高校纷纷组建了校内志愿服务团队,组织高校学生开展志愿服务,如1994年北京师范大学成立的"白鸽青年志愿者协会"、东北师范大学成立的"红烛志愿会",1997年上海交通大学成立的"青志队",1999年辽宁大学成立的"青年志愿者协会"，2000 年东北大学成立的"蒲公英志愿者协会"等，可谓百花齐放。

政府各有关部门尤其是团中央，作为青年志愿服务的发起部门，更是在推广、宣传、开展志愿服务方面不遗余力。1994 年 1 月，团中央组织"94 新春热心活动"，共动员了 20 万名学生志愿者参加；3 月，团中央、全国青联、全国学联实施"中国青年志愿者'一助一'长期服务计划"，通过在青年志愿者和服务对象之间建立长期稳定的关系，为群众提供帮助；6 月，中宣部、国家教委、团中央联合发出《关于 1994 年暑期高等学校学生社会实践活动的通知》，将万支高校学生志愿服务队暑期科技文化活动作为工作重点项目，参加的大中专学生近 50 万名。1994 年底，志愿者行动从单一开展活动转向自身机制建设，各级志愿者协会如雨后春笋般成立。1995 年 7 月，团中央举行"中国大中专学生志愿者扫盲与科技文化服务行动"，参加的大中专学生志愿者达150 万名。1996 年 5 月，团中央在长春召开深化高校学生志愿者活动座谈会；11 月，团中央、国家教委等部门发出《关于在城镇街道开展"高校学生社区援助"的意见》，号召全国高校的学生志愿者走出校园，与社区建立长期、稳定的服务模式，通过开展扶贫帮困、帮老助残等多种形式的服务，在社会实践中锤炼意志品质。1996 年，青年志愿者的品牌项目——"中国青年志愿者扶贫接力计划"开始试点，来自全国各地的 22 名志愿者奔赴山西省静乐县，开始了为期一年的志愿服务。该项目经过两年的试点，于 1998 年全面实施，截至 2013 年，累计选派了 19766 名志愿者到中西部地区的 237 个贫困县从事每期半年到 2 年的志愿服务工作。1997 年，中宣部、团中央、国家教委组织开展了高校学生暑期文化、科技、卫生"三下乡"活动，动员组织学生利用暑假深入农村生活，发挥专业优势，为农村提供脱贫致富和满足农民群众生产生活需要的志愿服务活动。这一活动也已形成品牌，成为高校学生开展志愿服务的常规形式。从 1998 年开始，志愿服务各方面建设环环相扣，为志愿服务可持续发展奠定了坚实的基础。1998 年 8 月，中央青年志愿者行动指导中心组建，承担中国青年志愿者协会秘书处的功能和职责，将全国青年志愿者组织管理工作纳入其中。1999 年 6 月，保护母亲河"中国青年志愿者绿色行动营计划"在河北丰宁营启动，组织志愿者在营地内开展保护环境的志愿服务项目。自 2000 年开始，共青团中央把每年 3 月 5 日"学雷锋活动日"改为"中国青年志愿者服务日"，标志着学雷锋活动和志愿服务结合在了一起，雷锋精神和志愿服务进入全面融合阶段，高校学生志愿服务迎来了新的发展。

随着志愿服务事业的不断壮大，青年志愿服务得到了党和国家领导人的充分肯定。1996 年 10 月，党的十四届六中全会召开，在《中共中央关于加强社会主义精神文明建设若干重要问题的决议》中写入了深入开展青年志愿者行动的内容，这是一个里程碑式的标志，也是志愿服务首次出现在党的中央文件中。1997年12月，中共中央总书记、国家主席江泽民为服务社会、服务人民的"中国青年志愿者"题字。2000年1月，江泽民对青年志愿者工作作出重要批示。他指出，青年志愿者行动是当代社会主义中国一项十分高尚的事业，有利于在全社会树立奉献、友爱、互助、进步的时代新风。团中央依据实际以及党和国家领导人的批示，在统筹考虑国际定义的志愿精神内涵的基础上，将"奉献、友爱、互助、进步"确立为中国志愿精神的内涵和价值体现，并得到各界认同，成为这一阶段的标志性事件。

在中国青年志愿者协会的指导下，广大高校组织学生以弘扬"奉献、友爱、互助、进步"的志愿精神为宗旨开展志愿活动，标志着高校志愿服务事业逐渐规范并快速发展。虽然这一时期高校志愿服务规模仍然较小，但是随着志愿精神的弘扬，越来越多的高校学生加入了志愿服务队伍。

（三）纵深发展期

进入21世纪，世界各国都对志愿服务更加重视，推动开展志愿服务成为国际社会的共识。联合国将2001年确立为"国际志愿者年"，成为一个标志性的起点，掀起了世界各国弘扬志愿精神、传播志愿文化的高潮，中国的志愿服务已经成为国际志愿服务的重要组成部分。在我国为"国际志愿者年"开展的一系列活动的推动和促进下，志愿服务得到了政府、群团组织以及其他机构的重视。

2001年3月，为了促进志愿服务各项事业建设整体发展，组建一支以注册志愿者为主体的志愿者队伍，共青团中央、中国青年志愿者协会颁布了《中国青年志愿者注册管理办法（试行）》。在这一文件中，团中央明确提出了志愿者需要实施注册登记。8月，在北京召开的世界高校学生运动会中，高校学生志愿者团队"彩虹志愿者"为赛会提供了周到细致的志愿服务，为2008年北京奥运会积累了一定的经验。同年，"中国十大杰出青年志愿者""中国青年志愿服务金奖"以及"中国百名优秀志愿者"作为"国际志愿者年"的系列评选活动开始推出。2002年3月，"中国青年志愿者海外服务计划"面向全国公开招募高校学生志愿者，这是中国高校学生志愿者首次走出国门。同年12月，团中央首次举办"中国青年志愿者服务金奖"颁奖仪式暨事迹报告会。2003年4月，为了抗击"非典"，全国各级共青团和青年志愿者组织广泛动员全国高校学生开展不同形式的志愿服务，为打赢"非典"攻坚战做出了贡献。同年

6月，高校学生志愿服务的又一品牌项目——"高校学生志愿服务西部计划"开始实施。这一项目由团中央联合多个部门组织实施，选拔大学毕业生奔赴西部地区开展教育、医疗、技术等方面的志愿服务。这个项目从2003年启动一直持续到现在，已经成为我国高校学生志愿服务一张亮丽的名片。截至2018年，该项目已累计选派27万余名高校学生志愿者到中西部22个省区市及新疆生产建设兵团的2100多个县市区旗基层服务。2004年，"爱心助成长"志愿服务计划启动。2005年6月，北京奥运会项目启动；7月，中共中央总书记、国家主席胡锦涛就实施大学生志愿服务西部计划做出重要指示，他指出："实施大学生志愿服务西部计划，有利于开辟高校毕业生健康成长的新途径，有利于推动西部地区的经济社会发展。"2006年12月，团中央结合近些年志愿服务的发展情况，在5年来开展注册志愿者工作经验的基础上制定了《中国注册志愿者管理办法》，在志愿者注册登记的细节方面进行了更加清晰、明确的规定，进一步规范了注册志愿者的激励和表彰机制。2007年4月，胡锦涛在海外计划志愿者来信上作出重要批示："青年志愿者事业是党和国家对外友好事业的重要组成部分，也是培养优秀青年人才的途径和舞台。"这一阶段的统计数据显示，截至2007年12月，经过规范注册的志愿者有2500多万人，全国累计有2.68亿人次的志愿者在扶贫开发、社区建设、环境保护、大型活动、应急救援、海外服务等六大领域提供了超过61亿个小时的志愿服务。

全国高校和广大高校学生在团中央的指导下广泛开展志愿服务和志愿服务教育，为在全社会推广志愿文化、弘扬志愿精神向纵深发展不懈努力。与此同时，高校教育工作者意识到志愿服务在促进高校学生社会化以及志愿精神在思想政治教育方面的作用，将志愿精神教育纳入学校的整体教育规划。2005年，北京科技大学在全国率先开设独立的实践课程"高校学生志愿服务"，通过课堂教育以及课外实践等形式制订了一套科学的管理体制，建立了志愿服务的长效育人机制，起到了很好的育人效果。教育部2004年、2005年、2006年《高校学生思想政治状况滚动调查》显示，多数高校学生认同"志愿服务是现代文明的重要标志之一"，并在志愿服务的实践中身体力行地弘扬着雷锋精神和志愿精神，为构建社会主义和谐社会发挥着积极作用。

这一阶段，高校学生志愿服务逐渐向着品牌化、专业化、规范化、制度化的方向发展。志愿服务让人们看到了社会中依然存在的最基础、处于核心的高于效率和利益的追求，是社会文明的积淀。随着服务内容越来越丰富、服务领域不断拓宽，志愿服务逐渐摆脱了以往行政化的特点，体现了自愿性、无偿性、公益性的特点，开始成为广大高校学生自愿参与、助人自助的重要载体和形式。高校学生志愿服务稳步向纵深发展。

(四)影响力不断扩大时期

经过前期的不断积累,志愿服务已经在全社会引起了广泛的关注,但是仍然没有上升到全民参与的高度。2008年汶川地震后的救援以及北京奥运会的成功举办,志愿者这个群体显示出了耀眼的光芒。这两件重要事件的发生,让全国全社会乃至国外都对中国的志愿服务事业进行了重新审视。在这期间,高校学生志愿者成了全国志愿事业中最为亮丽的风景线。

2008年5月12日,汶川地震发生后,除消防、医疗等部门的救援力量前往灾区外,中国第一次涌现大规模来自民间的志愿者。有关报道显示,截至2008年5月19日,地震发生一周内,注册报名参与抗震救灾的志愿者高达106万人,而这其中有21万人已经在灾区进行服务。在救援结束后进行统计时,共有约500万名志愿者活跃在灾区和全国各地的救灾工作中。来自民间的志愿者们不怕余震的危险,舍生忘死地投入灾区救援工作,与来自政府和部队等各方面的力量形成了抗震救灾的多条战线。这一举动不仅感动了国人,也让国际社会震惊。在所有前往灾区的志愿者团队中,有一支由高校学生组成的志愿服务团队格外引人瞩目。2008年7月,团中央在四川举行全国高校学生志愿者"三下乡"灾区服务队集中培训活动暨出发仪式,组织了全国22个省的539支服务队,开展为期一个月的以支教培训、卫生防疫、心理调适等为内容的志愿服务活动。同时,团中央启动了高校学生志愿服务西部计划抗震救灾专项行动,安排了1000余名高校学生志愿者到四川等地开展为期1~2年的支持灾区建设工作。高校青年学生的社会责任感、爱心、关怀、真诚、勇敢等特质在这场自然灾害面前表达得淋漓尽致,深刻地体现了高校学生志愿服务中蕴含的爱国精神和民族精神,体现了国家的凝聚力,得到了全世界的瞩目。

第二十九届夏季奥运会于2008年8月在北京如期举行,高校学生志愿者则是奥运志愿服务的关键力量。主办方北京市委、市政府高度重视志愿服务工作。2005年,北京市政府、北京奥组委成立了"志愿者工作协调小组",由主要领导担任组长,整合各方有关力量。随着北京奥运会志愿者项目启动仪式暨"志愿服务与人文奥运"国际论坛在京召开,奥运会志愿者工作进入实际运行阶段,对推动志愿服务家喻户晓、人人参与起到了良好的作用。据统计,从2008年8月8日开始一直到奥运会所有项目全部结束,共有赛会志愿者10万余名,其中高校学生志愿者占60%~70%;城市志愿者40万名、社会志愿者100万名,其中高校学生志愿者占50%以上;啦啦队志愿者20万名,基本由高校学生志愿者担任。这些高校学生志愿者活跃在不同的赛事场馆和赛事举办地的大街小巷，他们不仅为奥运会提供志愿服务，也在时刻传播和弘扬志愿精神。正是他们的辛勤付出，北京奥运会给全世界人民留下了美好的回忆，产生了深远的影响。闭幕式上，国际奥委会主席罗格高度表扬了为保证奥运会顺利举办默默付出的志愿者。以高校学生为主体的志愿者的工作赢得了运动员和中外宾客的好评，受到了党和国家领导人的称赞，更唤起了社会各界对志愿服务的理解和认同，提升了志愿服务的支持力和影响力。

以 2008 年两个重要事件为契机，志愿服务被越来越多的高校学生喜爱和接受，进入了一个全面发展的阶段。志愿服务由过去的自由发展向着规范化、科学化、经常化的目标不断前进。2008 年 10 月，中央文明委印发《关于深入开展志愿服务活动的意见》，标志着青年志愿者服务由共青团的品牌工作上升为党的事业。2009 年 6 月，教育部印发《关于深入推进学生志愿服务活动的意见》，将志愿服务作为进一步加强和改进高校学生思想政治教育的重要内容，在思政课教学中加入志愿精神的课程，纳入对高校各综合评价的指标体系中。在此之后，无论是 2009 年 10 月举行的国庆 60 周年活动，2010 年举办的上海世博会、广州亚运会，还是 2011 年举办的西安园博会、在深圳举行的世界高校学生运动会，到处都是高校学生志愿者的身影。高校学生志愿服务逐渐走进人民的视线，走向世界的舞台。

党的十八大以来，党和国家高度重视志愿服务的开展，不断加强工作的统筹和领导。以此为新的起点，参与志愿服务已经成为新时代高校学生日常生活中的一个重要组成部分。2016 年团中央一项针对全国 105 所高校进行的调研数据显示：在调研的 105 所高校中，2015—2016 年在校学生 190 余万人，其中，注册志愿者接近 120 万人，占总人数的 62%。2015—2016 学年累计参加志愿服务 180 余万人，累计志愿服务时长 859 万小时（人均 7.27 小时）。84%的高校学生表示参与过志愿服务。

2012 年，党的十八大报告指出，社会主义道德建设的基本任务是要全面提升公民道德素质，并且明确指出："深化群众性精神文明创建活动，广泛开展志愿服务，推动学雷锋活动、学习宣传道德模范常态化。"这体现了党中央对志愿服务的重视程度。党的十八大至今，高校学生志愿者在不断实践中积累了丰富的经验，为各项重大赛事和会议真诚付出，提供了高质量的志愿服务。值得一提的是，2014 年 12 月，由团中央、中央文明办、民政部等部门共同主办的首届"中国青年志愿服务项目大赛暨志愿服务交流会"在广州启幕。这一活动的举办旨在推动志愿服务项目化运作、社会化动员和制度化发展，提高志愿服务技能,传播志愿文化,弘扬志愿精神。这个交流会既迎合了"大众创业、万众创新"的浪潮,又打造了一个孵化公益梦想、服务社会发展、引导青年公众的平台,促进了公益志愿项目的对接与落地。这项活动至今仍在连续举办,为志愿服务事业的发展添上了浓墨重彩的一笔。2017年12月,《志愿服务条例》的实施填补了我国志愿服务领域在国家层面的立法空白。2019年10月,《新时代公民道德实施纲要》印发并实行,将志愿服务作为加强新时代公民道德建设、践行社会主义道德的重要途径。

三、高校学生志愿服务的历史机遇

志愿服务被誉为"温暖人间的最美风景",是社会文明进步的重要标志。从邻里互帮、守望相助的身边善行,到跨越山海、心手相牵的网络义举;从"我为人人、人人为我"的社会风尚,到携手前行、行稳致远的价值共识,志愿精神消融了年龄、性别、身份等差异界限,熔铸于社会发展与时代脉动之中,成为"人民有信仰,民族有希望,国家有力量"的鲜活注脚。

高校青年志愿服务是党和国家在新的历史条件下在思想政治教育领域、社会服务领域的一项重大创举。党的十八大提出广泛开展志愿服务后,志愿服务发展迎来了新的机遇。

(一)党中央的高度重视

党的十八大以来,习近平总书记对志愿者给予了极大关怀,为志愿服务工作指明了方向,提出了殷切期望。

习近平总书记在多次回信和考察讲话中,从不同角度阐释了志愿服务的深远意义,肯定了我国志愿服务所取得的显著成就,鼓舞了全国的志愿者,为志愿服务今后的发展指明了方向,产生了巨大的社会影响。

习近平总书记多次的回信和考察讲话,体现了党中央对志愿服务的高度重视。党的十八大以来,为贯彻习近平总书记志愿服务重要指示精神,促进志愿服务实践制度化、常态化、长效化,提高志愿服务的水平,中央文明办等多部门联合部署,围绕推进志愿服务制度化,不断探索中国特色的志愿服务制度。

(二)不断推进志愿服务制度化

党的十八大以来,我国在规范志愿者注册招募、加强志愿者培训管理、建立志愿服务记录制度、健全志愿服务激励机制、完善政策和法律保障等方面都采取了有力措施,志愿服务制度化工作进展显著,志愿服务平台不断拓宽。党的十九大胜利召开后,我国进一步加快了志愿服务的制度化建设。

中华人民共和国国务院发布国务院令第685号《志愿服务条例》,要求各地精神文明建设指导机构建立志愿服务工作协调机制,加强对志愿服务工作的统筹规划、协调指导、督促检查和经验推广;各地民政部门负责本行政区域内志愿服务行政管理工作;工会、共产主义青年团、妇女联合会等有关人民团体和群众团体应当在各自的工作范围内做好相应的志愿服务工作。中央文明委发布《关于推进志愿服务制度化的意见》,要求各地各行业充分认识推进志愿服务制度化的重要意义,建立完善长效工作机制和活动运行机制,营造我为人人、人人为我的良好社会风尚。由共青团四川省委员会联合中共四川省组织部、四川省文明办等11个部门共同印发的《关于进一步深化青年志愿服务改革推动志愿服务制度化常态化的通知》,重点围绕青年志愿服务激励保障等方面,推出了关于成长激励、校园激励、公共服务激励、信用激励、财政保障、平台支撑和项目培育等七条具体举措,更好地引导广大青年志愿者不断为全面建设社会主义现代化四川贡献青春力量。

目前,全国统一了中国志愿服务标识,统一了推进志愿服务制度化的办法,统一了学雷锋志愿服务名称,统一了社区志愿服务工作流程,统一了志愿服务的活动记录和转移接续,统一了全国志愿服务证,形成了由中央文明办牵头,教育部、民政部、团中央等部门密切协同、统分结合的体制机制,初步创建了一套具有中国特色的志愿服务制度,形成了一批具有中国特色的志愿服务项目。

(三)志愿者队伍的持续壮大

志愿服务不是少数人的事情,需要长期持久的全民参与。党的十九大以来,志愿者队伍不断壮大,志愿服务活动得到长足发展。根据中国志愿服务网消息,截至2020年12月,实名注册志愿者总数达1.92亿,志愿服务团体数量增长到78.37万个,志愿项目总数为478.60万。在乡村社区各处,在活动赛事现场,在救灾抗疫前沿,在扶贫帮困一线,在人民最需要的时刻,志愿者们挺身而出,让"奉献、友爱、互助、进步"的志愿精神在新时代蔚然成风。

共产党员志愿服务的善行是弘扬与践行社会主义核心价值观的示范,密切了群众关系,提升了党的影响力与感染力,这是我国志愿服务的鲜明特点。"十万名党员、十万个雷锋"。2012年,淮北市成立全市党员学雷锋志愿服务总队,建成市总队、部门(县、区)支队、镇办服务队和社区服务站四级网络，全市已有 12.6 万名党员加入志愿服务组织，各类志愿服务小分队达 3100 余支，121 个党政机关、企事业单位党组织的 5 万名党员都在社区注册登记，参与社区志愿服务，做到了"党员在哪里，志愿服务就在哪里"。党员"在生产、工作、学习和社会生活中起先锋模范作用"，党章的这一要求，在全国各地的志愿服务中得到了生动的体现。

全民动员、全民参与，不仅要完善制度，还要简化手续。在四川省，只要关注"志愿四川"微信公众号，输入个人姓名、身份证号码、联系方式等真实信息，选择注册加入的志愿组织，不到 2 分钟便可注册成为一名志愿者，极大地促进了全民参与。

人人参与志愿服务，就是要让志愿服务与人民生活紧密相连。吉林长春二道区东站街道十委社区是一个老旧小区，没有物业公司。志愿者带领社区群众，在小区环境美化、社区文化营造、邻里矛盾化解等方面，互帮互助、共同受益，打造了"好邻居志愿服务站"等一批志愿服务阵地，居民生活水平得到提升，小区面貌焕然一新。

蓝图已绘就，奋进正当时。党的十九届五中全会擘画了面向"十四五"和 2035 年的发展新蓝图，并对志愿服务工作提出明确要求。随着志愿服务的项目化运作、专业化发展、信息化支撑的持续深入推进，广大志愿组织和志愿者事不避难、心手相牵、无私奉献、勇毅前行，必将在中华民族伟大复兴征程上实现新发展、展现新作为。

四、志愿服务事业的顶层设计

共青团中央青年志愿者行动指导中心在团中央书记处领导下，从事全团青年志愿服务项目的组织实施和志愿服务理论研究、文化宣传、人才培训、国际交流等工作。团中央对青年志愿服务的工作要求有以下几点：

团结凝聚青少年，积极培育和践行社会主义核心价值观。社会主义核心价值观作为当代中国主流价值观，是引导青年健康成长的指路明灯。在坚持中国特色社会主义教育道路、培养德智体美劳全面发展的社会主义事业建设者和接班人的时代背景与要求下，用社会主义核心价值观培育新时代新青年具有重要的现实意义。习近平总书记多次对青年志愿者工作作出批示，给青年志愿者群体回信。以此为基本遵循，我们努力在广大青少年中宣传习近平总书记批示精神，通过向社会传递志愿服务的"好声音""正能量"，培育和践行社会主义核心价值观。

组织动员青少年,参与志愿服务和社会主义精神文明建设实践活动。志愿服务既从属于精神生活的范畴,又是提升精神追求的重要手段。青年志愿服务是传递社会关爱、涵养精神力量的有效途径。青年志愿者行动丰富了社会主义精神文明建设的活动载体。西部计划选派累计25万名高校毕业生到中西部基层开展基础教育等志愿服务。海外服务计划已先后选派666名志愿者到23个发展中国家开展服务。关爱行动已动员550万名志愿者,与1482万名农民工子女开展结对服务。阳光助残已动员184万名志愿者,结对残疾青少年245万人。

加强组织建设、队伍建设、文化建设、制度建设,吸引动员更多青少年为社会主义精神文明建设做贡献。志愿服务已经成为事关国家建设的重要事业,被纳入国家治理体系和治理能力现代化的社会治理创新格局中。目前,全国青年注册志愿者人数超过5000万。代表着青年志愿文化的"鸟巢一代",以及北京"志愿蓝"、G20峰会"小清荷"、互联网大会"小梧桐"等,已经家喻户晓,成为新时代青年的精神坐标。

增强政治性、先进性、群众性,加强部门自身建设。加强思想政治教育,深入开展党的二十大精神和习近平总书记系列重要讲话精神学习宣讲。加强文明单位创建工作组织领导,建立单位"一把手"负责工作机制。规范部门党务工作,加强日常党建,加强作风建设,坚持双周学习会制度,坚持组织部门党员、团员带头参与社会志愿公益活动。主要负责同志带头到公共场馆开展志愿服务。严格按照中央八项规定要求,加强勤政廉洁教育,严格执行"三重一大"决策制度。以西部计划和基层志愿者协会建设为例,可梳理出志愿服务工作的规律性要求。

(一)西部计划

1. 总体安排

根据中青联发〔2018〕3号关于印发《2018—2019年度大学生志愿服务西部计划实施方案》的通知,2018—2019年度西部计划按照"围绕中心、服务大局、优化结构、科学管理、强化保障、提质增效"的思路,紧紧围绕乡村振兴战略和打赢脱贫攻坚战的战略部署,实施基础教育、服务三农、医疗卫生、基层青年工作、基层社会管理、服务新疆、服务西藏7个专项。要落实共青团中央深化改革要求,全面提升项目管理水平,使西部计划成为工作理念先进、组织运行高效、社会动员广泛的引领性、标志性志愿服务项目,推动西部计划实现高质量发展。要进一步体现对民族地区、边疆地区、贫困地区和革命老区的支持，保持和扩大相关地区实施规模，岗位设置进一步向深度贫困地区调整。进一步深化研究生支教团工作，扩大基础教育专项规模，提升支教扶贫实效。进一步发挥推动优秀人才从东、中部地区向西部地区流动的示范作用，加强东、中部地区青年学生招募选拔，鼓励和支持期满志愿者扎根当地，深化优秀人才跟踪培养。进一步凸显西部计划实践育人的功能，突出弘扬和培育志愿服务精神，搭建助力志愿者在实践中坚定理想信念、锤炼意志品格、提高综合素质的平台。

2. 工作要求

一是高度重视。西部计划是共青团、教育、财政、人社等部门服务人才强国战略、乡村振兴战略、区域协调发展战略的重要举措，是引导和鼓励高校毕业生到基层工作的重要制度安排，是共青团实践育人的重要载体，是引导青年人通过西部基层实践进一步坚定理想信念、锤炼意志品格、升华志愿情怀的实践育人工程，是为高校毕业生搭建到西部基层干事创业通道的就业促进工程，是鼓励和引导东、中部优秀人才到西部地区扎根的人才流动工程，是推动高校资源参与当地乡村建设发展的乡村振兴协力工程。各地相关部门要进一步增强政治意识、大局意识、核心意识、看齐意识，高度重视该项目的组织实施，认真研究项目运行中的战略性、操作性问题，支持解决项目实施中的各类实际问题，切实将西部计划抓实、抓好、抓出成效。

二是加强指导。各地相关部门要指导各级项目办，根据新时代新形势新要求，推动项目实施不断与时俱进，提质增效。要进一步深化基层导向、优化岗位设置，结合实施乡村振兴战略、打赢脱贫攻坚战等中心工作，大力拓展基础教育、服务三农、精准扶贫等服务岗位，新增岗位向深度贫困地区倾斜。进一步加大从东、中部地区招募人才力度，优化选拔招募流程，提升选拔招募质量。进一步加强志愿者的教育培养，加强理想信念教育和综合素质培养，普遍建立西部计划志愿者团支部，搭建志愿者在服务岗位之外参与当地精准扶贫工作和青年工作的平台。进一步优化激励政策，做好宣传动员，加强就业创业指导，切实推动志愿者服务期满后扎根当地创业就业。

三是完善机制。各地要进一步完善西部计划工作领导运行机制，加强部门间沟通协调，加强对重要政策、重大事项、难点问题的定期研究。各部门要通力协作，各司其职，充分发挥职能优势，共同实施好西部计划。各级团委要承担好地方项目办的职责，主动与教育、财政、人社等单位加强沟通，做好统筹协调，抓实招募培训、服务管理、考核激励等工作。各级教育部门要支持高校项目办开展西部计划招募工作，加强对研究生支教团志愿者的后续培养。各级财政部门要做好地方配套资金的保障，建立志愿者工作生活补贴标准动态调整机制。各级人社部门要结合地方实际统筹考虑，推动志愿者参加社会保险和服务期满就业创业政策的细化和落实。

四是科学管理。各地要加强西部计划日常服务管理，抓好年度考核。要高度重视安全健康管理，加强志愿者自我管理、自我教育、自我服务、自我成长。坚持做好志愿者在岗情况和安全事故月报告制度，建立健全突发事件应急处理机制。要严格资金管理，确保专款专用，严格执行进度，加强绩效评估，进一步提高财政资金使用效益。要加强督导考核，上级项目办要定期对下级项目办进行绩效考核，县级项目办要定期对志愿者工作情况进行考核、做好期满鉴定，并建立健全激励约束机制。要完善好西部计划信息系统，提升工作信息化水平和效率。

五是大力宣传。各地要充分利用各类媒体，多渠道宣传西部计划，解读相关政策，扩大西部计划综合影响力。深入挖掘当地可亲、可信、可学的志愿者优秀典型，通过组织表彰、事迹宣讲、风采展示等活动，广泛宣传优秀志愿者服务基层和在基层成长成才的感人事迹，在全社会进一步弘扬志愿服务精神，更好地引导高校毕业生树立面向基层就业创业的观念，鼓励更多的青年在西部基层火热的实践中建功立业，锻炼成长。鼓励更多的青年将个人理想融入党和国家事业之中，在西部基层火热的实践中淬炼成长、建功立业，为党、为祖国、为人民多做贡献，唱响"请党放心，强国有我"的时代强音。

（二）加强县级青年志愿者协会建设

1. 主要内容

2020年，团中央、中国青年志愿者协会发布《关于加强县级青年志愿者协会建设的指导意见》（以下简称《意见》），就加强县级青年志愿者协会建设作出整体部署。

《意见》指出，青年志愿者协会是在实践中培养社会主义事业建设者和接班人的重要组织平台，是共青团组织动员体系的重要组成部分。县级青年志愿者协会是青年志愿服务组织体系的重要基础，是实现青年志愿者协会枢纽功能的关键所在。要进一步加强县级青年志愿者协会建设，夯实基层基础，创新运行机制，使基层青年志愿服务组织成为共青团组织力引领力服务力重要载体，在引领青年思想、凝聚青年力量、动员青年建功等方面发挥积极作用。

《意见》强调，通过普遍成立县级青年志愿者协会，建立基层青年志愿服务队、联系培育青年志愿者组织、实施青年志愿服务项目、完善工作机制等，着力健全县级青年志愿服务组织体系；通过完善内部治理，共建共享阵地、增强造血功能、创新工作方式方法等，不断提升县级青年志愿者协会活力；通过建设专业化队伍，立足社区需求、服务乡村振兴战略、选树先进典型、弘扬志愿文化、参与新时代文明实践中心建设等，在服务中心工作、引领青年成长中发挥积极作用。

2. 工作要求

（1）指导思想。

以习近平新时代中国特色社会主义思想为指导，全面贯彻习近平总书记关于青年工作的重要思想和志愿服务系列重要指示精神，贯彻落实团十八大和团十八届二中、三中、四中全会精神。

（2）基本原则。

一是坚持党建引领与履行职责使命相结合。青年志愿者协会是党领导下的以共青团为主导的青年社会组织，具有鲜明的政治属性。应以党建为统领，把加强青年思想政治引领、服务青年成长发展作为县级青年志愿者协会的根本任务，扎实推进基层青年志愿者组织建设。

二是坚持问题导向与目标导向相结合。聚焦提升团的组织力和青年志愿服务的动员力，在探索组织形态创新、完善基层组织体系、激发基层组织活力等方面，明确任务目标，压实领导责任，狠抓工作推动，发挥县级青年志愿者协会引领、联合、服务、促进的作用。

三是坚持组织覆盖与工作覆盖相结合。适应当代青年利益诉求多元、群体结构分化、网络聚集频繁新特点，主动增强"三个赛跑"意识，完善青年志愿者协会工作网络，强化县级青年志愿者协会枢纽功能，团结和凝聚广大青年志愿者和青年志愿者组织，将工作对象转化为工作力量，扩大团组织和工作的有效覆盖面。

四是坚持分类指导与改革创新相结合。聚焦县级青年志愿者协会建设和发展程度不均衡、活力不足等问题，摸清现状，强化培训，分类指导。县级青年志愿者协会要根据自身实际主动创新理念，转变工作方式，切实找对策、求实效、谋发展，以志愿者精神推动基层青年志愿者事业发展。

(3) 工作目标。

2023年，基本建成与青年志愿者事业发展相适应，组织完备、管理规范、服务完善、充满活力的基层青年志愿服务组织体系，在促进社会主义精神文明建设、引领青年社会参与等方面发挥积极作用。

一是县级青年志愿者协会全覆盖。以团的组织体系为基本依托，着力加强县级青年志愿者协会建设，在2020年底前实现50％的县（市、区、旗）成立青年志愿者协会，2021年底前实现70％的县（市、区、旗）成立青年志愿者协会，力争在2023年底前基本实现县级青年志愿者协会建设全覆盖。

二是县级青年志愿者协会活力明显增强。着眼服务社会需求，不断提高志愿服务法治化、专业化和信息化水平，积极开发具有地方特色、青年特色、时代特色的志愿服务项目，推动县级青年志愿者协会活力提升。

三是县级青年志愿者协会对增强基层团组织组织力引领力服务力的作用明显提升。推动基层青年志愿者、青年志愿者协会、青年志愿者组织成为基层团组织的新型组织形态和开展工作的重要力量，让志愿服务成为基层团组织引领凝聚青年、组织动员青年、联系服务青年的重要工作载体和新时代团员在实践中彰显先进性的重要标志。

五、志愿服务行动的全域格局

青年不仅是个体人生发展的重要阶段，也是人类历史进程中各个社会发展阶段不可或缺的重要力量。青年与社会的关系，向来是人类社会高度重视和极其关注的议题。志愿服务是连接青年个体与社会的重要桥梁。回溯我国志愿服务的发展历程可以发现，青年是我国志愿服务的先锋和主体力量。青年志愿者行动在推动"奉献、友爱、互助、进步"志愿精神日益深入人心的同时，也让中国特色志愿服务体现出鲜明的青年特质。中国式现代化的科学内涵和本质要求对中国青年志愿者事业的未来发展提出了新目标，提供了新指引。

我们应推动新时代青年志愿者事业高质量发展。不断健全青年志愿者行动的制度和工作体系，引领广大青年积极参加西部计划、研究生支教团、青年志愿者海外服务计划以及关爱特殊群体、服务赛会春运、应急救援抢险等各类志愿服务项目，充分彰显新时代青年的理想信念、责任担当、奋斗精神和家国情怀。加强基层青年志愿者组织活力建设，充分发挥青年志愿者协会在实践中培养社会主义建设者和接班人的组织平台功能。提升"志交会"项目展示、组织交流、资源对接和文化引领作用。加强典型引领，大力弘扬志愿精神。

(一) 工作展望

培养具有宽广视野和胸怀、具有高尚情操和管理能力的青年志愿者,尤其是要培养他们的爱国之心,主动引领青年学习习近平新时代中国特色社会主义思想,提高政治觉悟,坚定理想信念。

在服务国家重点工作和重大战略中,青年志愿者要有所作为。例如,在乡村振兴与新时代文明实践工作中,青年志愿者可以在理论宣讲、助老服务、文化宣传、环境保护等方面发挥积极作用。

希望我们今后能吸收更多的社会力量,在"一带一路"倡议中,青年志愿者可以走出去,推动海外志愿服务的发展。

讲好志愿故事。将志愿文化、志愿故事带到广大青年群体当中,让大家了解真正的志愿服务,感受它的魅力,自觉加入青年志愿者队伍。

凝聚志愿力量。我们要把社会各界的志愿服务组织凝聚和团结起来,通力合作,壮大青年志愿队伍的力量。

打造志愿亮点。在项目上下功夫,通过精品项目的示范,让更多的人知道如何做好志愿服务项目和工作。

(二) 工作要求

要以习近平新时代中国特色社会主义思想统领新时代青年志愿者事业发展,着眼实现"两个一百年"奋斗目标、实现中华民族伟大复兴的中国梦,准确把握我国经济社会的发展变化、新技术和信息化的发展以及青年学习生活工作和思维方式的变化等新形势,牢牢把握立德树人根本任务,服务青年成长成才。

更加聚焦动员青年建功立业,拓展青年社会参与渠道;努力积累组织成果,做到开展志愿服务与扩大组织动员力相辅相成;不断提高志愿服务规范化、专业化水平,努力推动志愿服务制度化发展。

要以建设共青团领导的一流全国性社会组织为目标,谋划推进中国青年志愿者协会改革发展,不断提升协会在共青团改革中的贡献度,在国家志愿服务事业发展中继续发挥生力军和排头兵作用。

(三) 中国青年志愿者事业新方向

青年志愿服务是现代化的特色育人路径。当前,我国劳动年龄人口平均受教育年限为10.9年,新增劳动力中有54.3%接受了高等教育,新增劳动力平均受教育年限为13.9年。这样一支规模巨大、结构日益优化、素质不断提高的青年人才队伍,将为我国高质量发展注入持久动力。不同于传统的课堂教育,志愿服务是一种以服务为载体的体验式学习形式,通过有组织的社会服务来培养塑造人,为高水平推进我国青年的现代化提供了课堂以外的一条具有中国特色的育人路径。

青年志愿服务要为促进全体人民共同富裕发挥双重作用。对大多数社会成员来说,志愿服务带来的是物质满足之上的更高层次的幸福感。这体现出志愿服务在促进共同富裕中的双重作用:一方面,青年志愿者关爱和帮助群众,旨在切实解决群众实际遇到的生活与发展困难,助力实现共同富裕;另一方面,吸引和激励广大青年参与志愿服务,支持他们在奉献爱心、充实自我的过程中实现精神世界的提升,有助于丰富共同富裕的内涵。

青年志愿服务要成为推动物质文明和精神文明协调发展的重要力量。一方面,青年志愿服务通过提供社会服务,汇集社会资源,激发青年活力,扩大青年参与,推动物质文明发展;另一方面,志愿服务既从属于精神生活的范畴,同时又是提升精神追求的重要手段。青年志愿服务活动是传递社会关爱、涵养精神力量的有效途径,也是进行社会主义核心价值观引领的实践平台。

青年志愿者要成为人与自然和谐共生理念的践行先锋。建立生态环境友好观念、建构生态文明、实现人与自然的和谐共生,需要广大青年志愿者的参与和支持。长期以来,青年志愿者发挥自身优势、普及环保知识、积极投身实践,通过丰富多彩的环保活动将生态文明科学知识带到社区与乡村,把绿色的种子播撒到祖国各地,用青春力量推进生态文明建设的伟大征程。

青年志愿者要为走和平发展道路做出积极贡献。以志愿服务为纽带的国际交流能够跨越文明隔阂,超越文明冲突,实现民心相通。青年是促进文化交流传播的使者,是讲好中国故事、维护世界和平、促进共同发展的有生力量,是建设"一带一路"、构建人类命运共同体的中坚力量。而今,越来越多的青年成为我国海外志愿服务和众多大型国际赛会志愿服务的主力军,在展示中国志愿精神、促进我国与世界各国的交流合作等方面发挥着日益重要的作用。

(四)中国青年志愿者事业新格局

党的二十大报告对推进中国式现代化作出了系列战略安排,为未来中国青年志愿者事业确立了战略框架与工作重点。中国青年志愿者事业与每项战略安排都是相关的,在以下工作中可以发挥更大的作用。

推动志愿服务成为青年成长成才的加速器。马克思指出:"人以一种全面的方式，也就是说，作为一个完整的人，占有自己的全面的本质。"① 志愿服务是实现青年全面发展、促进青年成长为完整的人的社会化大课堂。在志愿服务这一社会性服务学习过程中，青年通过与社会的良性互动来实现自我发展和社会发展，实现个人价值与社会价值的统一，从而"占有自己的全面的本质"。志愿服务是"为己"和"利他"的有机统一，是"索取"和"奉献"的有机统一，也是个人价值与社会价值的有机统一。青年在志愿服务过程中，在满足社会和他人合理需求的同时，个人也获得他人和社会对其服务的认可和尊重，找寻到自己提供服务的意义所在，实现了自身素质的提升和全面发展。

推动志愿服务成为团结、组织、动员青年的有效载体。习近平总书记在庆祝中国共产主义青年团成立100周年大会上指出："在新的征程上，如何更好把青年团结起来、组织起来、动员起来，为实现第二个百年奋斗目标、实现中华民族伟大复兴的中国梦而奋斗，是新时代中国青年运动和青年工作必须回答的重大课题。"中国共产党之所以"能"，是因为她具有一种强大的力量，这种力量并非仅仅依靠自己，而是善于把最广大的人民群众组织起来，形成一种强大的"组织化力量"。志愿服务把社会中最积极、最能动的个体凝聚在一起，成为把广大青年团结、组织、动员起来的有效载体：一方面，青年以组织化方式参加扶困济贫、助老助残、社区服务、大型活动、应急救灾等不同内容、类型和领域的志愿服务，在培养高雅情操、提升生活技能、获得崭新人生体验的同时，正确认识和把握个体与国家之间的关系，形成对中华民族发展阶段的正确认识，从而更加积极主动地融入国家发展大局。另一方面，志愿服务具有教育引导青年、管理服务青年和敏捷回应青年等内在价值以及增强干群关系、掌握隐性知识和做好应急准备等附加价值，有力巩固了党执政的青年群众基础。志愿服务的次数越多，志愿服务累积的时间越长，志愿者对主流意识形态的认同度就越高，参与志愿服务能有效提升青年的政治效能感并促进青年的政治认同。

推动青年志愿者成为增进民生福祉的奋进者。治国有常，利民为本，必须坚持在发展中保障和改善民生，着力解决好青年"急难愁盼"的问题。近年来，国家大力推动青年发展型城市建设。然而，由于政策的制订和实施受到较多因素的制约，一时很难做到对所有青年的"无差别"覆盖。如在青年人才引进政策中有职称、学历、技能等要求，在青年住房保障中有人才层次、工作年

---

① 马克思恩格斯全集：第42卷[M]. 中共中央马克思恩格斯列宁斯大林著作编译局，编译. 北京：人民出版社，1979：123.

限、社保缴纳、贡献奖励等要求。一些原子性群体和边缘性群体在参与城市发展过程中缺少社会支持，面临较多困难。这时候，青年志愿者的"无差别"服务就能很好地弥补政策的不足，促进青年公平发展。当前，越来越多的青年志愿组织以困境青少年为主要服务对象，走近和关心他们，了解他们的心声和诉求，提供精准化的关心和帮扶，助人自助，让改革发展的成果惠及更多青年。

推动青年志愿者成为文化自信自强的先行者。全面建设社会主义现代化国家，必须增强实现中华民族伟大复兴的精神力量。青年志愿者用自己的实际行动感染着身边人，极大地增强了社会主义精神文明的感召力。青年在志愿服务过程中也充分感受到劳动带来的自尊、自信等健康向上的情绪体验，参与志愿服务对青年的生活满意度、自尊心、掌控力以及其他幸福指数都有明显促进作用。志愿服务对于社会融合、社会信任和社会认同都具有积极作用，这样的社会环境又会反过来激发、培育更多的青年参与志愿服务。青年是引领风气之先的社会力量，当志愿服务日益成为青年日常生活中的自发行为时，其承载的精神元素会对全体社会成员形成潜在的、内隐性的行为塑造，从而逐渐改变社会整体的文化价值和道德观念，使社会主义核心价值观真正变成人民群众自觉的行为准则。

第三章　高校学生志愿服务融入社会治理的逻辑理路

志愿服务具有"奉献、友爱、互助、进步"的价值内核，具备灵活多样的实践形式，在培养高校学生崇高的价值旨趣、获得丰富的人生体验、习得不同于书本知识的专业技能等方面具有得天独厚的优势，一直以来都是高校德育、劳育、美育的重要内容。我国有着奉献、互助的优秀文化传统，在古代中国的神话中就有关于厚生爱民、甘于奉献的故事传颂，《山海经》中记载有后羿受帝尧派遣以安定下界、抚恤百姓的传说，还有鲧禹治水、女娲补天、神农尝百草等故事，这些都体现出古代中国有重视社会责任、爱惜民生、不畏艰难、敢于付出的文化精神，可以说奉献精神是中华优秀传统文化的重要组成部分。

当代中国继承和发扬了这一优秀传统文化，并融入社会主义核心价值观，在学校教育尤其是高等教育中大力推崇志愿服务，各级各类教育机构积极引导青少年牢固树立奉献社会、报效国家的远大理想。据不完全统计，全国共有实名注册志愿者1.92亿人，其中青年志愿者8086万人，占比42.11%。2016年5月6日，国务院法制办发布《志愿服务条例（征求意见稿）》明确指出"学校、家庭和社会应当培养青少年的志愿服务意识，鼓励和支持青少年参与力所能及的志愿服务"，"高等学校可以将学生参与志愿服务纳入实践学分管理"，提倡在高校群体中发扬和推广志愿服务活动，反映出志愿服务在高校育人体系中具有不可替代的协同育人功能。

高校学生志愿服务是高校个体实践与集体活动高度融合的育人形式，这种共融形式决定了高校学生志愿服务具有自愿性和义务性的双重特征。自愿性是高校学生志愿服务的核心要素，建立在高校对服务内容具有完全认知且具有自主选择能力和选择权利的基础上。义务性是指志愿服务代表着个体在社会中需要承担社会责任与义务，这种责任与义务是社会制度化发展的结果，遵循社会发展规律，是高度发达的社会阶段人所具备的自由、全面、自觉的行为特征。马克思认为："人的本质不是单个人所固有的抽象物，在其现实性上，它是一切社会关系的总和。"① 高校学生志愿服务在自愿性和义务性特征中实现高度整合,不仅适应了现代社会个人价值自我实现的需要,也与高校群体受激励而不断奋发向上的精神风貌相吻合。在志愿服务的过程中,高校与服务对象及服务场景达成了合理的心理契约,通过履约来带动社会正能量的产生。

一、高校学生志愿者个体自我实现的需要

志愿服务活动是不计报酬、自愿参与为社会和他人提供服务的活动,"奉献、友爱、互助、进步"的志愿精神是志愿服务活动的初心,这种精神追求通过志愿行动外化为社区活动、场馆服务、特殊群体救助,内化为志愿者甘于奉献的精神源泉和不竭动力。中国传统文化中儒家的"仁义礼智信"、墨家的"兼爱非攻"等思想与志愿精神相辅相成、一脉相通,共同构成高校学生志愿服务的精神内核,更体现了当代中国社会主义核心价值观。高校学生志愿服务在促进社会公平和谐、促进人际友善、培育现代公民、提升社会参与水平方面发挥着日益重要的作用,高校学生志愿服务队伍已经成为当前社区治理中一道亮丽的风景线。

高校学生志愿服务体现了高校群体竭诚为广大人民服务的时代风貌。作为广义社会治理多元主体的一分子,当代高校学生志愿者在志愿服务工作中通过奉献社会、关爱他人来实现个人价值,这在著名的马斯洛需要层次理论中可以得到解释。

(一)高校学生志愿服务动机

1943年,美国著名心理学家马斯洛在《人类动机理论》中提出了需要层次理论。马斯洛认为,人的行为是由动机引起的,动机起源于人的需要;人的需要是有层次的,某种需要得到满足后,另一种需要就会出现。后来的研究发现,人类的需要不一定逐渐递阶发生,各种行为动机都可从马斯洛需要层次理论中找到答案。马斯洛将人类需要建构为一个五阶模型,又称需求金字塔模型。这个具有层级结构的需求金字塔依次包括(最底层)生理的需要、安全的需要、社交的需要、被尊重的需要、(最高层)自我实现的需要。前四阶需要又被称为缺陷需要,最高级别的自我实现的需要又被称为增长需要。后来,五

---

① 马克思恩格斯选集:第一卷[M]. 3版. 中共中央马克思恩格斯列宁斯大林著作编译局,编译. 北京:人民出版社,2012:139.

阶模型又扩展为八阶模型，增加了认知需要、审美需要、超越需要。

最早对高校学生志愿者的志愿服务动机开展研究的克莱利和斯奈德通过实证研究发现志愿服务活动通常带有一定的目的性，主要有三种目的：一是通过参与志愿者项目实现个人价值；二是使自己更了解社会和拓宽个人的社会关系及补充专业知识；三是减少自身的负面情绪以获取生理及心理上的满足。2006年，经济学家齐姆克提出高校学生的志愿服务动机分别有社会利益模式、个人价值模式、投资性模式，目的是满足个人技能提高的需求和实现公共利益。

有研究显示，高校学生志愿者在大量的志愿服务中具有不同的参与动机，且这些动机处于变动之中。演变的过程大体可以分为两个阶段：参与志愿服务的初期阶段，持续参与志愿服务的阶段。在相关调查的基础上，可以将高校学生志愿服务的动机划分为五种不同的类型：功利型动机、被动型动机、快乐型动机、发展型动机、责任型动机。[①] 不同类型的动机之间具有相互转化的关系，同一时期内高校学生志愿服务个体可以存在多种动机，但由一个主要动机起支配作用。这种主要动机及其支配地位的产生取决于志愿者的年龄、教育层次、社会经历等自身因素，也受社会环境、校园文化、家庭价值观、教师引导等外界因素的影响。高校学生志愿者动机从功利型或被动型向责任型的转化，取决于各因素的综合影响，这个过程也和志愿服务活动的深入相伴相随。责任型志愿服务动机推动的志愿服务，将以更成熟的方式、更过硬的服务能力提升志愿服务水平，形成优秀志愿服务项目。

引导高校学生牢固树立崇高人生价值观，积极推动高校学生志愿服务动机向责任型动机转化，是高校学生志愿服务工作的目标，也是新时代高校德育工作的宗旨。

（二）高校学生志愿服务中的内生需求结构

志愿服务反映了人们处理自己与他人关系的基本原则，即先满足自己的基本生存需要，再满足他人的生存需要，为他人提供帮助。高校学生志愿服务行为的种种动机差异都源于人在社会交往中对需要的排序。

高校学生志愿服务活动一般按志愿服务项目来运行，具有明确的志愿服务目标和服务周期。有研究表明，高校志愿者参与动机与志愿服务时长、服务频率及服务类型存在一定相关性，受价值表达驱动的志愿行为持续时间会更长，

---

① 王民忠，狄涛. 基于需要理论的大学生志愿服务动机研究［J］. 思想教育研究，2013（10）：63.

以社交和就业为主要动机的志愿服务频率更高，在不同的志愿服务类型中，志愿者的动机也会呈现强度差异。① 在志愿服务项目运行过程中，高校学生志愿者在不同的阶段会有不同的需求，形成了一个完整的志愿服务内生需求结构。

在项目启动阶段，高校学生志愿者多具有利己性规划的动机特征。有研究显示，此阶段多数高校学生志愿者的动机出发点是"听说有补助，还能提供工作餐"，"不占用学习时间，可以获取志愿时长"，"能增加实践经验，能提供临时补助"，等等。可见，志愿者们在此阶段考虑的是志愿服务活动给个体带来的物质和现实利益回报。这个阶段可称为利己性规划需求期。利己维度的志愿精神体现了个体对自我价值的认可以及对自我实现的追求，是对个体独立人格的尊重和对个体生存发展的保护。志愿精神在这个阶段不等同于不求回报的自我牺牲精神，而是利己与利他的真实统一，承认个体利己需求是志愿服务进一步深化的基础。

在项目计划阶段，高校学生志愿者兼具利己与利他交往需求特征。计划阶段，组织者会统筹全部人财物资源，设计全部志愿服务活动流程，对志愿者进行人岗匹配。此阶段，高校学生志愿者已经决定参与其中，并积极寻找合作伙伴、设计个人活动路线、进入志愿服务活动区域，筹办一切准备工作，因此人际交往的需求进一步扩大。"只有当人们可以在自身利益与利他行为之间作选择时，利他行为才会变成一种自愿的善行"②，项目计划阶段的高校学生志愿者期待在后续的志愿服务活动中尝试新奇事物、结交朋友、获得集体的归属感，这个阶段可称为兼具利己与利他交往需求期。

在项目实施阶段，高校学生志愿者具有尊重需求导向下的利他行为特征。志愿服务项目的实施首先得益于组织方科学合理的统筹与安排，其次取决于志愿者们的笃定执行、有效配合。志愿者之间的配合建立在相互接纳、相互认可、相互尊重、相互鼓励、相互补位的基础之上。志愿者不仅需要在此阶段履行个体责任，也要协助其他人完成岗位责任，这种相互理解相互尊重的需求支撑着志愿服务活动深入进行，利他精神引导着志愿者的行为，体现了志愿服务的本真要义，道德自律和责任意识使得志愿者在项目实施阶段的行为具有更多利他性的行为特征。

在项目收尾阶段，高校学生志愿者兼具利己与利他的成就动机。志愿服务

---

① 么相姝，金如委，侯光辉. 大学生志愿者参与动机与行为效果关系研究［J］. 黑龙江高教研究，2015（6）：39.

② 奥尼尔. 利他主义、利己主义和市场［J］. 李国海，译. 现代外国哲学社会科学文摘，1993（4）：14.

项目完成之际，项目组织方与服务受众方会从正式渠道和非正式渠道给予对方评价，这种评价会通过各种途径反馈给对方。志愿者的服务是否达到了项目预定目标、服务受众对志愿服务效果是否满意、类似项目是否适合进一步开展，这三个问题关系到高校志愿者在项目中的自我实现程度，也影响着志愿者后续参与志愿服务的使命感和驱动力。这种使命感驱动的利他动机与自我认同感驱动的利己动机，共同构成了项目完成阶段的志愿服务需求动机。

基于高校学生志愿者在志愿服务各阶段呈现的动机特征，高校和社会应持包容态度，承认利己动机需求的客观事实，正视不同类型的志愿服务动机，发挥不同动机在志愿服务中的作用，满足不同群体的需求，调动高校志愿者参与志愿服务的积极性，引导高校志愿者深入了解社情民意、国情家底，从实践活动与现实问题中洗涤心灵、锤炼意志，最终培育高校学生"奉献、友爱、互助、进步"的精神品质。

二、高校学生志愿服务中的双因素激励

马斯洛的需要层次理论解释了需要是一个纵向维度的变化过程，具有由低到高的变化规律，而人的需要从横向上看因人而异，这种差别在同一个人的不同时期也会有体现。激励，就是用来解释如何推动这种需求的横向变化的一个概念。激励最初包含有"驱动"的含义。心理学家认为，激励是指通过某种方式引发个体行为，持续激发人们的动机，促使其维持在一种积极状态的心理活动过程。组织行为学中，罗宾斯将激励定义为个体为了实现目标而付出努力的过程，包括努力的强度、努力的指向、努力的持续期。管理学范畴下，激励是指通过影响人的内在需求来达到某种特定目的，从而完成引导、强化和改变人的行为的过程。弗洛姆将激励界定为一个依赖于包括预期成果的价值评价与相对应期望值两个因素的选择过程。琼斯认为，激励是一项基础的心理活动，它的形成将会促使个体毅力增强，并能够从源头上进行坚守。[①] 我国管理学家周三多将激励定义为，通过各种能够满足员工需要的措施来提高其工作积极性，发挥其创造性，从而引导员工行为，实现组织目标的手段。[②] 贺瑞虎等人将激

---

① 罗布·戈匪，加雷恩·琼斯. 你凭什么领导别人 [M]. 周新辉，译. 北京：商务印书馆，2010.

② 周三多. 管理学 [M]. 北京：高等教育出版社，2000.

励的措施分为正向作用、积极性"奖励"和反向作用、约束性"惩罚"两种。[①] 因此，激励是管理者通过一系列科学方法，根据群体个人或集体的心理及心理需求，采取相应措施，让群体个人或集体保持积极愉悦的状态，促成群体为组织目标不断努力奋斗。

激励理论是调动员工积极性的指导思想、原理和方法的概括与总结。不少学者提出了与激励相关的理论，对管理活动具有重要的指导意义，其中具有代表性的是内容型激励理论、过程型激励理论和调整型激励理论。内容型激励理论研究行为产生的原因及动力因素，如马斯洛需要层次理论、赫茨伯格双因素理论、麦克利兰成就需要理论。麦克利兰等人通过大量调查研究，认为人们有追求权力、归属和成就的三类较高层次需求，因此在管理中人员的任用与选择、发掘、培养、训练，要和员工的成就动机紧密联系。过程学派侧重于"动机"与"行为"的研究，如弗洛姆的期望理论、洛克的目标设置理论、亚当斯的公平理论。洛克的目标设置理论认为，目标对提高员工努力程度的影响取决于目标是否明确、目标的难度、员工的责任心和员工对目标的接受度。亚当斯的公平理论认为，人们会把自己所获报酬与别人比较，或将目前自己的报酬与过去比较，通过这两种方式来判断公平性。公平理论启迪管理者注重公平的感知在管理中的运用。调整型激励理论又称改造型激励理论，强调如何改变个体的行为，也就是通过一些激励诱导将个体的消极情绪消除，以更好地完成组织目标。斯金纳强化理论是典型的调整型激励理论，该理论认为强化的手段有正强化、负强化、惩罚等，可应用于如何有效运用奖惩方式来激励员工的管理活动。

（一）赫茨伯格双因素理论

关于如何科学合理设置引导措施，1959年美国行为科学家、心理学家赫茨伯格提出了著名的双因素理论。这个理论认为，人们积极工作主要取决于两个因素：一个是保健因素，一个是激励因素。赫茨伯格及其同事通过调查匹兹堡地区11个工商机构的200多名员工的工作情况并进行分析，涉及员工工作过程中的心理承受力、消极心理和积极心理等心理变化情况的出现频率，发现安全、薪资、环境、制度、人际关系、地位等方面处理不善的话会造成员工不满，而这些因素改善的话，能在一定程度上避免员工不满，消除不满足感。这

[①] 贺瑞虎，段建斌，吴龙. 新常态下基层公务员激励问题探析——基于江西南昌部分县区的实证分析 [J]. 江西师范大学学报（哲学社会科学版），2016，49（5）：60.

些保证工作正常进行以避免不满的因素就像医疗保健一样，虽不能直接提高健康水平，但有预防疾病的效果，所以就把这些因素称为保健因素。赫茨伯格从另外的调查中发现，工作成就感、工作的挑战性、上级的赏识、职业获得发展、个人获得显性和隐性的成长等因素能够促进员工的行为动机，激发员工的工作热情，提升员工对组织的向心力。这些因素虽不影响工作的正常运转，但是如果缺失，将会严重影响员工的工作效率，赫茨伯格把这些因素称为激励因素。因此，作为管理者，应当在保证基本工作条件的情况下，尽力创造激励因素，提高员工工作积极性。

（二）高校学生志愿服务中的保健因素

根据赫茨伯格双因素理论的阐释，在高校学生志愿服务工作中，应保障志愿者工作的基本条件，首先提供保健因素所涉及的措施和条件，尤其重视志愿者激励环境的营造，充分调动志愿者内生的积极主动性，弘扬志愿服务精神，物质保障和精神保障两手抓。所谓高校学生志愿服务中的保健因素，广义上是指能消除志愿者不满足感的一切因素，包括工作环境、薪酬补助、资金支持、人事关系规范管理、行政管理、法律法规、岗位地位、岗位监督、岗位制度、考核考评等，这些因素是志愿者工作岗位的物质条件和基本保障，虽然不能真正激发志愿者进一步努力的积极性，不能使志愿者获得满足感，但是这些基本条件能消除志愿者心中对工作的不满，能对志愿服务工作起到保障作用。

（三）高校学生志愿服务中的激励因素

所谓激励因素，是指能让志愿者产生较强的工作意愿，能改善志愿者工作态度、提高志愿者工作效率的一切因素，包括获得志愿服务岗前培训、志愿服务工作得到各界的赞赏、志愿者工作职级得到提升等。这些因素会使志愿者的工作积极性和工作热情得到较大提高，产生强烈的群体向心力；而这些因素如果缺失，将导致志愿者工作失去长久动力。

在这里需要区别志愿者对工作的"满意"和"不满意"的概念。志愿者对工作"不满意"的对立面应当是志愿者对工作没有"不满意"，而志愿者对工作"满意"的对立面应当是没有"满意"。所以高校学生志愿者的保健、激励双因素之间不是对立的关系，而是相互区别的。首先，要消除高校学生志愿者对志愿服务工作的"不满意"，那么需要确保工作硬件、薪酬补助、人事关系事务、工作制度、岗位监督的相对完善，即可以达到消除不满意的目标。接下来，就要着力提高志愿者的工作积极性，创造激励因素，包括为高校学生志服务者提供工作培训、进行适当的宣传报道、对阶段性完成服务的高校学生志愿者颁发证书等。

（四）双因素理论应用于高校学生志愿服务的启示

双因素理论最初应用于美国工商企业的管理。赫茨伯格提出的外在激励与内在激励的观点在业界产生了巨大反响,产生了"工作丰富化""工作扩大化""成就－高绩效""成就的认可－反馈""工作本身－客户关系"等多个行业术语。今天,双因素理论仍然在管理中具有现实的指导意义。由于双因素理论是赫茨伯格依据20世纪五六十年代美国的企业实际得出的研究成果,应用到21世纪的中国,需要考虑到国情、社情、时代的差异性,特别是对群体、激励效果、激励机制的考虑都应当因地制宜、实时调整。①

考虑到高校学生志愿服务群体的特殊性,志愿服务管理者应当充分考虑志愿者激励动机的差异性,注重对激励性因素的创造与维护。一是重视高校学生志愿服务全过程激励。二是分阶段设定好志愿者的需求清单,设计专业化的志愿服务方式,扩大志愿服务影响度,实行灵活的志愿服务工作制度,做好高校学生志愿服务的岗位规划和职位设计,尤其重视志愿服务后期的宣传报道。三是对志愿者个体施加物质激励和精神激励双重影响,直接满足和间接满足相结合,制定与志愿服务项目契合的志愿服务绩效管理制度,激发志愿者的集体荣誉感、时代责任感、志愿服务自我实现感。

三、高校学生志愿服务中的心理契约

长期以来,社会公众对志愿者存在一种误解：既然志愿者是自愿参加公益服务的,那么机构只要给他们提供服务的机会就可以了,志愿者对机构应该没有什么要求,也不应该有什么要求。但事实并非如此。有研究显示,志愿活动的安排与学习或工作冲突、学识和技能得不到发挥、对团队没有归属感会造成志愿者不愿意从事志愿活动。有研究者指出,影响志愿者持续开展服务的因素包括良好的交流、时间表合理、服务具有效能感、组织和群体支持,因此,志愿者对志愿服务活动的主办方是有期待、有要求的。②

---

① 申威. 陕西历史博物馆大学生志愿者激励机制研究——基于双因素理论视角［D］. 西安：长安大学, 2020.

② 李燕平. 基于心理契约论的非营利组织志愿者管理［J］. 中国青年政治学院学报, 2014（2）：112.

高校学生志愿者在志愿活动中对组织有期待，主办方也对志愿者有要求，这种隐含在志愿服务行为之中的心理现象可以用社会交换理论来解释。社会交换理论认为，人类社会关系归根到底是一种交换关系，关系的各方都需要有一定的付出，也期待得到一定的收益。高校学生志愿者参加志愿服务的初衷可能并不是交换，如前所述，是为了满足利己或利他的种种动机，而交换只是客观存在的行为事实，志愿者加入志愿服务组织提供志愿服务，获得服务社会的机会、收获志同道合的友谊，志愿服务组织提供基本的保健条件及更完善的激励条件，换取志愿者这种无偿或低偿的人力资源。在这个过程中，高校志愿者与志愿服务主办方会建立起明确的契约关系，将志愿者与组织方的责任予以明确。这种契约关系可以是书面契约（志愿服务协议），也可以是口头契约。这是一种明确、公开约定双方职责的契约。但志愿者期望通过志愿活动获取的关于服务对象的信息，期望通过志愿活动收获友谊，这类要求是不会明确提出的，这种隐藏起来的期待可以称为心理契约。

（一）心理契约的概念

心理契约（psychological contract）是社会心理学的概念，由美国心理学家阿吉里斯引入组织行为学，用来描述雇佣关系中的主观性的特质。阿吉里斯发现，在劳资关系中，除了通过正式契约规范双方的权利和义务，还存在无法用书面说明的非正式相互期望，这种非正式期望也就是心理契约，具有主观的知觉的特性，是决定员工行为与态度的重要因素。[1] 后来有研究者基于874名员工的访谈，印证了阿吉里斯发现的心理契约，即雇主和雇员之间存在相互期待，并且期待处于不断变化之中。后来，有研究者提出，心理契约中期待是问题的一方面，如果没有承诺，这种期待是没有任何意义的。心理契约是基于自己与第三方之间建立了互惠交换的主观信念，这种信念以双方所做出的或暗示的承诺为基础。[2] 另有研究者认为，心理契约需要回到雇佣双方彼此互惠承诺的基调上。[3] 还有研究者认为，心理契约是一系列与人的义务和权利有关的互惠期望的集合。[4]

---

[1] Robinson S L. Trust and breach of the psychological contract [J]. Administrative Science Quarterly, 1996, 41 (4): 574.
[2] 曾雅丽. 心理契约视角下的大学生志愿服务西部计划 [J]. 民族教育研究, 2013, 24 (1): 17.
[3] Guest. Is the Psychological Contract Worth Taking Seriously? [J]. Journal of Organizational Behavior, 1998 (19): 649.
[4] 牛建波. CEO报酬：来自心理契约的解释 [J]. 当代财经, 2004 (9): 60.

我国学者江明修认为，心理契约是难以从表面判断的一种心智模式，个人以此形成承诺、同意、信赖感，并按照需求类型将心理契约划分为心理和经济两个层面。心理层面的契约是组织提供关怀与保障，换取员工的组织行为；经济层面的契约是组织提供金钱，换取员工的投入。万荣水将心理契约认定为劳资之间基于相信对方会遵守行业或群体规则，所存有的关于权利义务的默契。这种默契受主观的认知和时间变化的影响，当发现对方违反契约时，就会出现相对应的行为。陈加洲等人认为，心理契约是雇佣双方对彼此应付出什么，同时又应获得什么的一种主观心理约定，约定的核心成分是雇佣双方内隐的非书面的相互责任。[①] 张体勤、丁容贵认为，心理契约是一系列相互的心理期望，是契约双方能感觉到但并不一定表达出来的一种期望。[②] 与其他契约相比，心理契约主要取决于人们的心理预期，以相互信任、承诺、认知为基础形成双方的责任义务，这样的约定得到双方心照不宣的认可，影响着后续的行为。心理契约的内涵一直处于不断争论和发展之中。

综合以上学界研究的成果，笔者认为，心理契约是雇员与雇主在正式契约之外达成的关于情感收益、声誉收益、经验收益等附加权益的一致默许，这种默许立场需要双方共同遵守，一旦单方面违反立场，将导致心理契约终止。

（二）高校学生志愿服务心理契约的内涵

志愿服务中的心理契约，是指组织和志愿者为了满足各自的需求，对彼此产生的期望。换言之，高校志愿者在服务活动过程中保持了交换的知觉信念，期待通过志愿服务获取有形或无形的回报，这种互惠互利的期待即为高校学生志愿服务中的心理契约。这种心理契约对于高校学生参与志愿服务具有较强的驱动力，也是维持他们参与志愿服务的重要因素。为提升志愿服务质量，研究高校志愿服务中的心理契约现象显得尤为重要。志愿服务的无偿性或低偿性特质，使志愿服务中的心理契约和普通劳资关系中的心理契约有较大差异。志愿服务中的心理契约具有动态性、主观性、双向性的特征，心理契约是主观知觉的、动态的、多变的，需要志愿服务组织者实时观察和关注志愿者的动机与需求。从概念解析的层面看，志愿服务中的心理契约包含四个方面的内容：

第一，尊重志愿者。志愿服务组织方与高校志愿者间能表现出尊重、信

---

① 陈加洲，凌文辁，方俐洛.组织中的心理契约 [J]. 管理科学学报，2001，4（2）：75.
② 张体勤，丁容贵.动态知识团队心理契约的建立 [J]. 德州学院学报（哲学社会科学版），2001，17（3）：17.

任、体恤的情感，组织方通过满足志愿者的需求让志愿者感受到温暖，在双向沟通中鼓励志愿者发表意见、参与决策。具体表现为成员互相尊重、重视志愿者意见、双向沟通、倾听志愿者建议、公平对待、合理奖惩，促进志愿者成长。

第二，为志愿者建立组织目标。组织目标是组织的核心价值，也是全体志愿者为之共同奋斗的最高愿景，能激发志愿者的强大能量、调动志愿者主观能动性，能引导全体志愿者，促进组织进步和成员成长。组织目标也包含了志愿者和主办方之间的相互义务与相互职责。

第三，提供友好环境支持。志愿服务环境是指志愿服务的场地条件、服务对象的素质、服务对象的配合度、志愿服务的工作强度。高校志愿者对于志愿服务环境非常重视。友好的志愿服务环境能促进志愿者热爱服务工作，迅速融入服务工作。

第四，营造温暖的人文氛围。人文氛围是指志愿服务中的组织环境氛围温暖、富有人情味，志愿服务对象接纳志愿者，志愿团体内部崇尚平等。志愿服务团队建立起家庭般温暖的人文氛围，互帮互助，可增强志愿者对组织的向心力和凝聚力，产生持续强烈的志愿服务动力。

（三）高校学生志愿服务心理契约的类型

社会心理学视角的心理契约具有较为复杂的结构，除了具有个人对相互义务的知觉、动态性和多变性，与政治、经济、社会、文化、时代发展也具有密切的联系，另外，由于每个个体的性格和思维的差异，心理契约在维持劳资关系的稳定中扮演着极其重要的角色。国外研究者通过对体育赛事志愿者的研究发现，志愿者的心理契约类型、服务动机与志愿服务的满意度和成就感紧密相关。[①] 另一些研究显示，高校志愿者与志愿服务组织方达成心理期望的匹配对于成功举办志愿服务活动至关重要。[②] 总体来说，关于心理契约的结构大致有三种观点：

第一种是二维结构说。莫里森和罗宾逊将心理契约分为交易型成分和关系型成分，根据这两种成分的主导作用，分别建立起交易型心理契约和关系型心

---

① Kim, Cuskelly, Fredline. Motivation and Psychological Contract in Sport Event Volunteerism: The Impact of Contract Fulfilment on Satisfaction and Future Behavioral Intention [J]. Event Management, 2019, 24 (4): 470.

② Paull M, Omari M, MacCallum J, et al. Matching Expectations for Successful University Student Volunteering [J]. Education + Training, 2017, 59 (2): 123.

理契约。交易型心理契约偏向经济的、外溢性的、存在于特定时间内的、易于观察发现的心理特质；关系型心理契约偏重于社会情感的、内生性的、时间跨度大的、不易观察到的心理特质。基于交易－关系心理特质建立的二维心理契约结构得到了学界的广泛认同。卢梭和帕克在莫里森和罗宾逊研究的基础上进一步细化了交易－关系二维心理契约结构，将关注焦点、时间结构、涵盖范围、稳定程度、具体程度等因素纳入了二维结构分析。[①]

第二种是三维心理契约结构说。波特分析了组织对员工应承担的9项责任，并将这9项责任进行了因素分析，归纳为三个方面，分别是绩效回报、职业成长机会、对员工的承诺。卢梭提出了心理契约的三个维度，分别是交易维度、关系维度、团队成员维度。交易维度是指员工完成工作任务，组织以物质及福利的方式向员工提供报酬；关系维度是指组织与员工都关心彼此长期的稳定关系，关心组织的未来发展；团队成员维度是指组织与员工关注彼此良好的互助关系。我国学者朱晓妹、王重鸣对知识型员工进行了调查，分析出心理契约中的组织责任包括物质激励、环境支持和发展机会三个方面，员工责任包括规则遵循、组织认同和创业导向三个方面。[②]

第三种是四维心理契约结构说。李燕平通过对我国草根非营利组织志愿者的调查研究发现，志愿者期待非营利组织提供8项契约责任，分别为提供有意义的社会服务内容的责任、创造相关工作条件的责任、实施公平的规范化管理的责任、提供工作指导的责任、对志愿者表达尊重和认可的责任、主动联络志愿者推进双方关系的责任、提供群体活动机会促进志愿者群体整合的责任、提供学习成长机会的责任。在此基础上，李燕平将契约责任划分为4种类型：社会责任契约、规范契约、人际契约和发展契约。[③] 社会责任契约强调非营利组织负有向社会提供有意义的志愿服务的责任，虽然志愿服务是无偿或低偿服务，但志愿者的时间和精力也需要得到尊重，要将有限的精力投入有价值的社会公益之中。规范契约指志愿服务虽然不直接产生经济价值，但要获得长期的群体支持，需要在志愿服务的制度、程序等各方面进行规范，建立公平、规范、细致的服务流程，树立志愿服务口碑。人际契约指非营利组织需要向志愿

[①] Morrison E W, Robinson S L. When Employees Feel Betrayed: A Model of How Psychological Contract Violation Develops [J]. Academy of Management Review, 1997, 22 (1): 226.

[②] 朱晓妹，王重鸣. 中国背景下知识型员工的心理契约结构研究 [J]. 科学学研究, 2005, 23 (1): 120.

[③] 李燕平. 基于心理契约论的非营利组织志愿者管理 [J]. 中国青年政治学院学报, 2014, 33 (2): 113.

者提供必要的工作指导和情感支持,建立人性化的志愿服务组织。发展契约强调志愿服务组织的发展性和志愿者个人的成长性,非营利机构需要向志愿者提供学习的机会、参与决策的机会、发挥学识和技能的机会,与组织共同成长。

(四)高校学生志愿服务心理契约形成及发展过程

心理契约主要取决于心理预期,这种心理预期在得到对方暗示或默许后会强化,如果志愿服务过程中出现违背心理预期的事件,会导致心理预期的调整,心理契约也会失调或重建。有研究显示,高校学生志愿服务的心理契约具有明显的形成与发展过程,志愿者心理契约从最初形成到被违背或被强化,是一个不断演进的过程。[①]

1. 心理预期形成

高校学生志愿者进入志愿服务场景中开展志愿服务,他们会关心志愿服务环境、志愿服务对象状况、志愿服务内容、志愿服务组织方的承诺、志愿服务组织的环境以及其他保障条件。志愿服务组织方会根据志愿者的特长、爱好、专业背景、社会经验安排他们进入相应岗位。双方除订立书面的志愿服务协议外,也会达成非正式的、隐含的关于默许福利与默许义务的心理预期。

2. 心理契约感知

志愿者在从事志愿活动时,与志愿服务活动主办方在实际执行环节会出现几种情况:彼此履行心理契约、有心理预期但没兑现约定、有能力兑现但不愿兑现约定、没有能力兑现约定、双方对心理契约的理解不同。志愿者根据出现的这几种情况会做出相应的反应。一般来说,如果组织方有违背契约或没有兑现契约的情况,志愿者会在心里形成对心理契约的感知。当然这种感知不一定每个人反应都相同,会因志愿者的动机和需求不同而存在差异。

3. 心理契约违背或破裂

如果志愿者感知到的心理契约与原始心理预期存在差异,便会造成心理契约的破裂。志愿者首先会通过各种渠道和途径来表达对违背契约的意见,通过

---

① 朱永武,邹小筑. 心理契约视角下图书馆志愿者工作满意度研究[C]. Proceedings of 2018 5th International Conference on Education Reform and Management Innovation(ERMI 2018),Information Engineering Research Institute,USA、Singapore Management and Sports Science Institute,Singapore:智能信息技术应用学会,2018:6.

正式和非正式沟通试图让契约恢复。但如果组织方解决不了问题，志愿者会判断心理契约破裂的主观原因和客观原因，决定这个破裂或违背事项是否严重。如果违背或破裂程度严重，将会造成心理契约永久性失衡，便会产生志愿者流失的情况。

4. 心理契约修复或强化

在心理契约违背或破裂后，如果志愿服务组织方与志愿者达成默许的一致立场，那么心理契约可以通过解释或行为得以修复。心理契约经历了破裂后通过组织方和志愿者双方的有效行为得以修复，使得双方形成新的心理契约。当然，由于心理契约具有动态变化的特点，志愿者还会通过各种方式来验证新的心理契约是否有效，组织方是否认真履约。如此循环往复，直至志愿服务项目结束。

高校学生志愿者心理契约的演变过程反映了志愿者的心理感知与志愿服务工作实际之间的差距，这种变化最终也会影响到高校学生志愿者对志愿服务工作的满意度。志愿服务组织方要尽量满足与志愿者之间达成的约定，一旦出现与心理预期有出入的情况，要尽快从思想认识、外部沟通、激励措施等方面弥合这种差距。

基于高校学生志愿者在志愿服务工作中达成的心理契约对整个服务质量具有如此重要的作用，需要志愿服务组织方提供精细化、专业化、人性化的管理策略。李燕平提出，要通过明确并清楚传达组织使命、坚持服务社会的初衷、及时评估并反馈服务成效来建立社会责任契约；通过规范招募和培训等工作流程、提供适宜的工作条件来建立规范契约；通过提供有效的工作指导、对志愿者表达尊重和认可、提供群体活动机会促进志愿队伍整合来建立人际契约；引领志愿者自我成长，建立发展契约。[①] 王三萍提出，可以通过开展组织授权激励、促进个人发展激励、重视外在宣传激励来让志愿者在服务过程中赢得社会尊重，提升志愿服务影响力，吸引更多人参与公共服务。[②]

---

① 李燕平. 基于心理契约论的非营利组织志愿者管理[J]. 中国青年政治学院学报，2014，33(2)：113—116.
② 王三萍. 基于心理契约理论的图书馆志愿者软性激励机制构建[J]. 河南图书馆学刊，2019，39(9)：79.

四、高校学生志愿服务提升社会资本价值

《2019年中国慈善发展报告》表明，中国高校学生志愿者注册人数超过1100万，高校学生志愿服务事业正处于蓬勃发展期。在传统高校思想政治教育理念下，参与志愿服务似乎只对个人具有正向引导功能，但随着越来越多的志愿服务走出校园，延伸到社会，深入城市与乡村的社区、工厂、医院、车站等角落，高校学生志愿服务的辐射范围日益宽广，受益群体越来越庞大，高校学生志愿服务的社会意义越来越具有研究价值。早在20世纪60年代，美国和德国率先为志愿服务立法。而后其他国家也纷纷效法，志愿服务立法充分彰显了拓展和利用志愿服务的社会价值。显然，高校学生志愿服务是高校积极参与社会公共事务、服务社会发展的重要渠道。有研究显示，高校学生志愿服务增进了社会资本，可直接和间接激发个体的政治效能感，能有效提升志愿服务的内生动力；同时，社会资本也能对高校学生志愿服务持续性行为产生显著正向作用。[①]

（一）关于社会资本的三种解释

社会资本的概念是由法国学者布迪厄在20世纪70年代首先提出的。科尔曼于1988年在美国社会学界第一次使用了社会资本的概念。1998年，"社会资本与社会网络"国际研讨会在美国杜克大学举行。帕特南于2000年出版《独自玩保龄》（*Bowling Alone*），阐述结合性社会资本和连接性社会资本在促进社会凝聚中的作用。弗诺尼开发了针对个人的社会资本测量方法，将个人社会资本分为结构资本、资源资本和关系资本三个维度。学界普遍认为，布迪厄、科尔曼、帕特南三位学者提出的社会资本理论分别诠释了个人、组织、社会发展中的内在动因，因此也成为人们在使用社会资本理论分析论证社会资源与社会关系问题时主要依据的理论基础。其后，社会资本的概念被政治学、社会学、经济学、法学等多个学科领域先后用来解释社会关系与社会资源问题。

1. 布迪厄的社会资本阶级论

面对社会中客观存在的资源获取不平等、权力分配不平等、弱势群体为获

---

① 张冰，章晓懿. 政治效能感、社会资本对大学生志愿服务的影响［J］. 山西大学学报（哲学社会科学版），2020，43（3）：137.

取资源所作的阶级斗争等现象，布迪厄将社会资本的概念率先引入社会学语境，提出了"文化再生产的过程"来解释社会阶级关系的再生产过程，并指出社会资本是个人所拥有的持久关系网络的实际资源以及潜在资源的数量总和。从研究对象上看，布迪厄使用了"社会精英"的概念来指代统治阶级的特定群体，认为社会资本是社会精英在关系网络中获取资源以确保自身地位的基础，是该群体成员维持和再生群体团建并保持群体统治地位的身份投资。[①] 从价值定位上看，布迪厄强调社会资本的阶级工具性，认为社会资本是统治阶级或社会精英相互认可的一种工具，可通过社会资本巩固和再造一个拥有经济、文化、特权的群体，是维持和发展统治阶级的一种方式。[②] 另外，布迪厄认为经济资本、文化资本、社会资本、符号资本之间可相互转化，社会精英投资社会资本的目的在于把自我的、私有的特殊利益转化为超功利的、集体的、公共的、合法的利益。通过社会资本，行动者可以获取经济资源、提升自己的文化资本、与制度化的机构建立密切的联系。社会资本具有魔术般的功效，可以使个人从等价的经济资本、文化资本中获得超越价值的收益，因此，社会资本的接力和投资依赖于社会精英有效动员的关系网络的规模，依赖于和他有关系的个人拥有的经济、文化资本的数量和质量。学界观点认为，布迪厄的社会资本理论具有鲜明的阶级属性，这个反映在他对贵族、头衔、家庭等群体资源的内部流动性和外部排他性上，也表现在对不符合个人利益的利他行为的怀疑态度上。[③] 布迪厄的社会资本理论当前广泛应用于社会分层研究领域，特别是用以揭示不同阶层通过积累社会资本来维护个人社会地位的现象。[④]

2. 科尔曼的社会资本功能论

与布迪厄的社会阶级观不同，科尔曼把社会资本界定为"个人拥有的社会结构资源"。科尔曼认为社会中每个人都拥有一定的资源，基于理性行为者的观点，行为人都可以利用这些资源实现自己的利益，社会资本是行为人采取行为后的"副产品"，因此社会资本具有生产性功能，是社会中人们采取行为的必然结果之一，人们的目标需要社会资本的必然参与。科尔曼把社会资本的表

[①] 张大为, 成婉毓, 刘兵, 等. 社会资本视角下体育志愿服务研究的国际经验与中国镜鉴 [J]. 武汉体育学院学报, 2020, 54 (12): 28.

[②] 张文宏. 社会资本: 理论争辩与经验研究 [J]. 社会学研究, 2003 (4): 29.

[③] Siisiainen M. Two Concepts of Social Capital: Bourdieu vs. Putnam [J]. International Journal of Contemporary Sociology, 2003, 40 (2): 183.

[④] Deluca J R. Submersed in Social Segregation: The Production of Social Capital Through Swim Club Membership [J]. Journal of Sport and Social Issues, 2013, 37 (4): 359.

现形式概况为义务与期望、信息网络、规范、有效惩罚、权威关系。如果一个人在社会结构中承担的义务和期望较多，那么此人就拥有较多的社会资本。这是因为有两个因素形成这样的社会资本：一是利用已经存在的社会关系去获取信息为行动提供辅助，比单纯依靠公开渠道接触内部信息要有效得多；二是在集体组织中，强制规范普遍存在，并通过奖惩分明的执行来强化，但社会资本的存在为人们找到了柔性链接的渠道，人们会在一定条件下，把非正式的权威赋予个别代理人，这个代理人就成为拥有较多社会资本的人。这种代理与被代理的关系的建立，即完成了社会资本的功能性积累。

此外，科尔曼还分析了影响社会资本创造、保持、消亡的各种因素。社会资本的创造因素包括：第一，社会网络的封闭性。封闭网络是确保相互信任、规范、权威建立和维持的重要因素。第二，社会结构的稳定性。通常社会正式结构中，人员流动不影响职位的变动，但在非正式组织中，人员流动会引起社会资本相应结构变动或消失。第三，意识形态。在具有较强连结性的社会结构中，较强的意识形态是保持组织或社会结构存在的稳定剂。社会资本的消亡具有多重因素，正式规范严格的社会结构中，官方提供了各种各样的社会公共产品和公共服务，这样会减少人们之间的非正式组织建立，会降低人们之间的相互需求，那么所创造的社会资本也相应减少。一般认为，科尔曼的社会资本理论是从功能性视角来定义"社会资本"，这种界定一方面可实现微观向宏观解释的过渡，另一方面可揭示社会中个体行动者的微观现象差异。科尔曼的社会资本功能理论为多个学科提供了重要的解释范式。

3. 帕特南的社会资本组织论

社会学家帕特南指出，与物质资本和人力资本相比，社会资本指的是社会组织的特质，如信任、规范、网络，它们能够通过推动协调和行动来提高社会效率，社会资本提高了投资于物质资本和人力资本的收益。显而易见，帕特南的社会资本具有强烈的人类社会性特质，人类是社群性动物，因而具有组织性连接的人才是更完善的人。在高度连接的社会中，社会资本越丰厚，人们的生活幸福度越高、满意度越高。从分析逻辑上看，帕特南的社会资本组织论不是把社会资本简单地视为个人资源，而是视为集体财富，强调公民自发形成的社会网络组织及组织成员间的互信互惠互助。从研究内容上看，帕特南将社会资本分为结合性资本（bounding capital）和连接性资本（bridging capital），并认为结合性资本以同质化群体内的紧密联系为依托，是提升个人认同感、支持感和归属感的重要资源，而连接性资本可以超越家庭、朋友之间的紧密联系，可以跨越种族、性别、社区实现连接，更容易产生高质量的社会资本。从研究视域看，帕特南关注的是中观层面的社会参与和公民自治社团的繁荣与民主政治的关联，认为社会网络可以产生社会资本，促进人际互动产生的信任和互惠，为社会带来更大的利益。这种社会组织中的连接理论，充分阐释了志愿服务活动产生的社会动因，也与当前高融合性的社会中志愿服务活动日益繁荣相互印证。

布迪厄、科尔曼、帕特南的社会资本理论一致认为社会资本是社会网络结构，属于集体共有财产，但他们对于社会资本的来源和功用持不同观点。[①] 布迪厄认为社会资本是社会网络关系与社会资源的总和，规模和质量取决于个体的有效使用程度。科尔曼认为社会资本是人类社会创造社会财富、产生社会连接的重要组成，是人类社会创造和传递其他资本的"副产品"。帕特南强调紧密社会网络连接构建的重要性，并解释了社会割裂、贫富差距在社会连接构建中的负向作用，同时也通过对意大利、美国各地的社区活动与政治社会参与情况的观察，解释了社会割裂和贫富差距的原因在于社会信任缺失、社会资本匮乏。

（二）高校学生志愿服务与社会资本积累

基于上述社会资本理论不难发现，志愿服务作为一种非正式的社会服务工作，因其自愿性、主动性、非营利性等特征，具有极强的社会连接价值，不论是在志愿者个体的价值实现层面，还是在服务对象的收益感知层面，抑或是服务社区或服务单位的文化氛围营造方面，都具有正向的功能价值。有研究表明，志愿者管理活动对志愿者社会资本的形成有重要影响，科学合理的志愿服务安排能显著提升志愿者的社会资本，且社会资本的形成对志愿者满意度和志愿者工作投入具有重要影响。[②]

西方学者注重对志愿组织中的个体关系网络的互动进行研究，并通过同质性群体和异质性群体间的信任与规范分析，阐述志愿服务与社会资本之间相互促进的逻辑关系。

在探寻志愿服务与社会资本关系的影响要素的分析中，国外学者的研究显示，志愿服务持续时间、志愿组织环境、志愿服务类型、志愿者个体特征等要

[①] 边燕杰. 城市居民社会资本的来源及作用：网络观点与调查发现 [J]. 中国社会科学，2004 (3)：137.

[②] 汪志刚，徐丕臻，沈克印，等. 体育赛事志愿者管理对志愿者响应的影响——社会资本的作用 [J]. 体育学刊，2019，26 (1)：5.

素具有显著意义。国外研究者对非营利组织成员的社会资本收益调查数据证实,志愿服务时间增加与社会资本中社会联系和公民能力等水平的提升高度相关;长期志愿者更可能在志愿服务组织中担任领导或决策者,这些职位可以维护和发展志愿者社会网络间的信任与互惠;社会资本是志愿行为在时间的推移中发展和积累起来的,长期从事志愿服务可获得更多的资源和机会,追求短期利益的志愿行为难以对社会资本形成影响。国外研究者通过对加拿大社区志愿者的研究发现,志愿服务与社会资本积累高度相关,但在性别、年龄维度中,这种关系具有强弱区别,男女性别在社会资本形成与发展中存在显著的不平等;年龄与社会资本积累程度正相关。一些研究者提出,女性、低收入、青年人群倾向于参与短期志愿服务,且受教育程度与反身性志愿服务行为成正比;社会资本与志愿服务之间的联系取决于特定的组织环境,如组织的使命、背景、内部利益相关者等。

(三)高校学生志愿服务与弱势群体社会资本

随着志愿服务事业的逐步发展,志愿精神已经成为重要的社会思潮和行为指引。志愿服务活动在中国蔚然成风,不仅仅是社会进步的重要标志,也是社会转型期的重要体现。2008年被称为中国志愿服务元年,从那以后,许多重要的社会事件和活动中都可以看到志愿者的参与。如前所述,志愿服务具有连接社会中个体、组织、社区的功能性价值,有利于增进总体社会资本。正如帕特南的社会资本理论所阐释的,增进社会资本可以促进社会繁荣发达、拉近社区邻里关系、缩小社会贫富差距、促进社会稳定和谐。因此,繁荣志愿服务事业可以推动弱势群体的社会资本积累。在中国的志愿服务队伍中,高校学生志愿者是当仁不让的中坚力量。在此前提下,研究当代高校学生志愿服务与增进弱势群体社会资本的关系具有重要现实意义。

社会资本对于弱势群体发挥着重要的社会支持与保障功能。学者姜振华研究指出,群体层次的社会资本关注弱势群体所处的社区、城市甚至整个社会层面的信任、规范与网络的水平和深度,它不仅能促进弱势群体与其他社会成员及其所在社区的社会联系,而且能够塑造有利于弱势群体发展的社会结构,为弱势群体创造更为公平、有利的社会和政治环境。[①]

弱势群体缺乏连接性社会资本。中国弱势群体的社会资本一般以结合性资本为主,建立在与家人、亲属、朋友、邻居等血缘或近邻的强关系基础上。这

---

① 姜振华. 弱势群体联结型社会资本的发展策略[J]. 理论前沿, 2009(22): 37.

种社会连接虽然比较牢固，但由于同质性，决定了处于这个群体中的人们能利用和调动的社会资源有限，只能相互之间提供基本的社会支持。而弱势群体缺乏的是建立在同事、联盟、俱乐部，甚至不同民族、不同地域的协会组织的弱关系基础之上的连接性社会资本，这种连接可以调动广泛的社会资源，获取更多的社会支持。弱势群体的连接性社会资本缺乏的原因有二：一是弱势群体的经济收入、体能、智能、学历等均处于社会低水平，社会沟通能力弱；二是弱势群体无法与其他阶层群体尤其是社会精英群体建立信任、合作与互惠关系。

高校学生志愿服务有助于增加弱势群体社会资本的文化优势和身份优势。所谓文化优势，是指高校学生志愿者群体具有奉献社会、报效国家的浓厚情怀，形成了助人、自助的优良品格，以帮助社会弱势群体为荣、以增进社会福祉为傲，具有增进社会弱势群体福利、提升弱势群体生存能力的朴实动机和强烈愿望，这种利他精神主导的志愿服务精神具有增进弱势群体社会资本的天然优势。所谓身份优势，是指高校学生志愿者具有其他志愿者群体没有的，即学历层次、知识储备、技术技能方面的优势。这种知识结构领域的优势通过开展丰富多样的志愿服务活动得以运用和展现，一方面可以发挥高校学生的学历特长，另一方面可以提高弱势群体的技能水平、优化弱势群体的知识结构。香港理工大学2004年至2005年推行了一项以辅助贫困家庭的青少年成长为主体的"社区精英成长向导计划"，向124名参与该计划的受导者进行调查发现，参与该计划的超7成贫困家庭青少年的视野得到提升，与人沟通的技巧得以改善，增加了能帮助自己解决问题的成年高校朋友，改善了与朋友的关系。

可见，帮助弱势群体建立与社会其他群体的有效连接，习得有用的技能，增进弱势群体的自信心，是高校学生志愿服务活动可以重点突破的领域。具体策略包括：帮助弱势群体建立各种互助社或合作组织，实现群体内的有效连接；提供育幼扶老的社会工作服务项目，弥补政府及正式组织在公共服务中的短板；发展与其他群体的连接关系，建立旨在提高弱势群体收入、增进其技能的合作机制，加强弱势群体与其他阶层的互动与沟通。

五、高校学生志愿服务组织激活社会治理体系

以"奉献、友爱、互助、进步"为宗旨的志愿服务因其公益性、无偿性、服务性、组织性的特征与社会主义核心价值观高度契合，在新时代征程中志愿服务显现出现代性、先进性、教育性、专业性、终身性的发展趋势，体现出志愿服务在国家治理现代化过程中的价值功用和发展前景。

治理研究领域不少学者认为，志愿服务在促进个人的全面发展的同时也在塑造更完善的社会和更现代的政府。马歇尔认为，志愿者行动在潜在的社会变迁中赋予了个人以责任和位置，既提供了人们团结的凝聚剂，也提供了促进社会变迁的溶解剂。[①] 志愿者行动具有社会公益动员的力量，在参与社会治理方面发挥着不可或缺的作用。创新社会治理体系需要志愿者积极参与，培养社会服务意识。志愿服务行动在激发社会治理活力、搭建社会协同平台、拓宽公众参与渠道、促进健康文明生活、塑造友善互助形象方面发挥着独特的作用。

（一）治理、社会治理及治理体系

1. 治理

治理（governance）是一个外来词语。20世纪90年代以来，随着全球化时代的来临，人类政治生活发生了重大变革，人类政治过程的中心从统治走向治理，从善政走向善治，"治理"受到越来越多的关注。关于治理的内涵，很多政治学家和社会学家做出了自己的界定，目前国内外较有影响力的有四种观点。第一种观点来自全球治理理论的主要创始人罗西瑙，他在代表作《没有政府统治的治理》中指出：治理与统治不是同义词，它们之间有重大区别，治理是一系列活动领域里的管理机制，即使没有得到正式授权，也能有效发挥作用。与统治不同，治理是一种由共同目标支持的活动，这些活动的主体未必是政府，也不一定依靠国家的强制力量实现。治理包括政府机制，也包括非正式、非政府的机制。第二种观点来自罗茨，他认为治理意味着有序统治的条件已发生变化，并列举了六种关于治理的方式——强调最小成本管理，最小国家的管理活动；按公司管理方式进行的治理；按市场的激励机制和私人部门的管理手段进行的新公共管理；强调效率、法治、责任的公共服务体系的善治；强调政府与民间、公共部门与私人部门合作互动的社会控制体系的治理；建立在信任与互利基础上的社会协调网络的治理。第三种观点来自斯托克，他认为，治理意味着社会问题的处理责任的边界存在模糊性；治理明确了社会公共机构之间存在相互权力依赖；治理意味着所有社会事务参与者最终形成一个自主的网络；治理意味着办好事情的能力来源不限于政府权力，也包括其他的方法和技术。第四种观点来自中国学者俞可平，他认为治理是指官方的或民间的公共

[①] 托尼·马歇尔. 我们能界定志愿域吗？[C]//李亚平, 于海. 第三域的兴起——西方志愿工作及志愿组织理论文选. 上海：复旦大学出版社, 1998: 92.

管理组织在一个既定的范围内运用公共权威维持秩序，满足公众需要，是包含必要的公共权威、管理规则、治理机制和治理方式的一种公共管理活动和公共管理过程。治理的含义清晰地显示出，现代公共权力的主体可以是包含企业组织、公益组织、志愿协会在内的一切社会组织。

从政治学理论上看，治理与统治有五个主要区别：其一，权威主体不同。治理的主体是多元的，除了政府，还包括社会组织、企业、居民协会等；统治的主体是单一的，就是政府或其他国家公共权力。其二，权威的性质不同。统治是强制的，治理也是强制的，但治理多一些协商性。其三，权威的来源不同。统治的权威来自国家法律法规，治理的权威来源广泛，可以是法律法规，也可以是契约协议。其四，权力运行的向度不同。统治的权力运行是自上而下的，治理的权力运行方向可以是自上而下的，也可以是自下而上的，还可以是平行的。其五，适用范围不同。统治的范围以政府权力领域为边界；治理的范围以公共领域为边界，比统治的范围要宽。

2. 国家治理

在中国传统的政治思想中，国家治理是指统治者及统治阶层的"治国理政"，其基本含义是统治者治理国家和处理政务。当代"国家治理"具有治理主体多元化、治理技术多样性、治理环境复杂性等特征。西方的国家治理学说已具有多个学派，但总体来说，都立足于强调社会中心主义、弱化政府权威、倾向于建设多中心社会，并强调国家治理过程中的"合法性""透明性""责任性""法治""回应性""规范性"等治理属性，国家治理意味着形成政府、社会组织、行业协会、公民团体协同治理的治理格局，最终实现社会自治。党的第十八届三中全会审议通过的《中共中央关于全面深化改革若干重大问题的决定》指出："全面深化改革的总目标是完善和发展中国特色社会主义制度，推进国家治理体系和治理能力现代化。"完善国家治理体系成为当代中国政治生活的重大主题，但中国的国家治理与西方的国家治理在价值取向和政治主张上具有不同的内涵。

马克思国家理论学说逻辑下的国家治理。中国当代的国家治理遵循马克思主义国家理论的逻辑，即国家职能由政府统治和政治管理有机组成，社会主义国家的国家治理，本质上是政治统治之"治"与政治管理之"理"有机结合。中国共产党积极探索政治统治与政治管理的科学民主有效性和有机结合性，探索不同历史时期和国家治理战略下，这两者之间，以及两者与社会、市场之间的组合方式和实现机制。中国国家治理的基本含义就是在中国特色社会主义道路的既定方向上,在中国特色社会主义理论的话语语境和话语系统中,在中国特色社会主义制度的完善和发展的改革意义上,中国共产党领导人民科学、民主、依法和有效地治国理政。①

治理工具视角下的国家治理。国家治理的理想状态就是"善治"(good governance)。善治不同于传统的政治理想"善政"或"仁政",善治是公共利益最大化的治理,本质特征是国家与社会处于最佳状态,是政府与公民对社会公共事务的协同管理,又称为"官民共治"。政府与公民对社会公共事务的协同管理需要政府和公民共同努力。善治下的理想社会,公共权力运行制度化、规范化、民主化,社会以法治运行,提倡效率,社会协调性高。治理工具视角下的国家治理认为,中国主流观点强调的政治改革,实际上是以政府管理体制为重点的国家治理改革,包括中央与地方的关系、国家与社会的关系、政府与市场的关系,以及依法治国、公共服务、公民参与、民主决策、社会治理、政府问责、政治透明、基层自治等方面的改革。②包括项目制、公私合营、PPP等在内的政府、社会组织、公民协同管理方式,都属于治理工具视角下的国家治理创新。

公共权力的集中与分散视角下的国家治理。这种国家治理视角将国家治理等同于政府治理,特别是将中国国家治理的相关问题等同于中国政体内部的治理问题,即中央管辖权与地方治理权之间的博弈问题,讨论了权威体制与有效治理之间的关系,并对中国政治运行演化提出三个应对机制:决策一统性与执行灵活性之间的动态关系,政治教化的礼仪化,运动型治理机制。③

3. 社会治理

社会治理理论是西方治理理论的重要组成部分。西方国家的治理理论,本质上是以理性经济人为基础的社会自我治理理论。④《中共中央关于全面深化改革若干重大问题的决定》把社会治理体制创新概括为改进社会治理方式、激发社会组织活力、创新有效预防和化解社会矛盾体制、健全公共安全体系四个

---

① 王浦劬. 国家治理、政府治理和社会治理的含义及其相互关系 [J]. 国家行政学院学报, 2014 (3): 12.

② 俞可平. 中国的治理改革 (1978—2018) [J]. 武汉大学学报 (哲学社会科学版), 2018, 71 (3): 51.

③ 周雪光. 权威体制与有效治理:当代中国国家治理的制度逻辑 [J]. 开放时代, 2011 (10): 68.

④ 王浦劬. 国家治理、政府治理和社会治理的基本含义及其相互关系辨析 [J]. 社会学评论, 2014, 2 (3): 15.

方面。

社会运行机制视角下的社会治理。有学者认为，社会治理，就是指政府及其他社会主体，为实现社会的良性运转而采取的一系列管理理念、方法和手段，从而在社会稳定的基础上保障公民权利，实现公共利益的最大化。①

公共领域合作视角下的社会治理。这种观点认为，20 世纪 80 年代以来，非政府组织以及各种各样的社会治理力量出现使社会治理主体多元化。在行政管理的各种责任中，促进公民能力成长成为一项公共的义务，公民、非政府组织、协会和以社区为基础的组织能够积极地参与公共话语体系。公共领域各种潜在能力可以通过交往关系、参与、协商、话语体系成长发展。社会治理体系及其过程的开放性持续增长必然会走向合作治理的方向。在多元主体并存的条件下，社会治理的开放性也不会停留在参与治理的状态。合作治理是开放的治理，治理主体间的平等互动和合作是一种必须接受的治理模式。社会治理意味着保持开放的态度，过程中始终与整个社会互动，能够把一切积极的、对治理有益的因素都吸纳到治理活动中来。②

基层治理视角下的社会治理。这种观点认为，社会治理是以实现和维护群众权利为核心，发挥多元治理主体的作用，针对国家治理中的社会问题，完善社会福利，保障改善民生，化解社会矛盾，促进社会公平，推动社会有序和谐发展的过程。③ 随着社会的不断发展，社会治理体制是需要不断调整的。社会治理体制包括社会治理过程中的治理主体、治理范围、治理方式、治理绩效，也包括社会治理体制的本质内涵、价值诉求、基本原则，都应该具备工具理性和价值理性的高度协调。志愿服务因其是自愿组织发起的面向陌生人的服务活动，具有提供公共服务或准公共服务的事务特征，因而在政府这个单一治理主体行动捉襟见肘的时候，志愿服务组织成为非营利组织的重要力量，被赋予新时代的特征。

4. 治理体系

国家治理体系与国家治理能力是构成特定国家治理的"骨骼"与"血肉"，国家治理体系和治理能力是一个有机整体，而国家治理体系又与特定国家的政

---

① 周晓丽，党秀云. 西方国家的社会治理：机制、理念及其启示［J］. 南京社会科学，2013 (10)：75.
② 张康之. 合作治理是社会治理变革的归宿［J］. 社会科学研究，2012 (3)：42.
③ 姜晓萍. 国家治理现代化进程中的社会治理体制创新［J］. 中国行政管理，2014 (2)：24.

治制度密切联系。① 学界对"国家治理体系"的解构，主要从横向和纵向两个维度进行。横向维度主要是对官方概念的再解读，本质上是各种制度的有机组合。例如，国家治理体系是由政治权力系统、社会组织系统、市场经济系统、宪法法律系统、思想文化系统等构成的有机整体。其中，前三种系统是后两种系统的基础。国家治理体系这个有机整体关键在于整体的结构。结构是系统诸要素间的组织形态，包括诸要素及组织的序量、张量等。系统结构的基本特点是层次。层次是系统结构在组成方面的等级秩序。② 从纵向维度来看，治理体系的结构由四个层次，即治理理念、治理制度、治理组织、治理方式构成。③

国家治理体系取决于内部构成要素的关系。基于不同要素的排列组合，国家治理体系可以有不同的层次或模式。按治理方式，可以划分为人治型国家治理体系和法治型国家治理体系；按权力类型，可分为专制型国家治理体系和民主型国家治理体系；按社会政治形态，可分为传统型国家治理体系和现代型国家治理体系；按政党制度，可分为一党制国家治理体系、两党制国家治理体系、多党制国家治理体系；按国家与社会的关系，可分为管控型国家治理体系和自由放任型国家治理体系；按权力集中程度，可分为集权型国家治理体系和分权型国家治理体系。国家治理体系的构成模式，取决于经济状况、社会状况、历史文化、国民特性、国家规模、内在结构、外部环境等多种因素。

当前中国的国家治理体系是在中国共产党的领导下管理国家的制度体系，包括经济、政治、文化、社会、生态文明和党的建设等各领域体制机制、相互协调的国家制度。④ 中国国家治理体系的发展正在经历变革，即从管理向治理变革，向有效政府治理变革，推进社会治理体制创新。2013年《关于国务院机构改革和职能转变方案的说明》中指出："让人民群众依法通过社会组织实行自我管理、自我服务和参与社会事务管理，有利于更好地发挥人民主人翁精神，推动社会和谐发展。"要求改革社会组织管理制度。重点培育、优先发展行业协会商会类、科技类、公益慈善类、城乡社区服务类社会组织。实施社会组织科学分类管理。完善基层群众自治制度，创新有效预防和化解社会矛盾体制。构建"多中心、协作性、整体性"治理模式。提升社会资本，形成政府与

---

① 郑言，李猛. 推进国家治理体系与国家治理能力现代化 [J]. 吉林大学社会科学学报，2014，54 (2)：9.
② 许耀桐，刘祺. 当代中国国家治理体系分析 [J]. 理论探索，2014 (1)：11.
③ 薛澜，张帆，武沐瑶. 国家治理体系与治理能力研究：回顾与前瞻 [J]. 公共管理学报，2015，12 (3)：6.
④ 薛澜，张帆，武沐瑶. 国家治理体系与治理能力研究：回顾与前瞻 [J]. 公共管理学报，2015，12 (3)：3.

第三部门合作伙伴关系，逐步迈向多主体参与。有效引导社会组织在志愿服务供给中的作用。

国家治理体系现代化的核心在于治理体系的理性运行、公正运行。所谓理性运行，即要推动中国国家治理体系现代化，必须立足中国现实，从政府运行规律和原则角度，而非从权宜的角度深入剖析中国所面临的问题，对治理结构关系、资源配置、运行机制、管理方式进行理性调整。所谓公正运行，即做好公平与效率的配置，强调多元主体在社会事务治理中的互补，实现国家多元治理。学者们关于"推进国家治理体系和治理能力现代化"的基本方向和主要策略的研究，正是围绕国家与社会、政治能力与行政能力两个维度展开的。

（二）高校学生志愿服务奠定现代社区治理基础

1. 高校学生志愿服务增进社区居民融洽度

志愿服务水平和志愿服务在社会治理中的地位在某种程度上标志着社会治理水平和社会发展阶段。通过"友爱、互助"的志愿服务，可以倡导和形成融洽和睦的人际关系，具体表现为彼此信任、真心交流、诚挚合作。高校志愿者通过敬老（家政、紧急救助、健康保健）、爱幼（生活陪护、课程辅导）、助残（生活救助、潜能开发）、弱势群体技能培训、弱势群体权益维护、优秀传统文化宣传等社区志愿服务活动，增强了社区居民的信任感，拉近了人际距离，推动了团结互助、扶困济危的社会氛围的形成，增进了社区居民融洽度。

2. 高校学生志愿服务培育社区公共精神

志愿服务深入城乡社区有利于形成理性而稳健的公共文化氛围。公共文化氛围是孕育团结互助、诚信友爱的公共精神的土壤。高校学生志愿服务活动激励社区居民参与，增强了社区成员的奉献意识；志愿服务活动的舆论宣传报道，促进了社会公众志愿意识的养成。

高校学生志愿服务有利于社会道德水平的提高。《新时代公民道德建设实施纲要》中指出："学雷锋和志愿服务是践行社会主义道德的重要途径。"志愿服务所倡导的"人人参与、人人奉献"的精神对于实现个人全面发展及社会融洽和谐具有重要价值。高校学生志愿服务活动中的受助者和参与者都能通过志愿活动强化道德意识、淡化功利欲望、弘扬高尚情操，有利于形成社会主义道德新风尚。

高校学生志愿服务有利于完善社会信用体系。上海市率先在个人公共征信档案中增设公益类科目，从而实现了志愿服务纳入正向信用激励。① 浙江省不仅将"志愿汇""亲青筹""网络文明管理"等信息平台数据共享，且出台了全国第一个青年守信联合激励实施意见。② 高校学生志愿服务活动会进行评星定级、荣誉评比等，通过食宿补贴、交通补贴、免费培训等方式增强志愿者的荣誉感。个别地区还出现了志愿服务公益积分制度。上海市发行了志愿者公益龙卡，具有志愿服务时间查询及兑换、志愿者补贴发放等功能。这一举措有利于推动志愿服务与金融信用体系的共融发展，促进社会信用体系的完善。③

高校学生志愿服务有利于提升社会信任度。志愿精神的首义在于自愿，志愿者服务是志愿者利用空余时间提供服务，履行社会责任和应尽义务。因此，自愿服务是志愿者对于志愿组织或个体的承诺，志愿者从事志愿服务就是履行这种承诺。第二，志愿服务依靠责任心得以维持。志愿服务是超越了短期利益的驱使，依靠责任意识来推动的。第三，志愿服务是面向陌生人的服务。这种利他性行为，打破了陌生人社会中以自我利益为中心的规则，建构了一个具有信任感、责任心的陌生人交往场景。因此，志愿服务可以激发社会中蕴藏的责任动机，促进诚信社会的建设。

（三）高校学生志愿服务优化现代治理体系结构

在社会组织的发展中，人才是最关键的因素。高校学生作为志愿者群体的主体，因其在专业技能、服务能力等方面具有得天独厚的优势，相比于其他志愿者更易成为志愿者组织的重要人才储备，高校也有必要从社会治理的视角来重新审视高校学生志愿服务的价值。④ 根据共青团中央制定的《关于推进青年志愿服务工作改革发展的意见》，到2025年，中国实名注册的志愿者总数将突破1亿。高校学生志愿服务已经成为社会治理的一项重要内容。

1. 高校学生志愿服务体现基层治理中的放权思想

现代国家治理体系建设视野下的政府体制改革的顶层设计，是明确放权于

---

① 陈诗松. 志愿服务首度纳入信用体系或可受益贷款、表彰等事项［EB/OL］. http://sh.wenming.cn/yw1/201712/t20171206_4515019.htm.
② 浙江省团校课题组. 浙江省志愿服务制度化建设的演进与发展趋势研究［J］. 青少年研究与实践，2019（1）：81.
③ 王彦东，李妙然. 志愿服务在构建基层治理新格局中的功能及发展路径［J］. 齐鲁学刊，2020（6）：112.
④ 李金发. 治理理论视角下大学生志愿服务体系创新研究［J］. 湖北社会科学，2016（12）：165.

市场、放权于社会、放权于地方的改革战略。放权于社会，就是尊重市场经济、民主政治、多元文化、开放社会条件下社会秩序生成和演化的内在规律，通过积极扶持和引导社会组织的成长，健全社会组织参与公共服务和社会管理的渠道，培育社会的自组织秩序，逐步实现从政府管理社会到政府主导下的社会协同治理转变。①

2. 高校学生志愿服务丰富基层社会治理载体

基层治理中最为核心的要素是贴近老百姓需求开展公共服务、提供公共产品。高校学生志愿服务有其自身独具特色的理论体系和实践体系。高校学生广泛参与到大型赛事、乡村振兴、脱贫攻坚、支农支教、社区守望等主题志愿服务中，着眼于温暖人心、奉献社会，依靠专业的知识背景开展志愿服务活动，扩充了基层社会治理的公共服务内容，延伸了基层治理的服务渠道，丰富了基层公共服务的供给形式。

3. 高校学生志愿服务创新党的群众工作方式

志愿服务对党的群众工作的传统方式提出了挑战。中国共产党在长期执政过程中形成了特色鲜明的群众工作路线，但传统群众工作建立在科层制基础上，运行路线是个人—群体—个人，在效率上容易滞后，效果上容易偏离。在动员群众中，志愿服务快速反应的机制具有优势；在服务群众中，志愿服务聚焦于弱势群体，而不是普遍群众，志愿者自觉自愿开展服务而不追求物质回报。②

有学者提出志愿服务与群众工作结合的办法，重构政党与社会的关联：将无私奉献理念与志愿服务理念对接；建立党员志愿者与群众的互动联络机制；群众教育由"显性化"向"隐性化"转变；服务形式由"形式化"向"亲民化"转变；组织机制由"建制化"向"社会化"转变。③

高校学生志愿服务在弘扬和传承中华传统优秀文化、培育和践行社会主义核心价值观方面具有一条有效路径。特别是以空巢老人、留守儿童、农民工、残疾人等弱势群体为重点的志愿服务，开辟了一种独特的群众工作方式。高校

---

① 何显明. 政府转型与现代国家治理体系的建构——60年来政府体制演变的内在逻辑［J］. 浙江社会科学，2013（6）：12.
② 王超. 志愿行动与党的群众工作创新［J］. 岭南学刊，2012（6）：73.
③ 黄帅. 志愿服务发展与党的群众工作创新——新加坡和上海志愿服务的比较［J］. 党政论坛，2015（4）：48.

学生志愿服务积极搭建活动平台，把弱势群体的服务做到城乡社区、做进弱势群体家庭，并建立了长效服务机制和灵活运行机制。这种针对弱势群体的群众工作扎实深刻，对于丰富党的群众工作方法而言是一种有力的补充。

高校学生志愿服务组织在动员高校力量、吸引社会成员参与、汇聚社会资源、服务社会需要、创新社会管理方面具有独特的优势。志愿服务组织要成为党的有效助手和合作伙伴，特别是高校志愿者要成为社会正能量和社会资本。一是树立高校党员的志愿服务品牌，二是建设高校志愿者的服务圈层，三是培育高校学生志愿服务骨干和领袖，通过与社会基层组织的合作治理、协同治理、协商治理，平等参与、积极贡献，主动发挥优势，促进社会治理创新。

（四）社会治理为高校学生志愿服务提供创新平台

实证研究表明，志愿服务显著影响了青年文化价值观的形成与发展，有助于青年培养合作能力、拓展社交网络、增强社会融合，敏锐洞察社会现实，正确分析社会问题，提高创新创业素质，提升团队协作能力等，还可以培养亲社会、感恩品质，增强新时代高校学生的人际交往能力。[①] 高校学生志愿服务精神的本质是不断促进学生的全面发展。长期以来德育都是高校人才培养的重要目标之一，传统的思想政治教育因形式单一、缺乏创新而饱受诟病。由于存在狭隘理解，高等教育场景中偏向于把志愿服务认定为临时活动，高校学生志愿服务也只是人才培养中的一个第二课堂环节，主要目的在于提升学生的道德认识。高校学生志愿精神受到享乐主义的价值观、急功近利的价值观、流量为王的价值观的巨大冲击，高校学生志愿服务的育人功能未能充分显现。有学者提出，高校应认识到志愿服务不仅是学生的第二课堂实践活动，也是高校融入地方发展、融入社会治理的时代潮流的重要渠道。高校和各类社会组织应该积极沟通，搭建良好的互动合作机制，建立持续且稳定的高校学生志愿服务管理体系，最大限度地发挥高校学生志愿服务在社会治理中的重要作用。[②]

1. 社会治理与志愿服务协同共治的内在机理

所谓协同，意即协调合作，是指"异质的要素"形成合力、共同作用，以实现特定的目标。协同理论发展为一门"协同学"，把一切研究对象都看作由

---

① 陈文，蒲清平. 志愿服务育人功能如何实现 [J]. 人民论坛，2020（19）：68-69.
② 李金发. 治理理论视角下大学生志愿服务体系创新研究 [J]. 湖北社会科学，2016（12）：165.

地位、作用、功能等不同要素构成的系统。在开放条件下，通过与外界环境之间进行物质流、能量流、信息流交换自发产生一定的有序结构或功能行为，使系统达到有序状态。有学者认为，城乡基层社区是志愿服务的基本落脚点，志愿服务是推进城乡社区自治的重要力量。① 志愿服务是检验社会发育程度的风向标和衡量表，志愿服务与城乡社区治理是相辅相成、相互成就的关系。

城乡社区是一个开放的自治系统，其高流动性、高异质性已成为中国城乡基层社区的基本特质，与外部环境之间不断进行着信息、能量、物质交换，这为志愿服务组织与社区协同提供了实践可能性；城乡社区自治系统处于不稳定的非平衡状态，各要素如基层政府、社区居委会、业委会、居民、各专业社会组织、志愿服务组织，它们之间的结构关系、功能关系、权责关系不明，这为志愿组织提供了实践的必要性；城乡社区系统中存在大量非线性相互作用，志愿组织要找到各要素间的协同机制问题，这为志愿服务提供了实践针对性。

2. 社会治理新格局对高校学生志愿服务的新要求

伴随着2008年汶川地震、北京奥运会，2010年上海世博会等大型国际赛事的举办，志愿服务事业在中国逐渐发展起来，社会公众的主人翁意识、参与意识、合作意识也逐渐增强，社会对高校志愿者群体进入社会治理领域开展活动也越来越欢迎、越来越关注。社会治理新格局下，社会对高校学生志愿服务有了新需求，社会转型发展对高校学生志愿服务有了新期盼。社会转型期产业结构不断调整，市场经济不断完善，社区逐渐需要承担诸多民生服务，这为高校学生志愿者扶贫济困、扶老助残提供了广阔空间。培育和践行社会主义核心价值观对高校学生志愿服务有了新要求，志愿服务是当下引导组织高校广泛参与社会主义核心价值观建设与培育的有效载体。《关于培育和践行社会主义核心价值观的意见》中明确指出，要以城乡社区为重点，以相互关爱、服务社会为主题，围绕扶贫济困、应急救援、大型活动、环境保护，围绕空巢老人、留守儿童、困难职工、残疾人等群体，组织开展各类形式的志愿服务活动。

发挥高校志愿者与社区无利益关联的特质，开展社会治理领域的志愿服务。第一，深入了解民情。高校学生志愿者参与社区民生服务事务，能缓解基层政府与民众沟通的"官民"压力，可通过在服务活动中的贴心交流获取居民的真实想法与愿景，提高社区民生服务效率。第二，实施特殊群体服务。高校

---

① 徐向文，李迎生. 志愿服务助力城乡社区自治：主体协同的视角[J]. 河北学刊，2016，36(1)：164-165.

学生志愿者具有专业优势、时间优势，针对敬老、爱幼、助残、扶贫等特殊群体，可开展特色服务，提升特殊群体的生存能力和存在感。第三，与城乡社区基层工作人员取长补短。高校学生志愿者初入社会，在生活经验、实践技能方面还不够成熟，需要与基层工作人员取长补短，增强服务能力。第四，服务活动走心、务实。高校学生志愿者在推进志愿服务活动过程中要真诚沟通，用爱体验，用心实践，切实摸清社情、民意，从解决问题的务实角度出发开展工作。

发挥青年志愿者具备专业知识的优势服务基层社区治理。在城乡基层社区中，高校学生志愿者能够广泛参与各类服务活动。第一，促进社区居民政治参与。志愿服务能协助城乡居民了解基层政治制度、参与政治生活、监督基层事务，唤醒社区居民的主动参与意识，推动基层民主建设。第二，推动社区经济发展。有研究显示，志愿服务可有效协助社区组织和居民了解国家各项经济政策，获取经济信息，寻找经济发展路子。第三，满足社区文化需求。高校学生志愿服务能有效动员和协助社区开展舞蹈、声乐、绘画、摄影、书法、棋艺、阅读等各类文艺活动组织，可丰富社区居民精神文化生活，增强社区归属感，为和谐社区的营造做出贡献。第四，改善居民民生。社区中的困难群体在医疗、教育、养老、住房、出行等方面都有较高的需求，高校志愿者深入社区可着力从满足困难群体的需求出发，设计志愿服务项目，推动社区居民生活改善，弥补困难群体基本公共服务供给不足带来的问题。第五，应急志愿服务。从新冠肺炎疫情防控志愿服务中不难发现，志愿服务在现代基层社会治理中的作用日益显著，应急志愿服务是应急管理中人力供给、知识传递、服务递送、社会调节等方面的重要渠道。志愿服务以其及时、在线、专业、多元的特质，能给应急管理提供强有力支持。

随着公众对美好生活需求的逐渐提高，高校学生志愿者可以深入社会基层开展服务的范围也越来越广，在保障高校人身和财产安全的条件下，开发与社会协同治理的高校学生志愿服务项目的呼声也日益高涨，具体涵盖社区经济发展、政治参与、民生生活、身心健康、社区环境保护、社区安全稳定、社区文化建设等方面。

3. 社会治理新理念为高校学生志愿服务创新赋能

"弱关系"到"强关系"。社会治理赋能高校学生志愿服务，使志愿服务这种"弱关系"发挥强大力量。有学者认为，高校学生志愿服务是发生在熟人关系网络之外的陌生人中，志愿服务所伴随的人际互动一般遵循从"无关系"到

"有关系"，从"弱关系"到"强关系"的过程。"弱关系"能更好地发挥不同群体成员异质性的优势，故志愿活动所促成的群体间的人际互动在信息传递和资源交换方面比强关系群体间的人际互动更重要，且要破解志愿服务"弱关系"的缺陷，需要进行制度创新，致力于使志愿服务主体间的互动关系由"弱"变"强"、由"冷"变"热"的强化实践。

"无资源"到"有资源"。社会治理赋能高校学生志愿服务，使志愿服务获得行政支持和配套资源。传统的志愿服务中，设施、场地、设备的缺乏往往制约了志愿服务效果和志愿服务影响。在中国基层社会治理领域的志愿服务中，高校志愿者服务项目得到基层社区机构、居民、其他专业社会组织、行业协会的支持，获取了物质资源的保障，取得了制度、政策、文件及人力方面的支撑，获得了特定权威性，具备亲民性，更容易开展志愿服务活动。

"重形式"到"走心"。有学者提出，高校学生志愿服务精神要与大学精神合二为一，实现"双内核"的价值驱动。树立"获得成长机遇"的志愿服务观念，以"走心"的志愿服务展现大学人文关怀的温度和高校学生志愿服务的张力，将独立思辨的理性精神融入充满朝气的高校学生志愿服务。这种双内核精神的融合需要志愿服务活动向社会纵深发展，以求真务实的态度破解社会问题，实现大学与社会的深度连接。

"单打独斗"到"协同服务"。高校学生志愿服务长期以来以志愿服务队的形式出现在校园、城市街头、社区居民楼。随着高校学生志愿服务工作向社会治理的纵深发展，一个团队难以获得广泛深入的社会效应，因而发挥高校志愿者服务组织与地方共青团等其他志愿服务组织的联动性，打破条块壁垒，开展协同志愿服务，是未来的方向之一。沈永东和陈天慧提出了基于多元主体参与基层社会治理的共治模式。在传统的社会治理中，政府、社会组织、企业等多元主体分别通过政府机制、市场机制、社群机制发挥作用。在共建共治共享的新治理格局下，包括志愿组织在内的社会组织与企业等多元主体通过合作等方式，参与社会治理，出现了补缺模式、协同模式、替换模式三种社会治理模式。① 志愿服务组织在相应的每种模式中都发挥着重要的作用。加强省级共青团组织与高校志愿组织的协同性，建立地方志愿服务主体与高校学生志愿服务主体的互动机制，是促进资源有效利用的重要途径。

---

① 沈永东，陈天慧. 多元主体参与基层社会治理的共治模式——以宁波市鄞州区为例［J］. 治理研究，2021，37（4）：82.

六、高校学生志愿服务活动推动社会治理技术变革

高校学生志愿服务区别于其他社会组织志愿服务的明显特质在于高校学生志愿服务具有教育属性。高校学生志愿服务的教育属性通过灵活的形式、柔性化管理、竞合式协同、精准的服务得以体现。在融入社会治理的过程中,高校学生志愿服务的以上特殊功用自然而然地转化为基层社会治理的新方法和新技术。

(一)从"学历教育"到"情商教育"

志愿服务的教育属性可以从美国教育学家杜威所提倡的"从做中学"(learning by doing)中得到阐释①,中国教育家叶圣陶先生早在 20 世纪 30 年代就提出生活教育(劳动教育)的理念。美国、新加坡、日本等国在学校教育中均有"服务学习"的课程设置。2020 年 3 月,中共中央、国务院出台了《关于全面加强新时代大中小学劳动教育的意见》,要求在我国大中小学设立劳动教育必修课程,系统加强劳动教育,广泛开展劳动教育实践活动,着力提升劳动教育支撑保障能力,切实加强劳动教育的组织实施。有学者研究了台湾地区的学生"志工"现状,认为高校服务性社区学生参与志愿服务的动机分别为学习成长、社会关怀、实践理想、人际关系。②

高校学生志愿服务发展为大学和社区架起沟通的桥梁,实现了双向价值倍增。第一,增进学生个人能力发展,扩展社交关系,增强协调沟通能力,带来校园志愿服务风潮与文化等高附加值效应。第二,提升了社区的学习创造力,社区成为志愿活动场所,居民得到关怀服务。第三,促进了街区与高校结盟,高校通过志愿服务拉近了与辖区政府、其他社会组织的距离,实现资源共享。第四,提高社会治理的亲和力与公信度,社区与企业及其他社会组织主动为高校学生志愿服务提供便利条件,在双向合作中提升社区及企业组织的美誉度。

(二)从"硬治理"到"软治理"

社会治理新格局下需要协调人们不断增长的物质财富需求、不断提升的精

---

① 陈卓武. 台湾高校学生志愿工作研究 [J]. 高教探索,2014 (3):81.
② 李法琳. 大台北地区大学服务性社团学生参与志愿服务之动机与满意度研究 [D]. 世新大学社会发展研究所硕士论文,2003:63.

神需求以及人们对这两种需求之间的平衡与博弈。经济学研究认为,"仇富"的本质是针对不公平[①];社会心理学研究认为,财富与精神的落差更容易遭到嫉恨[②]。马斯洛需要层次理论揭示了人的需要是逐渐提高的,而物质需要得以满足后精神需要又随之出现。美国政治文化研究者英格尔哈特根据其对工业发达国家40余年的跟踪研究,提出了后物质主义价值观理论。他认为,当人们拥有物质财富后会产生更高层次的需求,更注重生活质量,强调自我表达与自主选择,在价值引领、秩序构建中渴望更多发言权。[③] 英格尔哈特的后物质主义价值观深刻揭示了当代社会治理的关键点与难点。价值观传递、社会秩序建构中产生的人际矛盾成为当代社会治理的主要症结,解构这些问题,需要的不是阻断不同的价值观传递或建立单一的社会秩序,恰恰相反,而应当像治水一样顺势而为,引导不同的价值观进行表达,构建公平公正的社会秩序。

从追求经济目标的"硬治理"到追求价值目标的"软治理",社会治理进入了新阶段。志愿服务具有自愿性、计划性、组织性、非营利性、互动利他性等特质,志愿服务行为承载着"奉献、友爱、互助、进步"的文化价值观,能够通过志愿者认同的价值需求及动机对志愿行为起间接引导作用。高校学生志愿服务就是发挥高校主观能动性向社会提供志愿服务,接触普通民众传递社会正能量,传递爱与善意,无形之中向社会输出了真善美的价值观。研究显示,新时代青年文化价值观逐渐向幸福价值观转换,志愿服务能塑造青年行为,完善青年文化价值观。应重新认识高校学生志愿服务的价值引导规律,通过志愿服务培育新时代青年积极向上的社会价值观,使其积极参与社会治理,推动社会治理从"硬治理"向"软治理"转型,提升治理效能。

(三)建构协同:竞合链接

融入社会治理、发挥社会价值是高校保持和增强政治性、先进性、群众性的重要举措,也是高校承担社会责任的重要体现。高校学生志愿服务主要由共青团组织发起,也是新时期党的青年组织不断调整角色适应形势、夯实党的青年群众基础的重要转型。新时代高校学生志愿服务以"建构协同"积极推动志愿服务与社会治理的深入融合:面向基层政府组织主动回应,面向社会组织积

---

① 张慧. 嫉妒与"感知的不平等"——对"红眼病"和"仇富心态"官方话语的研究[J]. 学海,2014(5):149-150.
② 张凤阳. 转型背景下的社会怨恨[J]. 学海,2014(2):69.
③ 陈文,邹放鸣. 青年志愿者文化价值观变迁研究——社会治理能力现代化视角分析[J]. 重庆大学学报(社会科学版),2020,26(5):245.

极竞合，面向青年群众自然嵌入。

所谓"建构协同"，是协同治理理论的应用。协同治理包含合作治理之义，但又不仅限于简单合作，它强调治理的协同性。因此，在志愿服务工作中，高校学生志愿服务组织方与其他社会主体之间存在交互性。构建协同的过程可以看作高校学生志愿服务组织方与其他主体相互塑造、相互促进、相互调试的过程，具有行动的自主性。

依据高校学生志愿服务的自主性特质，其建构协同的过程如下：首先，对"上"要负责，包括对上级组织和对政府主体，尤其在共青团组织发起的高校学生志愿服务组织中更要体现政治属性。第二，对社会组织要竞争合作，包括资源、阵地、人才的竞合。第三，对"下"要联系，这是由志愿服务组织的社会属性决定的，要深入群众动员、服务、管理。基于广州共青团组织的志愿服务参与社会治理的情况研究发现，共青团组织的志愿服务建构协同，需要抓住国家方针、获取地方支持，努力抓住结构性契机；同时，从"弱势组织"的地位出发，加强部门协同，争取资源，与社会组织建立竞合式链接，面向青年群众建立草根式链接，以网络化服务推进志愿服务的全面互联、充分整合和协同运作，形成社会化的服务体系。

（四）聚焦需求：精准服务

高校学生志愿服务参与社区治理有助于提高社区服务能力和服务水平，协调居民利益关系和构建和谐社区，进而推动国家治理体系和治理能力现代化。[①] 高校学生志愿服务融入社会治理要致力于从社会化、法治化、智能化、专业化四个方面有显著贡献，其中聚焦社会需求、开展精准服务是当代高校学生志愿服务的标志特征。

1. 瞄准青年需求的公益服务行动者

高校学生志愿服务取得了巨大成绩，但依然存在角色不够清晰、体制路径依赖严重、覆盖率不高等问题，在有效融入社会治理的过程中需要主动介入、明确定位、聚焦需求、开展服务。如前所述，高校学生志愿服务具有增进社会资本、促进社会健康发展的功用。道德性是高校学生志愿服务的第一属性，"道德体验"是高校志愿者开展志愿服务初期最为朴素的出发点。有学者认为，从高校学生志愿服务的主体动机和客观效果的发展演变来看，志愿服务过程其

---

① 张红霞. 论高校学生志愿服务参与社区治理的实现［J］. 社会科学家，2019（2）：152.

实也是一个从追求"道德体验"到追求"社会效益"的演变过程。[①] 社会效益通过形式各异、门类众多的公益服务得以体现。

青年公益创业是高校学生志愿服务追求社会效益的一种典型形式。20世纪60年代,青年公益创业在欧美发达国家兴起,以后逐渐受到其他国家的重视。青年公益创业一方面承载了青年追求创造、追求发展的梦想,另一方面体现了青年群体对公益视野及志愿服务的理想抱负。青年公益创业推动社会公正、改善社会风气,推动社会主义核心价值观培育与践行,是对青年群体需求精准聚焦的一种大胆尝试。

整合数据资源,营造精准的服务新环境。大数据技术支持为高校学生志愿服务提供了前所未有的便捷,使得高校学生志愿服务融入基层社会治理更具灵活性、专业性和系统性。大数据技术的应用为高校学生志愿服务与基层社会治理的协同提供了可能与机遇,但也存在侵犯隐私、信息失真、融合技术不完善、数据异化、信息孤岛等问题。高校学生志愿服务的社会治理技术在某种程度上依靠大数据意识的强化来营造志愿服务氛围,依靠大数据运用新机制来推广公平公正的社会良序,依靠高校学生志愿服务"智慧仓库"来精准构建与地方合作治理的平台。

2. 解决群众急难问题的先锋队员

高校学生志愿服务融入社会治理具有救急、济困的活动特征。"西部计划""支教"等都是高校学生志愿服务深入社会治理的典型项目。

高校学生志愿服务融入乡村振兴。在我国乡村治理中,高校学生志愿服务是村民自治的内在要求,也是基层治理的典型特征。随着农村社会经济发展,增强农村基层志愿服务能力、创新基层志愿服务工作机制,是当前亟待研究解决的问题。乡村志愿服务从参与行为是否有偿来看,可分为享受政府补贴的志愿服务行为和完全无偿的志愿服务行为。前者以社区工作人员为主,后者可以是社区居民志愿者,也可以是高校学生志愿者。

高校学生志愿服务融入应急救援。志愿服务作为新时代社会治理的重要元素,在突发事件的应对中发挥重要作用。应急救援领域的志愿服务成长很快,但面临严峻考验,尤其是应急志愿服务能力亟待加强。志愿服务应急能力,是在应急救援过程中执行应急行动的实际本领,是应急力量基本素质的外在体

---

① 张林. 从"道德体验"到"社会效益":青年志愿服务发展的逻辑演变[J]. 当代青年研究, 2016 (3): 5.

现。志愿服务应急能力包括预防预警能力、信息获取能力、快速反应能力、专业保障能力、组织管理能力、合作联动能力、心理救助能力。应急能力建设是提高应急救援水平的重要途径，应急救援中的高校学生志愿服务在着力提升应急能力的基础上，发挥平台优势，建立"高校志愿者"+"社工人"联合救援机制，建立应急联动机制，将零散的资源整合为组织化力量。在新冠肺炎疫情防控志愿服务中，高校志愿者深入社区疫情防控志愿服务，构建青年志愿服务工作网络，成为疫情防控生力军和中坚力量。

七、高校学生志愿服务孕育社会善治的力量

高校学生志愿服务以"奉献""友爱""互助""进步"的志愿精神从校园出发深入城乡社区，从事扶困济弱、敬老爱幼的社会服务工作，传播真善美，获得了广泛的社会声誉。"善治"由我国政治学学者俞可平提出，他认为善治的基本内涵包括合法性、法治、透明性、责任性、回应性、有效性、参与、稳定、廉洁、公正。俞可平进一步总结，国家治理体系的现代化是社会政治经济现代化的必然要求，它本身也是政治现代化的重要表征。衡量国家治理体系是否现代化有五个标准：第一，公共权力运行是否制度化、规范化；第二，民主化，即公共治理和制度安排是否人民当家做主；第三，法治，即法律面前人人平等，不允许任何组织和个人超越法律；第四，效率，治理体系有利于提高行政效率和经济效益；第五，协调，现代国家治理体系是一个统一的整体，相互协调，密不可分。志愿精神崇尚的平等、沟通、互助、及时、奉献等服务特质与善治理念高度契合，都致力于实现社会公共利益最大化，因此具有内生价值的一致性。

（一）奉献精神与个体责任感

"奉献"是高校学生志愿服务精神的第一要素。奉献意味着志愿者在牺牲时间和精力、不计报酬、不求名利、不要特权的情况下参与关爱他人、促进社会发展的志愿服务活动。奉献体现了高校学生志愿服务活动的自愿性、无偿性、公益性，是履行道德义务的活动。现代社会秩序的建立首先在于社会具有普遍的公共精神和公共理性，即具有独立性和自主性的社会成员关心公共利益、实践社会公德、参与公共事务治理。"服务学习"（即实践学习）能够有效地促进学生知识学习、能力培养和责任感的形成。高校学生志愿者参与志愿服务虽然存在多种动机，但基于公共利益的利他动机起到了核心驱动的作用。高

校学生志愿服务主动参与社会治理，引领社会风气，起到了形塑公共精神、增强个体责任感的作用。

（二）友爱互助与民主参与

"友爱""互助"是高校学生志愿服务精神的主要要素。"友爱"是志愿服务体现的与人为善、无私关爱、平等尊重的精神，是无差等的友爱；"互助"即相互帮助，助人自助。友爱体现的是人人平等、过程透明的社会交往状态，体现了仁爱的交往思想，这与中国传统美德遥相呼应。平等友爱的志愿服务有利于激发社会组织的活力，刺激社会公众对公共事务的广泛参与，达到美好社区人人参与、美好社会人人共享的社会治理层次。

（三）追求进步与有效回应

"进步"是高校学生志愿服务精神的内核要素。"进步"即志愿者参与志愿服务，使自身的能力得到提高，同时也促进了社会发展与进步。高校学生志愿服务是青年自觉践行社会主义核心价值观的生动注解，有助于凝聚民族精神，达成社会共识，也能弘扬文化传统，引领社会风气，完善价值准则，指引青年在实践中思考和比较，在实践中成长和发展。高校学生志愿服务的有效性和回应性体现在个体成长和群体发展中。陶思亮等基于"领导力发展的社会改变模型"（The Social Change Model of Leadership Development）考察中国大学生的社会参与状况对领导力发展的相关性及其影响，在 3150 名高校学生的有效调查基础上发现社会参与对于大学生领导力的发展具有重要积极影响。[①] 高校学生暑期社会实践、志愿服务、社会兼职具有极其重要的领导力教育价值，是培育领导力的重要平台和载体。因此，有必要从强化主体意识、推进社会化、构建常态化、提高专业化等方面入手推动高校学生志愿服务的可持续发展。

善治依赖于良序，每个人的自由发展是一切人自由发展的条件。高校学生志愿服务的星星之火尚未成燎原之势，且存在服务意识有待提升、服务效果不尽理想、服务体系不够完善等诸多不足，但高校学生志愿服务彰显了社会治理以人为本的理念，诠释了和谐社会的治理目标，与法治、透明、责任、回应、有效的善治思想拥有高度一致的价值认同。高校学生志愿服务促使高等教育向社会延伸，推动高校履行服务社会的责任；高校志愿者为社会治理提供了高素

[①] 陶思亮，许瑜函，林磊. 社会参与对大学生领导力发展的调查分析［J］. 思想理论教育，2015（8）：105-108.

质的群众基础，是国家治理现代化的精英力量。未来要合理满足和继续引导高校学生的利他服务动机，丰富高校学生志愿服务精神内涵，建立透明高效的志愿服务体系。高校学生志愿服务将持续推动社会治理创新，推进国家治理现代化进程。

第四章　四川大学学生志愿服务参与社会治理的模式

一、四川大学青年志愿者服务融入社会治理的代表性与典型性

（一）四川大学青年志愿者行动的兴起、发展及所取得的成果

四川大学青年志愿者行动始于1994年。2004年，四川大学青年志愿者总队更名为四川大学青年志愿者协会。四川大学大力弘扬"奉献、友爱、互助、进步"的志愿精神，这是志愿者在活动中所需要的精神特征，也是绝大多数志愿者所拥有的高贵品质。四川大学现有注册志愿者逾6万人，包括以学科优势为导向的学院志愿者服务队34支，以互助服务为载体的围合志愿者服务队21支，以社会公益为重点的特色志愿服务队9支及各类公益性社团26个。全校志愿者注册率96.87%，年度志愿服务时长超45万小时，做到将志愿精神外化于具体行动，在无私奉献的过程中关爱他人、关注社会，在帮助他人的同时实现自助，提高综合素质，促进社会进步。

在团中央、团省委和学校党委的领导下，川大共青团锐意进取，开拓创新，以推动志愿服务制度化、常态化、规范化为着力点，持续推进志愿服务组织、队伍、项目等方面的制度规范建设，建立青年志愿者活动机制，强化志愿服务保障和激励机制，全方位、全过程指导和规范全校青年志愿者行动工作。探索形成志愿服务"四个一"新模式，即革新一个理念、构建一项机制、丰富一批内容、培育一种文化，促进学校志愿服务工作全方位、高质量发展，推动志愿服务工作融入学校"三全育人"格局和人才培养体系，使志愿服务成为学校立德树人、实践育人的重要载体，成为共青团提升引领力、组织力、服务力和大局贡献度的有效路径，不断激励和引领广大团员成长为有理想、敢担当、能吃苦、肯奋斗的新时代好青年。

川大志愿活动的开展以社会主义核心价值观为指导思想，立足校园、面向社会，形成了"一级响应、三级管理、百花齐放"的志愿服务工作模式，志愿服务已成为川大青年服务社会、成长进步的重要方式。二十年来，225名川大学子扎根凉山彝族自治州接力支教，形成了以建平台搭梯子撬动社会资源、发挥整体合力的帮扶新模式；2万余名志愿者积极投身汶川地震和雅安地震的抗震救灾和灾后重建工作；年均2000余名志愿者为大型赛会提供高质量志愿服务等。这些发生在身边的故事就像一个个"加油站"和"孵化器"，不断引导青年学生投身崇德向善的志愿服务，激励学生自觉把个人前途和祖国命运紧密联系起来，到基层人民群众中去锻炼成长，在实现中国梦的伟大实践中绽放青春光芒。

在各级党政领导的关心支持下，在一批批川大学子的共同努力下，川大的志愿服务工作实现了长足的发展，取得了一系列可喜的成绩，受到社会各界的广泛赞誉。在社会实践方面，四川大学青年志愿者协会2019—2022年连续四年获得"四川省大中专学生志愿者暑期'三下乡'社会实践活动优秀单位""全国'三下乡'社会实践优秀单位"等荣誉，同时有"服务乡村，奉献青春"赴眉山助力乡村振兴社会实践团、四川大学薪火传——原创红色主题视频观影实践团等多个优秀实践团队获评"全国大中专学生志愿者暑期'三下乡'社会实践活动优秀团队"，2021、2022年获评"'镜头中的三下乡'征集活动优秀组织单位"。在志愿服务方面，四川大学青年志愿者协会先后获得"全国学雷锋志愿服务'四个100'先进集体""中国十大杰出青年志愿服务集体""第十一届中国青年志愿者优秀组织奖"等殊荣，并有"第十二届中国青年志愿者优秀项目"1项、"2021年全国100个最佳志愿服务组织"1项。在四川省首届高校志愿服务项目大赛中获得了"五金一银一铜"，在中国第六届志愿服务项目大赛取得省赛"一金四银二铜"、国赛"一银一铜"的好成绩。

（二）四川大学青年志愿者组织的建设情况

为了更好地开展志愿服务，四川大学建立了校、院两级志愿服务平台。四川大学青年志愿者协会作为校级青年志愿者协会建立志愿服务工作协调机制，加强对志愿服务的统筹规划、协调指导、督促检查和经验推广。各学院设立学院青年志愿者服务队，孵化以学科优势为导向的志愿服务项目，开展种类丰富的志愿活动。各特色志愿服务团体以学生的公益兴趣为导向，开展专项特色的志愿服务。协会还建设有以宿舍单元为单位，开展校园文明、学生互助式志愿服务行动的21支围合志愿者服务队，开展朋辈教育、校园文明建设类活动。

四川大学每年在新生入学时发动志愿者注册工作,每年由学校党委发文,对志愿服务先进集体和个人进行表彰,激发了志愿者的行动力和公益组织的基层活力,产生了良好的社会影响。在实践育人的同时,展现了川大师生的社会担当和精神风貌,志愿服务和社会实践已经成为川大青年服务社会的大舞台、成长成才的公开课。

1. 四川大学青年志愿者协会

四川大学青年志愿者协会下设人力资源部、信息管理部、赛会统筹部、项目调研部、社会实践部、宣传交流部六个部门,通过建设校、院两级志愿服务平台进行管理。

人力资源部对内负责全校志愿者服务队的组建、培训和管理,青年志愿者的优秀评比和表彰,活动的资源调配、组织筹办等工作,对外负责与其他高校青年志愿者协会开展各种交流活动。

信息管理部负责运营学校"志愿四川"后台,审核活动、时长录入,保证每一个志愿活动的顺利开展,落实每一位志愿者的志愿时长。

赛会统筹部承担着校内外各类大型赛事活动的志愿者统筹工作,主要负责志愿活动的前期规划与招募、中期联络与跟进、后期提升与总结。

项目调研部主要负责校、院两级志愿活动的调研和改善。负责考核各学院志愿活动,面向全校举办志愿服务项目大赛;引进及规划志愿服务项目,搭建

"校内+校外"志愿服务平台；调研各学院志愿活动，给出意见以促进项目完善，分享经验，传承推广优质活动。

社会实践部统筹负责组织寒暑假实践活动开展，全程跟进实践进程，并结合实践实效评比优秀实践项目。

宣传交流部通过对志愿者网站、微信公众平台的维护与建设实现志愿服务信息的传播，通过对志愿活动的跟进拍摄展现志愿者的精神风貌，协助协会做好各项活动的宣传。

2. 各级志愿组织

四川大学作为国家重点建设的"双一流"大学，既有四川大学青年志愿者协会、四川大学扶贫志愿服务队、四川大学馨心社、四川大学"五彩石"志愿团等以社会公益为重点的特色服务团队，也有"法之风"青年志愿者服务队、"新风"青年志愿者服务队、"朝阳"青年志愿者服务队等以学科优势为导向的学院青年志愿者服务队。

各级志愿组织高举青年志愿者旗帜，大力弘扬"奉献、友爱、互助、进步"的志愿服务精神，始终坚持"立足校园、服务社会"的工作思路，活跃在校园服务、扶贫志愿服务、社区公益、文化宣传、医疗保健、医急救护、校院赛会等领域，在参与社会治理方面发挥了巨大作用。四川大学始终秉承"奉献、友爱、互助、进步"的精神，积极开展各类志愿活动，结合实际，脚踏实地，形成了志愿服务特色品牌，营造了主动参与、积极奉献的良好氛围，展现了四川大学青年志愿者的理想信念、爱心善意和责任担当。青年志愿者努力追随党的步伐，增强"四个意识"、坚定"四个自信"、做到"两个维护"，在奉献祖国的实践中锻炼成长，不断续写新时代的雷锋故事，为实现中华民族伟大复兴的中国梦继续凝聚青春力量。

（1）学院青年志愿者服务队。

四川大学建设有以学科优势为导向的学院志愿者服务队36支，大部分班级还设有班级志愿服务小分队，统筹社会实践和学科导向的志愿服务活动的开展。

物理学院"科隆维修队"融物理于志愿活动，为全校师生免费提供小型物件维修服务，以美德善举践行个人奉献。华西临床医学院青年志愿者服务队融医学于志愿活动，走进社区与学校普及急救技能和知识，以实际行动诠释志愿精神。法学院"法之风"青年志愿者服务队融法律于志愿活动，助力打造四川大学法学院法律援助中心，身体力行弘扬奉献之美。外国语学院青年志愿者服务队融语言于志愿活动，为近百场重大会务提供翻译服务，以点点星光汇成志愿星河。

36支学院志愿者服务队发挥各自专业特色，紧随时代脚步，开展了多形式、多影响、多趣味的志愿活动，取得了积极反响。

(2) 特色志愿服务团体。

四川大学建设有以学生的公益兴趣为导向的校级特色志愿服务队4支及各类公益性社团20余个。志愿性质的服务组织可以力所能及地开展志愿服务活动并且孵化特色项目，开展不同性质的志愿服务活动。

四川大学"五彩石"志愿团将大学生与贫困地区儿童结对，为后者定期批改作文并互寄书信交流，以远方的温情助力儿童健康成长。四川大学凤鸣志愿讲解队举办江姐纪念馆讲解活动，介绍江竹筠和川大革命先烈的事迹，以红色文化传承革命精神。四川大学行知公益协会建立"爱心中队"，为社区老人与小孩丰富生活、解决难题，以多元活动传递真挚温情。四川大学恒沙手语协会举办"手语大课"，搭建健残交流平台并教授手语知识，以手语推广助力公益事业。

各特色志愿服务团体立足公益、传递温暖，共同建设一批具有时代特色及高校特色、立足社会所需的志愿服务项目，构建属于川大的志愿文化品牌。

(三) 四川大学青年志愿者管理制度的建设情况

1. 管理体制方面

定期开展项目调研。针对学院青年志愿者服务队孵化及开展的志愿服务进行调研并打分，给出意见以促进项目完善，分享经验，传承推广优质活动。面向全校举办志愿服务项目大赛，引进及规划志愿服务项目，搭建"校内+校外"志愿服务平台。

建设特色志愿服务团体。着力将优秀的志愿性质的服务团体培养为特色志愿服务队，以鼓励孵化特色品牌化的志愿服务项目。

定期开展评价评优活动。每年定期开展"十佳志愿者""十佳志愿集体""优秀志愿者"评选，对有突出贡献的志愿者予以表彰和奖励。吸纳更多的川大学子广泛参与志愿服务，持续激发广大志愿者的参与热情和动力。年度"五四评比"会将学院的青年志愿者行动作为考核内容之一，鼓励各个学院、组织积极开展优质志愿活动。

定期开展培训交流活动。定期开展队长大会，沟通各级志愿组织，搭建志愿服务的交流平台，旨在培育规范化的志愿服务组织和专业化的志愿服务队伍。

规范活动组织流程。通过"志愿四川"平台进行志愿活动的申请、审核及反馈，落实志愿者的志愿时长统计和志愿活动记录。

2. 权益保障方面

针对特定活动开展志愿培训。开展符合志愿者年龄、知识、技能、身体状况的培训。关注志愿者的成长和发展，完善志愿者组织体系，健全志愿者培训制度。如实记录志愿者参与志愿服务的信息，为志愿者开具志愿服务记录证明。对志愿者说明有关志愿活动的真实、准确、完整的信息，以及在志愿服务过程中可能发生的风险。

志愿服务开展资金支持。根据学校和具体志愿服务的情况，制定促进志愿服务事业发展的政策和措施，合理安排志愿服务所需要的资金。

3. 志愿者行动管理办法

严格遵守和执行《四川大学青年志愿者行动管理办法》。依托"志愿四川"平台，以校团委为统筹领导部门，以四川大学青年志愿者协会为管理协调组织，通过活动管理、评奖评优、实施奖惩等工作，注册志愿者和志愿者组织享有基本权利，需履行基本义务。

（四）四川大学青年志愿者行动把握的"四个导向"

四川大学青年志愿者行动牢牢把握思想导向、需求导向、问题导向和创新导向四个导向。

在思想导向方面，为贯彻落实二十大提出的要求和期望，帮助广大学子筑牢思想之基、扎实思想之根，四川大学以"弘扬志愿精神、培养时代新人"为目标，以"奉献、友爱、互助、进步"的志愿精神为指导，以习近平新时代思想为引领，注重以文化人、以文育人，不断丰富志愿服务文化内涵，引领学生认同志愿服务文化，营造主动参与、积极支持的志愿服务良好氛围。在思想宣传、思想引领、思想激励等方面引领和教导青年学子，更积极、更高效地参与到志愿服务中去。四川大学通过线上网页宣传、线下讲座传播、课上教师引导、课下实践参与等方式进行志愿精神的宣传，激励学生贯彻志愿精神，聆听社会声音，承担社会责任。如"青春川大"平台、"五彩石志愿团"宣讲会、"云课堂"、馨心社"把爱传承之青春义卖"等。

在需求导向方面，为更好地适应和满足群众需求，提供全方位、多方面、宽领域的关心与帮助，四川大学不断培育、孵化特色鲜明、群众认可、社会需要的志愿服务项目，深入调研基层群众需求，切实了解群众迫切愿望，切实领会群众具体难处，切实把握群众需求变化。建立服务阵地，为群众提供深入细致、持久有效的帮助，为百姓提供多层次、多样化的服务内容。如"学子凉山记""'解语花'藏语导医""服务乡村，奉献青春""爱心义诊""上门送温暖"等。

在问题导向方面，为促进文明实践志愿服务在新时代实现创新发展，面对和解决不断发展变化的新难题、新挑战，四川大学坚持"一切从实际出发，实事求是"的思想理念，按照"发现问题、正视问题、针对问题、解决问题"的思路开展文明实践志愿服务，在现实中发现问题，鼓励引导群众诉说问题，勉励志愿者以积极的态度正视问题，努力探索和解决问题，不断促进志愿服务多样化发展。如寒暑期社会实践活动、大学生"三下乡""返家乡"活动等。

在创新导向方面，为充分发挥志愿者的主动性、积极性、创造性，探索和创新思想宣传和志愿服务的形式、途径，四川大学以"规范流程、孵化项目、构建体系"为志愿服务行动的发展方向，创新"1+N"志愿服务机制，动员青年学生发挥知识技能特长，为创新社会治理奉献青春力量。以"提升质量、做优品牌、扩大规模"为志愿服务行动的创新路径，打造一批兼具学科特色和专业优势的志愿服务品牌，形成覆盖面广、专业突出、运行有效的工作机制。如艺术学院的"美丽乡村，以绘扬风"乡村文化墙建设、电子信息学院的"电子手工小课堂"、华西口腔医学院的"医心为你"口腔医生进社区等。

（五）四川大学青年志愿者在社会治理过程中积累的工作经验

四川大学青年志愿者行动历史悠久，长期引导和帮助全校青年在志愿实践中贡献青春力量，组织和引领青年学生广泛开展以扶弱济困助残、政策理论宣传、服务乡村振兴、参与社会治理为主题的志愿服务活动，在实践育人、树立先进、锤炼技能、献力发展、传递力量等方面取得有效成果。

选树先进青年典型，讲述优秀案例故事。四川大学积极开展优秀志愿者、优秀社会实践个人评选活动，从而立先锋、树先进，教育引领青年学生坚定不移听党话、跟党走，立志扎根人民、奉献国家，并通过新旧媒体结合的途径，用亲身经历与真心体会将红色故事传播到更遥远的地方。其中涌现的"五彩石"志愿服务项目、"红动1小时"主题教育实践活动等，获得了中宣部、教育部、团中央等上级领导部门的高度肯定。2022年，四川大学多个暑期社实践团队受到主流媒体报道，如中国青年网报道《大川追迹 华西口腔学子视频讲述江姐故事》《"学子凉山记"落幕，青春永远在路上》等。

构建志愿服务机制，提高青年组织能力。以"青春志愿·爱在社区"大学生志愿服务社区行动为例，四川大学共实现了与50个社区的"N+1""菜单式"志愿服务供给，举办了多项兼具学科特色与地区特色的高质量志愿服务活动，深受社会好评。四川大学不断培育、孵化特色鲜明、群众认可、社会需要的志愿服务项目，形成志愿服务"工具包"，通过校地双向联动，调研社区需求，建立服务阵地，将"工具包"中的优质资源与社区需求进行精准匹配，动员和组织青年学生在志愿项目中发挥知识技能特长。如华西口腔医学院"老有口福"助力健康养老志愿服务项目，结合口腔医学生的专业优势，以华西坝养老院为试点，通过开展温暖关爱行动和口腔健康宣教两大特色志愿服务活动，以口腔健康辐射全身健康，以口福提升全面幸福感，建立健康敬老爱老新模式。

培育志愿服务文化，贡献当今发展大局。以"教育引导、实践养成、榜样示范"为志愿服务行动的育人逻辑，以"提升质量、做优品牌、扩大规模"为志愿服务行动的创新路径，打造一批兼具学科特色和专业优势的志愿服务品牌和社会实践活动，紧密围绕社会治理、巩固脱贫攻坚成果，形成覆盖面广、专业突出、运行有效的工作机制。如华西临床医学院的"'解语花'藏语导医"、艺术学院的"'美丽乡村，以绘扬风'乡村文化墙建设"、华西口腔医学院的"'医心为你'口腔医生进社区"等志愿服务活动。2022年，四川文化网报道《四川高校学子深入布托调研，探索彝银工坊推动乡村振兴新模式》，新华社报道《川大商学院暑期社会实践走进数字车间》等。

发挥先进以优带优，拧紧思践逻辑链条。发挥先进典型"以优带优"的示范引领作用，让学生成为志愿服务文化的实践者、标识者、创新者，完善从情感认同到亲身躬行的逻辑链条。通过一个个"加油站"和"孵化器"，青年学生投身崇德向善的志愿服务，到基层人民群众中去锻炼成长，在实现中国梦的伟大实践中绽放青春光芒。如二十年来225名川大学子扎根凉山彝族自治州接力支教，2万余名志愿者积极投身汶川地震和雅安地震的抗震救灾和灾后重建工作，年均2000余名志愿者为"挑战杯"、大运会等大型赛会提供高质量志愿服务等。

二、四川大学学生志愿服务队伍建设现状与参与社会治理情况

（一）以学科优势为导向的学院青年志愿者服务队建设情况

1. 经济学院"经济人"青年志愿者服务队

（1）组织发展现状。

"经济人"青年志愿者服务队隶属于经济学院团委学生会，设有3名队长、11名干事，负责院内活动策划组织。截至2022年9月1日，服务时长累计

1339.5小时。目前注册志愿者3939人，2022—2023学年志愿者注册人数占学院总人数的97.04%，人均年度志愿时长3.45小时。内部划分小组以建立体系、提高质量、精准服务，并开展"五院联合宣誓大会暨班级小分队成立大会"培训活动。2022—2023学年活跃人数增长290人，报名参加志愿服务活动志愿者增加249人，服务人数增长328人次。共计在校园建设、学院服务、社区服务等方面开展志愿服务活动10余次，累计协助学校开展核酸检测志愿服务、校医院体检志愿服务10余次，扎根基层，做好社会志愿服务。

负责学院社会实践活动的组织开展和成果总结。2022年暑假期间，学院共有20支队伍共计190人参与暑期社会实践活动。在暑期社会实践表彰中，共有2支团队、11名同学荣获暑期社会实践优秀奖，经济学院也获得了暑期社会实践先进集体的荣誉。

2023年寒假期间，经济学院共有200余名同学参与社会实践活动，积极开展了"学子家乡行"、"一起云支教"、政务实践、企业实践、社区服务活动等，足迹遍布祖国的东西南北20余个省、市、自治区。学子积极投身社会实践，展现了求真务实的风貌和经世济民的胸怀。

(2) 特色服务成效。

"聆听川大经济学人故事，继承经院百年红色基因"系列志愿活动

"聆听川大经济学人故事，继承经院百年红色基因"是经济学院青年志愿者服务队开展的一项重要系列活动。每逢重大节日（端午、中秋、重阳等），经济学院"经济人"青年志愿者服务队都会积极与本院退休教师联系，并组织志愿者携贺卡礼品上门拜访。

2021年端午节，经济学院"经济人"青年志愿者服务队前往看望退休教授孙志诚老师，并致以真挚的节日问候。孙教授向志愿者们讲述了个人奋斗经历和对政治经济学的热爱，鼓励志愿者们永远跟党走，为民族复兴的伟大事业而奋斗。孙教授还勉励后生主动作为，把个人理想同中华民族伟大复兴的中国梦结合起来，为国家富强、民族复兴、人民富裕贡献力量。

2021年中秋节，为感念师恩，聆听教诲，学生党员代表杨忠震、王思玥以及院团委学生会青年志愿者服务队带领新生前往拜访退休教师邓玲教授，为其送上节日祝福。邓教授与同学们亲切交谈，分享个人经历，传递革命精神，勉励学子刻苦学习，成长为民族脊梁，担当民族复兴大任。

这一系列活动筑起了师生之间沟通的桥梁，充满温情的节日问候，引导同学们尊师重教、感念师恩，老一辈经济学人的精神也激励着志愿者们刻苦奋

进、敬党爱国,努力成为担当民族复兴大任的时代青年。

"感恩清洁" 志愿服务活动

一直以来,经济学院青年志愿者服务队干事都会带领志愿者定期清洁位于东园十四舍的活动室和办公室,大家整齐摆放、擦拭桌椅,有序排列书架上的书本资料,合理堆放活动材料以及清扫地面上的垃圾灰尘,使活动室、办公室焕然一新。老师们有了更加舒适的办公环境,同学们也有了更加整洁的活动环境。

"感恩清洁"志愿服务活动作为经济学院的常规系列活动之一,不仅锻炼了同学们的实践能力,还有利于培养同学们负责任的工作态度和吃苦耐劳的品德。志愿者们利用课余时间为学院提供服务,这种精神深深地感染了身边同学,营造了温馨的校园志愿氛围,四川大学青年志愿者协会微信公众号平台多次对此活动进行宣传报道。

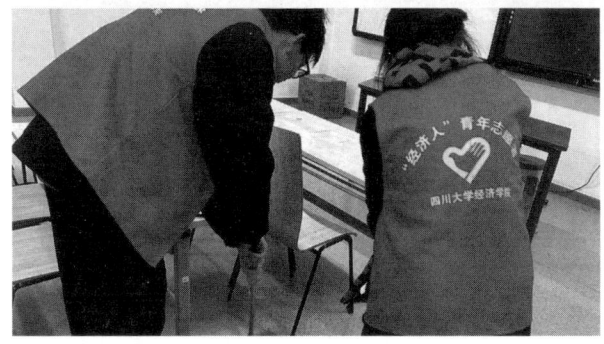

五院联合宣誓大会

截至2022年,由经济学院"经济人"青年志愿者服务队联合其他四个学院举行的志愿者宣誓大会暨班级小分队成立大会已成功举办八次,并将在未来持续举办下去。

五院联合宣誓大会象征着五个学院新一届青年志愿者服务队的正式成立,也代表着新青年志愿者们志愿生涯的开始。志愿者们在誓言中更加坚定了"完善自我,辐射他人"的志愿精神,在丰富多彩的互动中加深了彼此的友谊。各学院的志愿者服务队也互相了解了各自的志愿活动,有利于各学院志愿者服务队的共同进步。学院青年志愿者服务队的共同宣誓和交流将促进全校志愿服务活动的开展,使四川大学的志愿服务活动更具特色、更有意义。

"经利济世" 爱心义卖活动

本活动通过召集川大学子捐赠物品,进行爱心义卖筹集资金,为需要帮助的人们献出一份属于川大学子的爱心,也呼吁当今大学生们更好地传承雷锋精神,助人为乐,心系社会,发光发热。

活动主旨是希望在校园中营造出公益与慈善的优良之风,充分体现川大学子强烈的社会责任心和高尚的社会价值观。爱心义卖活动使需要帮助的人们得到了更多的温暖与希望,同时也使川大学子体会到了团结的伟大,将志愿者的爱意传递给了更多需要帮助的人。

"寒冬送暖，温情常在" 慰问工作人员志愿活动

经济学院"经济人"青年志愿服务队举办"寒冬送暖，温情常在"慰问工作人员活动。志愿者们积极参与其中，同学们将关心与爱凝聚成文字，记录在明信片上，为坚守在工作岗位上的川大后勤保障部的工作人员送去慰问与温暖。此次活动目的在于向默默付出、坚守岗位的川大工作人员表达尊敬与感激，也让仍处在校园中的同学们深刻体会到了工作的不易，拉近了彼此间的距离。明信片虽小但言语暖心，凛冬虽至但温情常在。

2. 法学院"法之风"青年志愿者服务队

（1）组织发展现状。

"法之风"青年志愿者服务队创立于1996年，其前身为20世纪80年代初期四川大学法学院于九眼桥等地依摊位设立的志愿服务点。目前，服务队共有常备志愿者28名，流动志愿者数百名。伴随全国学联的改革要求以及四川大学法律援助中心的成立，"法之风"青年志愿者服务队并轨法学院团委学生会，同川大法援中心深度融合，以普法宣传与法律援助服务为特色，走出了一条颇具学科特色与专业特质的志愿服务道路。

"法之风"青年志愿者服务队作为法学院的青年志愿者管理平台，日常工作主要围绕志愿服务展开，包括与学校以及学院各种部门、社团对接，收集和明确志愿活动信息，承接并负责各种志愿活动的志愿者招募和培训、活动组织等工作，并带队（监督）志愿活动的完成。基于"志愿四川"系统，在学院内创立时间银行制度，通过电子表格形式对学院内各志愿者的志愿活动参与情况进行量化管理，并定期整理作为考核依据，以此激励同学们积极参与校内外各项志愿服务活动，进一步打造具有法学学科特色的志愿服务队伍。

一方面，积极配合四川大学青年志愿者协会开展学年迎新、核酸检测等常规性、普及性的志愿服务活动。另一方面，积极开展具有法学学科特色的法律志愿服务活动。除了每年在全校范围内承办"学宪法、讲宪法"特色普法宣传系列活动，还会定期赴各类校外单位开展普法宣传、模拟法庭表演、提供法律援助等各类普法活动，向中小学生以及民众普及法律知识和提供法律帮助。其中，"坝坝法庭"得到了社会大众的一致好评，多次获社会媒体报道。此外，随着四川大学法学院法律援助中心的成立,"法之风"青年志愿者服务队与川大法援中心深度融合,在专业化法律援助的组织与开展方面展开多维合作,共同为校内外师生与市民排忧解难。在全体志愿者的共同努力下,"法之风"青年志愿者服务队获2021—2022年度四川大学青年志愿者行动十佳志愿团体。

(2)特色服务成效。

"法之风"青年志愿者服务队积极开展多项长期志愿活动,突出志愿内涵,体现学科特色,以普法宣传、实践与法律援助为特色,走出了一条颇具学科特色与专业特质的志愿服务道路。在长期性特色志愿服务的开展中,该队融志愿服务于实践,丰富志愿内涵,提升志愿者综合素质,致力打造精品志愿者服务队。

普法宣讲活动

"法之风"青年志愿者服务队长期开展普法宣讲活动,始终将传播法律知识、培养守法习惯、推动法治建设作为重点,提高大众知法、懂法的基本素养。该类普法宣讲活动一般采用"普法宣讲+实践学习"的模式,使得法律知识不局限于书本和话语,更体现在法律实践和体验。

该队坚持积极开展体现法学学科特色的普法宣讲活动,以情景剧、特色讲堂、法律问答等多样化的形式向广大中小学生及社区居民普及法律知识。如今已经在金牛区五福社区、西南街社区等多地开展普法宣讲活动,还会定期赴成都市第七中学、武侯区玉北街道进行普法。值得一提的是,他们每年会在全校范围内举办"学宪法、讲宪法"宪法周特色普法活动,取得了较好的成效。

模拟法庭表演普法活动

志愿者们深入社区组织模拟法庭普法活动，为社区居民进行模拟法庭的表演并答疑。其中，"坝坝法庭"法治文化进社区系列活动作为学院特色精品活动，以模拟法庭的形式，将庭审与判决从庄严肃穆的法院转移到社区居民休闲娱乐的社区"坝坝"上，让民众近距离感受法庭、了解法庭。"坝坝法庭"打造了社区普法沉浸式体验，立足学科优势，坚持文化育人、实践育人原则，深入开展法治宣传教育，提升了社区居民的法治意识和法律素养，努力使尊法、学法、守法、用法在全社会蔚然成风。与此同时，志愿者们通过亲身参与，将所学法学理论知识、司法基本技能等综合运用于实践，培养实务操作能力、应变能力，从而提高了其专业素养和综合素养。该系列活动在各社区顺利开展，得到了社会大众的一致好评，多次获社会媒体报道（详细介绍参见本书第五章）。

法律援助志愿活动

四川大学法律援助中心的建立使得法律援助志愿活动得以在更专业、更高效的平台上开展，为校内师生与校外民众及时排忧解难，更好地将学科知识与志愿服务相融合。四川大学法律援助中心由"法之风"青年志愿者服务队牵头，已经为广大师生、民众提供了数百次法律咨询服务，共计办结案件一百余案，涉及合同纠纷、消费者权益纠纷、人身赔偿损害、交通事故纠纷等，范围广，实际效益显著。法律援助中心的各个部门分工明确，受案流程、值班管理、奖惩机制等都有详细的要求，这使得法律援助工作的开展井然有序，效率与效益兼顾。

3. 文学与新闻学院"新风"青年志愿者服务队

(1) 组织发展现状。

文学与新闻学院"新风"青年志愿者服务队简称"新风"青志，是一个公益性质的组织，主要负责学院内部志愿活动和社会实践活动的举办，为同学们提供奉献爱心、服务社会、锻炼自我的平台。"新风"青志曾作为文学与新闻学院团委学生会重要组成部分获得"2021—2022学年四川大学十佳学生会"的称号。

彰志炳愿，共树新风。作为一个普通而又特殊的部门，"新风"青志并没有举办很多"高大上"的活动，而是以"服务者"的姿态出现在同学们的面前。

"新风"青志现设队长1名，负责统筹全队各项工作；副队长3名，分别管理常规、创新及赛会各项志愿活动；干事17名，具体执行落实各项活动与工作。他们积极筹备协助各项志愿活动的策划与开展，依托文学与新闻学院专业优势组织策划情感笔谈系列活动、图书馆志愿系列活动等各项志愿活动。

(2) 特色服务成效。

"双鲤"情感笔谈系列活动

"双鲤"情感笔谈动员队在2021—2022年共开展4次匿名树洞线上情感交流活动。志愿者通过线上的方式为同学们排忧解难，搭建起志愿者与参与者情感交流的桥梁。在此期间，动员队还开展了"寒霜入冬，温暖有你"霜降送温暖活动，以游戏的方式营造温暖的氛围，帮助同学度过换季时节；"诗以传情，易以递爱"诗歌义卖活动，用诗歌的力量温暖同学，同时进行公益捐款，将温暖带给有需要的人；"语寄情思"匿名树洞系列活动给同学们提供吐露心声的平台。"双鲤"情感笔谈系列活动反响良好，参与的同学及志愿者均十分满意。

4. 外国语学院"心语"青年志愿者服务队

（1）组织发展现状。

外国语学院"心语"青年志愿者服务队，是在四川大学外国语学院党委领导、团委指导下，于1999年成立的青年志愿者组织。服务队有较为完备的规章制度和管理体系，秉承"育人为本、服务为基"的理念，力践"奉献、友爱、互助、进步"的行动宗旨，发挥青年志愿者服务同学的作用，搭建好同学们与学院的良性沟通平台，定期开展调研工作，了解同学所需，有针对性地组织开展志愿服务活动，结合学科特色，孵化精品志愿服务项目，弘扬志愿服务精神，展现青年志愿者的责任担当。近年来，外国语学院学生服务国家和地方经济发展，为国家和地方涉外活动提供近百场重大会务翻译服务，420余人次获得各级优秀志愿者称号。2020—2021年，外国语学院"心语"志愿者服务队凭借多国文化展、和谐教室活动、大运会志愿者服务活动、"挑战杯"志愿者服务活动等志愿活动和调研报告、意见库、寝室文化节等调研服务活动,获得了"四川大学青年志愿者行动十佳志愿集体"的称号。

(2) 特色服务成效。

外事志愿服务活动

外国语学院青年志愿者结合学科特色,服务国家和地方经济发展,为国家和地方涉外活动提供近百场重大会务翻译服务,将所学应用于实践,弘扬爱心奉献的志愿服务精神,展现了青年志愿者积极有为的责任担当。

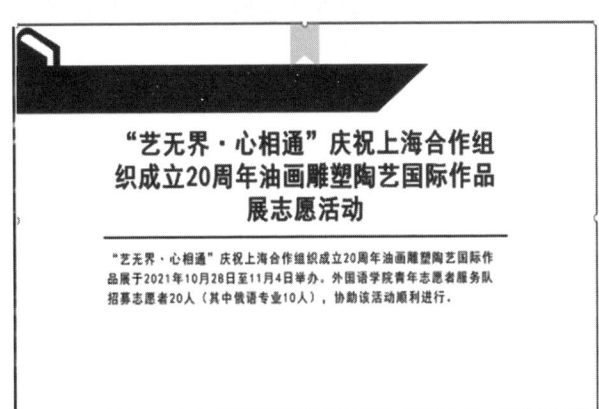

大运会志愿服务活动

外国语学院积极组织大批学生志愿者参加了大运会的筹备工作。学院108名学生入选成都世界大学生运动会语言联络官,并接受了组委会近一年时间的培训指导，同时承办参与了组委会举办的系列线下活动，取得了优异成绩。

世兵赛志愿服务活动

奋斗是青春最亮丽的底色，行动是青年最有效的磨砺。外国语学院青年志愿者以阳光自信的姿态、细致周到的服务、真诚友善的微笑，倾情、倾心、倾力，圆满完成了世兵赛志愿服务任务。在"兵世界"中展示了新时代中国大学生的责任担当和青春风采，在"品成都"中向国内外嘉宾展现了四川成都开放包容、热情友善的城市温度。

多国名校展活动

当代大学生需要寻求更多的发展机遇、更广的发展空间与更宽的国际视野。外国语学院以此为契机,举办"喜迎二十大立报国志,聚多国名校博采众长——多国名校展"活动,选取有代表性的名校作为宣传对象,通过摆摊讲解、展板参观、一对一咨询等方式为同学讲解各国名校的历史发展、教育理念、专业特长等,为川大学子搭建了解国外高校权威专业的平台。

"追寻红色记忆,精神连连看" 党史学习特色活动

在中国共产党成立百年之际,学习党的百年发展史对新时代大学生来说具有重要意义。外国语学院青年志愿者发挥专业优势,创新宣传模式,向同学们讲述光辉党史,追寻红色记忆,达到了用外语讲好中国故事的预期效果,弘扬了中国精神,取得了良好的反响。

莲花社区志愿服务活动

学业无疑是中小学生家长最为关心的问题之一,随着课程改革、工作繁忙等问题的出现,家长们难以辅导孩子们在学业上遇到的所有问题。志愿者帮助孩子们解答学习问题不仅可以帮助他们取得学业上的进步,还能激发其向上的积极性。该活动也可帮助志愿者参与社会事务,帮助他人、服务社会,传递奉献、友爱、互助、进步的志愿温情。

爱老敬老主题志愿活动

外国语学院青年志愿者开展了一系列爱老敬老的志愿活动，包括鳏寡孤独结对子、退休支部志愿者、读懂中国采访五老活动、"青春伴夕阳"金福园中心志愿者爱老活动、"重阳送温暖，关爱老教师"志愿活动等。在爱老敬老志愿活动中，志愿者陪老人们聊天，倾听他们的故事，细心为老人服务，弘扬了中华民族尊老爱幼的传统美德，使更多的人加入关爱老人、敬老爱老的行列中来，传递了温暖的正能量。

寝室文化节

外国语学院举办寝室文化节,通过鼓励广大同学亲手装点寝室,让同学们体验自己动手,与室友协同互助美化居住环境的乐趣。同学们将寝室装扮成自己喜欢的风格,给忙碌的学习与生活添上一些色彩,从中获得身心的愉悦。寝室文化节报名以大寝为单位,风格定位、物资采购等都需要同学们内部协商,这有利于提高寝室内部团结度,创造良好和谐的寝室氛围,也可以增强同学们的成就感与集体荣誉感。同学们参与此次活动,不仅可以丰富课余生活,还能够收获友情,增强实践能力。

和谐教室活动

为了保持教室清洁,为同学们创造良好的学习环境,四川大学外国语学院"心语"青年志愿者服务队举办了和谐教室活动,带领志愿者们参与教室清理。该活动不仅使教室恢复了往日的干净与整洁,还让志愿者们参与维护校园环境的工作,亲自体会到了劳动成果的来之不易,认识到了爱护校园环境的重要性。

5. 艺术学院"艺韵"青年志愿者服务队

(1) 组织发展现状。

"艺韵"青年志愿者服务队是艺术学院团委学生会的下属职能机构,设队长 1 名，副队长 2 名，主要工作是招收与管理志愿者，发动与开展志愿者活动。

"艺韵"青年志愿者服务队积极配合学院团委学生会的工作，积极开展青马工程学术会议、非遗工作研讨会、人民币反假等活动志愿者的招募及组织工作。除此之外，还按照学校相关规定举办志愿者的宣誓大会、优秀志愿者及小分队颁奖仪式、志愿者的培训会，承办美丽社区建设、小学支教、敬老院照顾老人、明信片派送等一系列志愿活动。

"艺韵"青年志愿者服务队坚持以志愿服务、劳动教育为抓手，在"三位一体"劳动育人格局下构建"4+1"教育体系与评价体系，带动团员青年奉献青春价值。志愿者们饱含热情参加志愿活动，尽力做到最好，力求尽一己之力服务社会，帮助更多需要帮助的人。"赠人玫瑰，手有余香"，志愿者们以实际行动奉献青春力量，努力践行新时代青年的使命担当，用真情温暖他人，让社会更加和谐美好。

2022 年 3 月至 12 月，"艺韵"青年志愿者服务队在四川大学艺术学院、四川大学青春广场等地点共举办了 26 个志愿服务活动，其中迎新及核酸检测活动招募志愿者 13 次，召集志愿者近 200 人，活动覆盖受益者人数达千余，累计志愿时长 4238.5 个小时。在 2021—2022 年度四川大学青年志愿者行动评比中，艺术学院共 9 名同学被评为优秀志愿者。

2022 年，艺术学院学子积极参与各类社会实践活动，其中由团委书记卿海琼老师、研究生辅导员赵帅老师带领，本硕学生组成共计 10 人的"'遵'寻初心，红色研游"四川大学艺术学院党史学习教育实践团在暑期探访了贵州遵义会议纪念馆以及娄山关战斗遗址。2022—2023 年，艺术学院百余名同学参加了社会实践活动，收获了 40 余份文字类活动成果，包括社会实践报告、新闻稿及心得。艺术学院在四川大学 2022 年暑期社会实践先进项目评比中获评四川大学暑期社会实践优秀团队 1 支，四川大学暑期社会实践优秀指导教师 1 名，四川大学暑期社会实践优秀个人 3 名。

（2）特色服务成效。

校园电箱美化志愿活动

电箱美化项目是由环境艺术设计研讨会举办，四川大学后勤保障部联合"艺韵"青年志愿者服务队为同学们提供的展现自我、展示社团活动成果、释放青春热情的一个平台。社团成员和志愿者对校园及周边社区电箱进行考察，从环境设计的角度出发，以美化校园文化氛围为出发点进行电箱美化，打造了川大校园内一道靓丽的风景线,展示出朝气蓬勃的精神风貌。

"龙"情端午,"粽"意近都

为了迎接端午佳节的到来,近都社区委员会举办"龙"情端午粽子大赛,招募志愿者协助活动开展、维持活动秩序并负责活动现场卫生。艺术学院的志愿者在现场协助参与人员进行制作盐蛋、包粽子、划龙舟等活动,活动现场井然有序,志愿者还参与到活动中,学习了如何包粽子和制作盐蛋,在大家的共同努力下，此次活动既充实又圆满。

"浓情五月，感恩母亲"

"浓情五月，感恩母亲"的志愿服务活动在成都市双流区西航港街道近都社区举办。艺术学院的志愿者负责现场协助与秩序维持，为各位参赛者提供帮助。

关爱动物，珍惜生命

该志愿活动旨在唤起同学们对动物生存环境的关注和对动物的保护意识，转变更多人的养宠物意识和繁殖意识，尽己所能拯救更多的生命，吸引更多的社会关注，树立生命平等、家园共享的良好理念。

"传承劳动精神,不忘回报前辈"

劳动是无数人生生不息的实际行动,劳动是先辈们代代相传的不变精神。回望过去,那些令人尊重的老前辈们可能也需要我们的帮助,我们有义务去帮助这些可敬的劳动者们。在退休老同志同意并约好时间的情况下,志愿者为这些退休老同志们完成力所能及的事,与他们交流学习劳动的历史。

爱之家流浪动物救助志愿活动

"艺韵"青年志愿者服务队招募志愿者进行培训,走进流浪动物救助中心,帮助爱之家动物救助中心负责人完成清洗、整理等一系列工作。近距离感受流浪动物的痛苦和艰难,体谅负责人和工作人员的辛苦和压力。同时也感受到了生命的强大和珍贵,对故意伤害小动物、买而不养这样恶劣、不负责的行为进行反思和谴责。志愿者们充分学习和宣传了负责人和工作人员热心善良、心怀大爱的行为,开阔了自己的胸襟,增长了见闻,也有了对生命更深刻的体悟。

6. 历史文化学院"晨曦"青年志愿者服务队

(1) 组织发展现状。

"晨曦"青年志愿者服务队创立于 2009 年，隶属于历史文化学院（旅游学院、考古文博学院）团委、学生会，部门内部设有 1 名部长、2 名副部长、8 名干事。自创立以来一直致力于建设一支优秀的志愿者团队，以更好地服务学院、学校以及社会。

"晨曦"青年志愿者服务队拥有良好的志愿活动策划能力、组织能力、协调能力，开展自办志愿活动、社区志愿活动以及协办学院活动和承办校级活动等，举办志愿活动经验丰富。2014 年 3 月 1 日在"微笑书屋"项目中获得"最佳团队贡献奖"，2015 年 9 月获得 2014—2015 年度"青年志愿者行动进步奖"，2017 年 6 月当选为历史文化学院团委、学生会"十佳部门"，2018 年在"献血车进江安"活动中表现优异。

2021 年，"晨曦"青年志愿者服务队举办志愿活动 30 次，服务时长达 1557 小时，人均服务时长超 1.5 小时。未来将致力于探索突破传统志愿服务模式、创新志愿服务方式与内容，将志愿服务与学院特色充分结合。同时积极配合、支持四川大学青年志愿者协会的工作，为四川大学青年志愿者工作的发展做出更多贡献。推进社区志愿服务活动创新与志愿工作常态化，继续促进大学生志愿者能力发挥和成长与社区发展的双向循环。

(2) 特色服务成效。

周末社区小课堂志愿服务活动

志愿者在蜀星社区开展周末社区小课堂志愿服务活动，激励小学生和初中生勤奋好学、积极进取，帮助其提高成绩、健康成长。与此同时，有利于丰富与充实大学生课余生活，增强大学生的社会意识，提高大学生的社交能力，更好地展示当代大学生的风采。

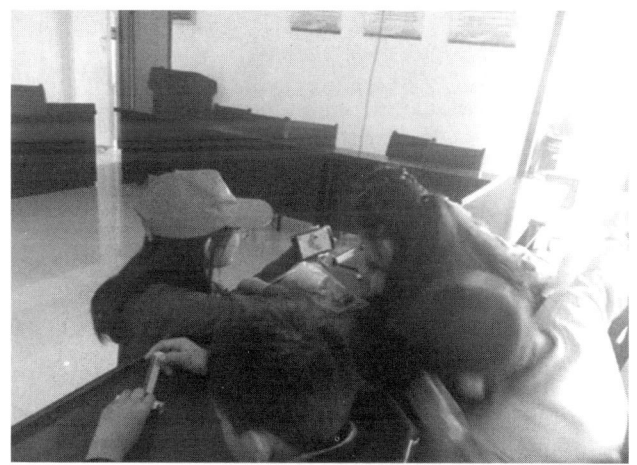

天台绿化社区志愿活动

志愿者在龙港社区和社区居民开展了有关天台绿化的活动，在一定程度上提升了居民的环保意识，为充分利用土地资源、扩大绿化面积做出了一定贡献。

志愿者和小朋友们在天台一起栽培植物，进行互动交流，推进环保相关知识的普及。这些环保知识小互动不仅能提高小朋友的环保意识，还提升了小朋友的参与意识。

"春到玉英盛，花朝染碧枝" 花朝节志愿活动

此次花朝节志愿活动旨在引导同学们感受春天的美，激发同学们对校园环境的爱护以及对生活的热情。活动鼓励同学们通过互赠寄语、交换照片的方式传递新学期的祝福，增强同学之间的交流互动，增进相互之间的了解，增进同学之间的友谊，营造和谐友爱的校园氛围。活动丰富了大家对传统节日的认识，达到了在校园内传承和弘扬优秀传统文化的目的，展现了新学期的新面貌。

"时雨及芒种,仲夏麦浪香" 芒种志愿活动

"晨曦"青年志愿者服务队举办了芒种志愿活动,活动主要内容为讲述传播二十四节气之———芒种的相关知识。

本次活动极大促进了志愿者之间的交流互动,增进了同学们之间的友谊,有利于营造良好的校园生活氛围。活动旨在唤起大家对传统文化中二十四节气等的回忆,传播中华优秀传统文化。

"喵·请帮帮'窝'"志愿活动

本次活动共分为两个阶段,一是给猫猫制作猫窝,二是寻找猫窝安置地点。活动过程中合理利用了同学们捐赠的物资,为流浪猫搭建了属于它们的温暖小窝,帮助它们抵御严寒,达到了为猫猫安家和提升废物利用率的双重效果。

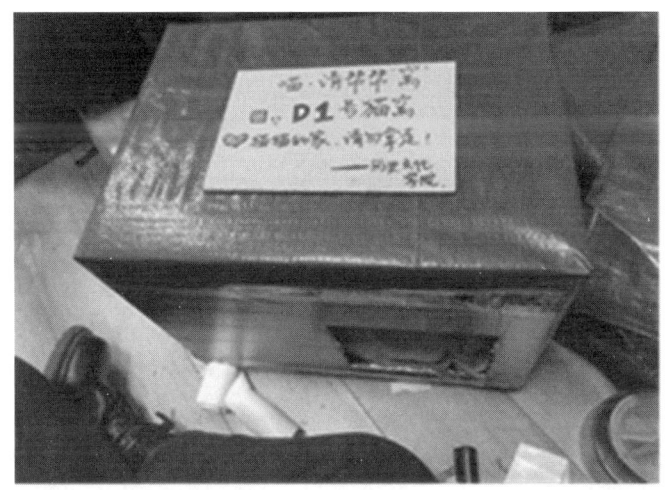

"吹来好心情,挤去不开心"志愿活动

该活动形式新颖、内容丰富,主要由四个板块构成:明信片寄语、毛线画、气球作画和扔飞镖。在活动现场,学生干事和志愿者借助宣传海报、传单,向同学们介绍活动概况,吸引许多同学驻足,积极参与到趣味游戏当中。同学们友好交流、热切互动,现场气氛轻松欢快,充分缓解了疫情和考试周给同学们带来的压力。

7. 数学学院"小数点"青年志愿者服务队

(1) 组织发展现状。

数学学院"小数点"青年志愿者服务队主要由宣传部、文案部、院际联络部三个部门构成,由大队长领导,小队长协调配合引导队员完成一系列志愿活动。

如今,"小数点"青年志愿者服务队已成立数个春秋,在志愿服务的路上,数学学院学子尽责尽职,亦不乏欢歌笑语。助人一臂之力,得己两袖芳华。

(2) 特色服务成效。

共享图书

搭建低价转售、二手书交换的平台，让知识流动起来。

迎新活动

制作迎新口袋，帮新同学搬行李，分发资料，为新同学带来新学期的第一缕温暖。

社区活动

志愿者进社区开展活动,在社区中举行小游戏,营造和谐邻里氛围。

整治校园

整治乱停乱放自行车,清理教室桌面。

帮助抗疫、共克时艰

志愿者协助医院工作人员做好疫情防控的秩序维护工作。

8. 物理学院"春蕾"青年志愿者服务队

（1）组织发展现状。

物理学院"春蕾"青年志愿者服务队成立于2001年10月。自成立以来，"春蕾"青年志愿者始终秉持"服务他人，完善自我"的志愿服务精神，传承志愿者"奉献、友爱、互助、进步"的宗旨，结合自身专业特点，组织开展了一系列校内外高质量的志愿服务，得到了社会、学校、学院服务对象的广泛好评。

自2016年以来，"春蕾"的志愿者除常规活动（爱之家流浪动物救助活动、看望残疾人周洁姐姐活动、双流图书馆图书整理活动、科隆维修活动、星月花园辅导小学生活动以及冬衣募捐活动）外，还进行了钟表校对活动、"将爱进行到底"时间魔术师活动、"环保起航，'袋'走污染"节能减排宣传活动、东升敬老院活动、"移爱"行动、新街社区四点半爱心辅导活动、血车进江安宣传活动等。

（2）特色服务成效。

科隆维修队

科隆维修队，取自"科技兴隆"之意，隶属于物理学院"春蕾"青年志愿者服务队，1993年成立，是一支公益维修队。科隆维修队会在青春广场上摆摊,为大家修理小型物件,旨在为大家提供维修的便利和帮助。

阳光助残

帮助和关爱残疾人是我们每一个人的基本责任与义务,"春蕾"的志愿者怀着对残疾朋友的关爱之心看望家住大慈寺社区的残疾女孩周洁——该社区唯一一位肢体严重残疾从而导致生活完全无法自理的残疾人。她的家庭比较贫困,平时只有上了年纪的奶奶照顾她,给她喂饭、洗漱……"春蕾"志愿者服务队每年都会有同学去关心、照顾周洁,很多同学也从她的身上真正学习到坚强、乐观、奉献。

爱之家动物救助活动

爱之家动物救助中心位于成都近郊双流,是成都地区民间爱心人士发起组建的动物救助公益机构,以"保护生态,珍爱每一个生命"为宗旨,以救助城市小动物为己任。2016年以来,"春蕾"的志愿者每个月都会去爱之家帮助工作人员搬运狗粮、搬砖以及维护狗舍等,给动物们带来温暖。

双流图书馆活动

当今社会,随着电子产品的普及,低头族随处可见。事实上,纸质阅读能更多地激发人们的想象,电子阅读虽简便快捷,却不能获得阅读的充实感。图书馆书籍众多,种类也多,整理起来比较耗时,因此,"春蕾"的志愿者每个月都会走进双流图书馆,帮助图书管理员更好地进行图书分类,引导读者更好地阅读。

9. 化学学院"阳光"青年志愿者服务队

(1) 组织发展现状。

化学学院"阳光"青年志愿者服务队成立于 1990 年 1 月 1 日,隶属于四川大学化学学院团委。全队本着"奉献、友爱、互助、进步"的志愿者精神,担负着活动策划、招募志愿者及总结等重要工作,活跃在化学学院的各项志愿者活动中。至今累计招募志愿者 2483 位。

(2) 特色服务成效。

"化落叶为蕾,绽丝络为花" 叶脉书签主题活动

本项目分成三大板块:招募本学院志愿者在实验室制作一定量的叶脉书签;在青春广场上设置摊位,让往来的同学书写明信片(祝福对象为本校"五彩石"服务队结对的山区学生)并拿走一张叶脉书签;将另外的书签交给"五彩石"服务队,由"五彩石"服务队将书签及明信片带给结对的学生,并向服务队提交相应的反馈。

美化化学实验室

招募志愿者辅助无机化学实验室的老师对实验室进行清洁、打扫、整理等，活动时间一般在各学期初及学期末。

"5·25"心理健康日主题活动

志愿者于每年 5 月 25 日前后开展与心理健康相关的活动，如"温暖"海报设计大赛、"温暖"照片征集大赛等。

"宏坤·银杏杯"化学知识竞赛志愿服务系列活动

每年 10 月前后化学学院会举办"宏坤·银杏杯"化学知识竞赛，"阳光"青年志愿者服务队承担了竞赛前期宣传、竞赛初赛考试监考等志愿服务工作。

10. 生命科学学院"方舟"青年志愿者服务队

（1）组织发展现状。

"方舟"青年志愿者服务队成立于 2001 年，至今已经成为一个小有规模的志愿者团体。团队最主要的特色在于与院学生会统一管理，在开展志愿服务相关活动的同时，也深深扎根于学生服务工作。有队长 1 名，副队长 2 名，干事 7 名，现有成员 1600 余名。校内外均有长期的合作对象和稳定开展的长期活动，活跃人数较多。

（2）特色服务成效。

"方舟"青年志愿者服务队结合生命科学学院的特色，每学期为学校实验中心招募长期志愿者，协助实验室老师准备实验材料与试剂、器材的清理、协助完成课堂实验教学等。每周为生命科学学院微生物实验室招募志愿者，进行菌种的培养和保藏等，为老师减轻工作负担，也为志愿者提供了提高动手能力与实验素养的机会，拉近了师生之间的距离，提升了参与者的责任感，充分体现了志愿精神。

"方舟"青年志愿者服务队与永安镇志愿服务中心合作，长期开展关怀老人活动，永安镇敬老院的老人数量很多，当地的空巢老人、残疾老人也很多，服务队定期招募志愿者前往，为老人送去温暖和陪伴。服务队还结合学院特色，与学院社团合作，前往芳草街紫荆社区儿童之家开展生命相关知识科普活动。

第四章 / 四川大学学生志愿服务参与社会治理的模式

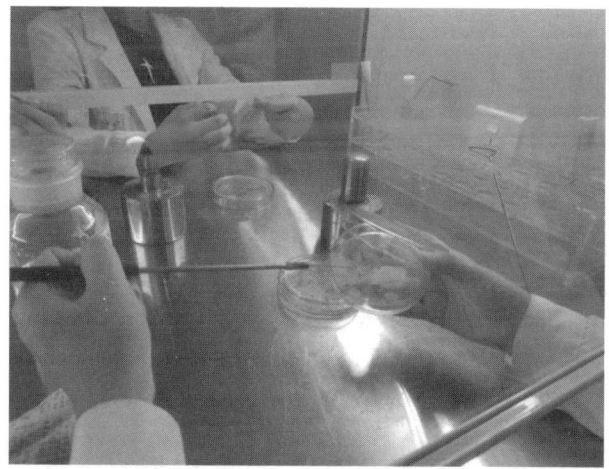

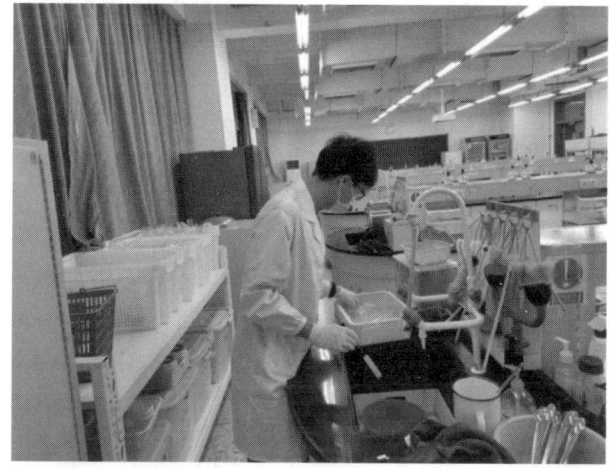

11. 电子信息学院"腾飞"青年志愿者服务队

(1) 组织发展现状。

电子信息学院"腾飞"青年志愿者服务队成立于1998年,是由院党委领导,学院直接指导的青年志愿者服务机构。多年来,"腾飞"青年志愿者服务队一直坚持以"完善自我,服务他人"为宗旨,秉承"我志愿,我快乐"的工作原则,从始至终贯彻着"奉献、友爱、互助、进步"的精神。

电子信息学院"腾飞"青年志愿者服务队自成立以来,成功策划举办了多项志愿活动,并且形成了独具学院特色的志愿服务,如电子小手工、拜访退休教师等活动。

(2) 特色服务成效。

电子小手工

电子小手工为本专业特色志愿服务活动,主要面向小朋友,每年举办一到两次。该活动旨在结合专业相关知识,通过手工电子作品制作锻炼小朋友们的实践动手能力,在活动中注重引导教育,以达到激发其想象力和创造力的目的。由于材料中含有一些简单的电子器件,志愿者会在活动中穿插讲解一些简单的科学小知识,以激发小朋友们对相关学科的兴趣。

拜访退休教师

拜访退休教师是电子信息学院优良的志愿服务传统，拜访活动在每年教师节举办。拜访退休教师活动旨在表达对退休教师的感恩和关爱，招募志愿者在了解退休教师相关情况后前往退休教师家里，陪他们说话，帮他们干活等。

垃圾分类宣传活动

垃圾分类宣传活动是对环境保护和可持续发展思想的贯彻，在每年地球日举办。志愿者通过宣传教授垃圾分类相关知识，鼓励大家做好垃圾分类。

12. 材料科学与工程学院"源泉"青年志愿者服务队

(1) 组织发展现状。

"源泉"青年志愿者服务队自建立以来,共收录材料学院志愿者 2252 人,举办活动 66 次,志愿服务时长 5252.5 小时。学期内,每周组织举办志愿活动,调动学院同学参与活动的积极性,同时协助学院其他部门联合开展志愿活动。除此之外,"源泉"青年志愿者服务队也会承办校级志愿活动,并在活动结束后报送有关活动的材料。"源泉"青年志愿者服务队旗下共有两支特色服务队,一支为四川大学材料科学与工程科技志愿服务团队,另一支为"善工家园"特色服务队。

(2) 特色服务成效。

服务队积极承办学校医疗和大型赛会等志愿服务:7 次核酸检测志愿服务、1 次老教师体检志愿服务、多次校医院志愿服务、2 次教职工篮球赛志愿服务、2 次大学生金相技能大赛志愿服务。服务队关爱残障人士,长期多次前往武侯区"善工家园"智力残疾托养中心进行志愿服务。服务队多次进行科普类宣传活动,如世界水日宣传活动、垃圾分类知识普及、农场劳动教育、消费者权益日宣传活动、"315"维权宣传、生物知识科普等。服务队还自主举办多个创新类志愿服务,如去除单车广告、爱心寻物、农场维护、旧书义卖、纸条传递等。

13. 机械工程学院"新科"青年志愿者服务队

(1) 组织发展现状。

"新科"青年志愿者服务队开展各项志愿服务及社会实践活动,为同学创造接触社会、奉献社会的机会。孵化有"阳光助残——关爱成都市特殊教育学校盲童"活动、打扫工程训练中心、敬老院活动、"关爱流浪小动物——宠物爱之家"活动、大爱清尘等志愿项目,并在疫情严重时多次协助学校青年志愿者协会开展江安校区、望江校区核酸检测志愿活动,积极组织学院同学参与。机械工程学院青年志愿实践部在 2022 年度共计招收干事 35 人,部长 4 人,在各届部长、干事的努力下曾多次荣获"四川大学十佳学生会"称号。作为志愿者团队,"新科"青年志愿者服务队多次被评为十佳志愿者团体,在学生中起到了积极的引导作用,集聚了一批具备良好的思想素质、吃苦耐劳、任劳任怨的志愿者,是一支有着坚定信念,富有良知、同情心和责任感的青年队伍。

"新科"青年志愿者服务队立足校园,面向社会,组织和领导全院青年志愿者，培养学生的社会责任感，增强学生的社会服务意识，努力提高学生的综合素质，推动学院精神文明建设的健康发展。

（2）特色服务成效。

"关爱折翼天使——盲校联谊"志愿活动

"新科"青年志愿者服务队历年来持续对接盲校，设计策划了"关爱折翼天使——盲校联谊"志愿活动，为每一位盲校学生带去关爱，给予他们来自社会的温暖。

打扫工程训练中心主题活动

机械工程学院青年志愿实践部设有打扫工程训练中心的主题活动，这一活动的持续开展为工程训练中心的老师们和同学们打造了一个良好的上课环境。

垃圾分类督导主题志愿活动

机械工程学院青年志愿者举办过以垃圾分类督导为主题的志愿活动，旨在引导同学们爱护环境、响应国家号召、积极参与垃圾分类。

自行车督导志愿活动

针对学校出现的共享单车局部堆积过多的情况,志愿者多次举行自行车督导活动。

协助学校开展核酸检测志愿活动

服务队的志愿者多次协助学校青年志愿者协会开展核酸检测志愿活动,积极响应学校号召,参与和支持学校的防疫工作,为学校师生健康安全以及核酸检测工作做出了贡献。

14. 电气工程学院"晨风"青年志愿者服务队

（1）组织发展现状。

电气工程学院"晨风"青年志愿者服务队成立于1997年10月，自成立以来，始终秉持"服务他人，完善自我"的志愿服务精神，传承"奉献、友爱、互助、进步"的宗旨，对内要求全体成员提高自身修养，具有较强的工作能力和较严密的纪律性，对外积极服务老师和同学、校园和社区。志愿者将自身专业特点融入日常的志愿活动之中，在校内外组织开展了一系列高质量的志愿服务，如爱之家动物救助活动、四川省科技馆科普服务、"华圣苑"敬老院活动、西航港小学主题班会、"朋辈互助，乐学善思"学习资料共享平台建设、"立信·明远"结对帮扶活动等。同时，积极承办多个校级志愿服务项目，宣传大型志愿赛事，为全院青年志愿者提供了丰富的志愿服务岗位，不断壮大学院青年志愿者团队。

（2）特色服务成效。

"立信·明远" 结对帮扶活动

活动旨在培养同学们的学习主动性，树立良性竞争意识，提高被帮扶者的综合能力，传递无私奉献精神，为学院营造良好的学习氛围。

志愿者与被帮扶者通过线下一对一咨询、课后作业辅导、学业经验介绍等方式开展相关工作，促进每位参与者精于学业，秉持"一万年太久，只争朝夕"的精神，锲而不舍，驰而不息，立鸿鹄志，做奋斗者，做一个德、智、体、美、劳全面发展的大学生，谱写新时代的青春之歌。

爱之家动物救助活动

"晨风"青年志愿者服务队已与爱之家流浪动物救助中心进行多次联动并建立了长期合作。该活动旨在引导志愿者了解流浪动物的生存现状,帮助救助中心工作人员做力所能及的工作,同时加强动物保护宣传。

"朋辈互助，乐学善思" 学习资料共享平台建设

迄今为止，该平台已有超过 1500 位同学使用，上传各类学习资料近 2000 份，下载次数超 15000 次。志愿者本着服务他人、乐于奉献的精神，自主上传已完成整理的学习资料，并且在平台上对同学们提出的问题进行耐心解答，极大地满足了同学们的课外学习需求。本项目充分彰显了电气工程学院学子团结合作、勤奋好学的精神风貌；以志愿活动助推资料共享的方式，引领电气工程学院学子在知识能力、思想作风上全面提升自己。自主学习非一时之功，奉献之路亦处处可为，每一个热心善学的电气学子都是青春路上的追光者，对学院乐学善思学风的形成有着不可磨灭的贡献。

四川省科技馆科普服务

本项目旨在为前往四川省科技馆参观的游客提供参观指引服务，协助科技馆进行展厅管理、互动区秩序维护等，是向社会展现川大学子优良精神风貌的窗口。志愿者希望尽己所能，发挥工科学生的优势，助力科学知识普及工作，启迪青少年对科学事业的探索心。

西航港小学主题班会

该项目已开展数年时间。"晨风"青年志愿者服务队通过线上招募确定志愿者,并提前对志愿者展开培训,包括讨论每次班会流程及任务安排,进行前期调研后完成思政专题素材的搜集以及PPT制作。班会主题的选取贴近生活,但又蕴含宏大观点。作为最有力的思想传播者,大学生以自身见闻,通过生动的讲述以及丰富的互动形式,给孩子们带来了一场又一场别开生面的主题班会,以热情温暖着每位学生的心灵。

15. 计算机学院"奔腾"青年志愿者服务队

（1）组织发展现状。

"奔腾"青年志愿者服务队自 2008 年成立以来，组织策划了大量的志愿活动，如今又在策划适应当前时代的新志愿活动。服务队面向计算机学院所有学生，为其提供一个进行志愿活动的平台，并记录其志愿时长。

（2）特色服务成效。

关爱老教师

每年中秋节，服务队都会组织志愿者前往望江校区探望退休老教师，和他们聊聊天，为他们送上贺卡等。

16. 软件学院"E飞翔"青年志愿者服务队

（1）组织发展现状。

"E飞翔"青年志愿者服务队隶属于软件学院学生会，人数保持在12人左右。服务队活跃于校园内外，始终以"服务校园和社区，奉献爱心与真诚"为宗旨，以"增强大学生社会责任心和实践能力，促进校园和社会的精神文明建设"为目的，举行各式各样有创意有实践价值的志愿活动。一方面定期举办具有传承色彩的志愿活动，让同学们体验在奉献中收获成长与快乐的难忘经历；

另一方面，鼓励队员们策划全新的志愿活动，为同学们提供一个为校园与社会做贡献和实现自我价值的良好平台。

（2）特色服务成效。

"时光慢递" 信件传递活动

这是服务队历年来传承举办的一个为了满足学生使用信件交流需求的活动。可以给朋友、情侣写信，也可以给未来的自己写。活动开始前，部门会提前做好"时光慢递"的宣传工作。活动开始后，部门会在青春广场摆摊，学生在摊位或者其他地方写好信件后，交付到摊位，留下希望送到的时间与收信人的联系方式，到时间后由服务队的干事与部长协同完成送信工作。

DIY 环保布袋活动

当今,环保日益受到社会关注,人们开始注意自己的生活方式对环境的影响,并积极参与环保活动。为了促进环保理念的普及和落实,许多组织和机构都会开展各种环保主题活动,其中 DIY 环保布袋成为近年来备受欢迎的活动之一。"E飞翔"青年志愿者服务队举办的 DIY 环保布袋活动,旨在鼓励人们减少使用塑料袋,倡导环保购物理念。在这个活动中,参与者可以利用"E飞翔"青年志愿者服务队提供的布袋和材料,手工制作自己的环保布袋,积极投身到校园的环保事业中。

指导学长学姐志愿活动

新生刚踏入校园,对校园学习生活还不熟悉,"E飞翔"青年志愿者服务队招募优秀的学长学姐担任指导学长学姐,定期到新生宿舍和他们进行沟通,给新生提供学习、生活上的帮助和指导。

敬老院志愿活动

当下,人民生活水平日益提高的同时,人口老龄化现象也逐渐加重。养老成为整个社会关心的问题。老年人不仅仅需要物质上的满足,还需要精神上的陪伴者、倾听者。"E飞翔"青年志愿者服务队组织了"哺恩夕阳"敬老院志愿服务活动，在周末时间前往敬老院，照顾老人，陪伴老人，做他们的倾听者，陪他们休闲娱乐，给予他们真诚的关爱和陪伴，让他们感到温暖与幸福。

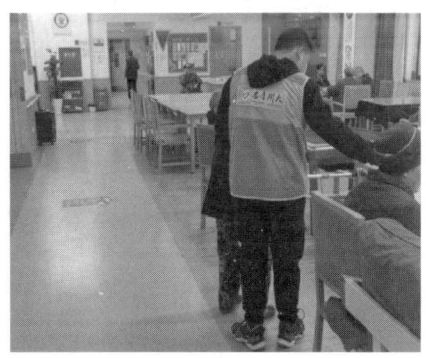

17. 建筑与环境学院"开拓者"志愿者队

（1）组织发展现状。

"开拓者"志愿者队成立于1999年，现有队长1名，副队长1名，队员14名。面向建筑与环境学院全体学生组织开展志愿活动，主要活动内容为社区服务与校园服务。目前主要有"科爱的世界"志愿活动、寿而康敬老院关爱老人志愿活动、关爱离退休老教师志愿活动、劳动教育志愿活动等。2022—2023年期间，学院新增注册志愿者达本科新生人数的100%，志愿活动覆盖人数达1265，活跃人数达1144，2022年学生志愿服务校内总时长达4390.5小时，"志愿四川"平台活动总数55次。

（2）特色服务成效。

"科爱的世界" 志愿活动

"科爱的世界"志愿活动是"开拓者"志愿者队与成都市双流协和实验小学合作开展的校外志愿活动，活动内容为通过趣味实验向小朋友们教授基础科学知识，激发低年级同学对科学知识的兴趣，为日后的学习打下基础，活动频率约一周一次。

寿而康敬老院志愿活动

寿而康敬老院志愿活动由"开拓者"志愿者队与寿而康敬老院合作开展，活动内容为组织学院志愿者前往敬老院看望老人，通过歌唱、舞蹈、魔术、诗朗诵、陪老人打太极、与老人聊天等方式为老人送去温暖，旨在弘扬优秀传统文化，培养大学生的感恩与奉献精神，活动频率约一周一次。

关爱离退休老教师志愿活动

关爱离退休老教师志愿活动是"开拓者"志愿者队与离退休教师党支部对接开展的校内外志愿活动，根据老教师的身体状况、居住地点等灵活选定活动地点，通常为教师家中或学院咖啡厅。活动主题与内容通常会根据活动开展时间做适当调整,开展时间常选在教师节、重阳节、元旦、端午节等节假日。

18. 水利水电学院"春风"青年志愿者服务队

(1) 组织发展现状。

"春风"青年志愿者服务队向上对接学校青年志愿者协会,向下对接社团、社区、学校等,主要工作是招收和管理学院志愿者,组织志愿活动,积极开展社会实践活动,为同学们提供参与志愿活动的平台和机会,并在这个过程中锻炼自己。"春风"意指所有隶属于本志愿者服务队的志愿者在志愿活动中尽职尽责,奉献自己,全力为人民服务,如同春风般温暖大家、温暖社会,润物细无声。而在这样的寓意下,"春风"青年志愿者服务队不负众望,完成了一次次志愿活动,为大家送来春风般的温暖。

据统计,水利水电学院"春风"青年志愿服务队已有 2897 名志愿者,服务时长超过 7401 小时,平均每名志愿者服务 2.5 小时。为深入学习宣传贯彻习近平新时代中国特色社会主义思想,水利水电学院开展"喜迎二十大,奋斗新征程"暑期社会实践活动,共有 45 个社会实践队、362 人赴全国 73 个地方开展本次社会实践活动,其中院级立项团队 3 个、学生自由组队项目 42 个。其中。水利水电学院"源分众流,百川归一"感悟发展成就实践团、水利水电学院"建院七十载,追溯水利史"感悟发展成就实践团、水利水电学院"节水治沙,绿色发展"感悟发展成就实践团获评"校级优秀队伍"。

(2) 特色服务成效。

世界水日系列活动

每年世界水日,服务队都会联合学院其他部门开展一系列活动,如水资源讲座、保卫江安河等。服务队会组织志愿者督导他人文明行动,同时尽自己的能力清理河内垃圾,保护江安河的生态。志愿者也会在青春广场摊位处发放节水护水手册,向同学们宣传节约用水、保护水资源等相关知识。

"情暖重阳" 老教授探望活动

每年重阳节,服务队会组织志愿者探望学院内的退休老教授,到对方家中帮助他们做一些力所能及的事,或是打扫卫生,或是教他们使用电子产品,或是陪他们聊天谈心。

"将信比心" 暖冬活动

每年冬天,志愿者会向学校的工作人员表达自己的感谢之情。例如,志愿者将自己对保安叔叔的感谢写在信或明信片上,送给对方。还有部分志愿者准备了手工礼物、保暖用品、护肤品、零食等爱心小礼品。礼物收集分类后,由志愿者统一送到保卫处。

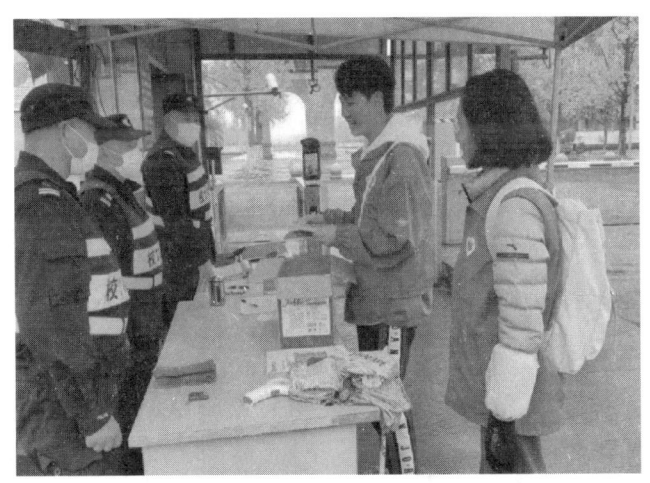

社区活动

志愿者会定期与对接社区进行联系,到社区为居民进行知识宣传等活动。

19. 化学工程学院"青鸟"青年志愿者服务队

(1) 组织发展现状。

化学工程学院"青鸟"青年志愿者服务队成立于1997年,是学校里成立较早的志愿服务组织之一。二十余年来,"青鸟"青年志愿者服务队在四川大学青年志愿者协会和化学工程学院团委的指导下,本着"责任、奉献、团队、创新"的宗旨,不断拓展服务领域,深化服务内涵,打造服务品牌,成为深受化工学子好评的志愿服务组织。

"青鸟"青年志愿者服务队现有工作志愿者20人,秉承社会实践要将社会需要、学科优势和人才培养相结合的原则,坚持将志愿服务作为培养和检验学生综合素质的有效途径,坚持将社会实践作为学生成长、成才和就业的宽阔平台。

"青鸟"青年志愿者服务队通过建设班级小分队、志愿活动信息群,多方位调动全院同学积极参与志愿活动;依托节日开展探望离退休老教师活动,立足老教师的需求,精准服务;通过举办联合宣誓大会、小分队成立大会、志愿者表彰大会、志愿工作者培训会等多种组织建设会议,强化志愿者的志愿服务责任和志愿服务能力;通过策划涉及校园服务、疫情防控、社会实践等10个领域的20余项志愿服务活动,让志愿者在实际行动中践行"帮助他人,服务社会,传播公益,完善自我"的理念;通过建立志愿者评价体系,贯穿"前—

中—后"三个方面提升志愿者能力、完善志愿服务内容。

（2）特色服务成效。

老教师 "师生关爱" 系列活动

本活动从探望老教师和跟班关爱两方面开展。周期性开展的探望老教师活动为老教师们带去学院学子的温暖和关怀，弘扬了尊师重教的传统美德。定期组织的跟班关爱活动让同学们就学习和生活方面与老师们进行了积极的交流，从老师们丰富的阅历和知识中得到启发。

清扫化工实验基地

清扫化工实验基地系列活动不仅能让同学们提前认识实验室和工程训练中

心的实验设备,而且能锻炼同学们的动手能力与团结协作能力。

"清明思江姐" 主题活动

清明节来临之际,志愿者带领同学们通过展厅内的大量历史图片和档案史料,追忆中华儿女革命的典型——江竹筠,激励同学们不忘初心、牢记使命,为中华民族的伟大复兴而奋斗。

"感恩·传递" 主题活动

在这样一个以传承为核心的活动中，同学们通过手作礼品、交流明信片等方式鼓励他人、传递温暖，还组织了学院内的书籍资料传递活动。志愿者热情而有耐心，考研保研同学无私地向低年级同学提供自己的学习资料，展现了化工人积极向上、无私奉献的精神面貌与对学习生活的热爱之情。在未来的征程中，相信这份热爱会一直伴随。

"阳春三月，志愿先行" 雷锋月主题活动

活动采取故事阅读、视频接力、关爱老教师等方式，激发同学们"学雷锋，做雷锋"的热情，让志愿精神在同学之间传递。

军训服志愿捐赠活动

本次活动通过回收军训服,为降低废纺污染、提高资源利用率、助力"十四五"节能减排目标的达成做出了积极贡献。同时,也激励本学院同学们从"赠人玫瑰,手有余香"中感受到向上向善的力量,继续以实际行动弘扬无私奉献精神,引领社会文明风尚,书写新时代的雷锋故事,为实现中国梦献一分热、发一分光。

"学雷锋·建学风·树新风" "跟班关爱" 活动

志愿者参与了"情暖三月、学雷锋报春恩"活动;老教师们与结对同学针对大一秋季学期的期末成绩和生活状况进行沟通交流。

"青享"雷锋月书籍互赠活动

志愿者以书籍为桥梁，通过分享雷锋传记、重述雷锋故事、传播雷锋精神，搭建公益书籍共享平台，共享学习资料和优秀藏书，实现学习资源循环利用，减轻同学们的书本采购压力，落实"我为同学办实事"的服务理念。

"爱汇彝乡,情暖昭觉"特色活动

"青鸟"青年志愿者服务队周期性组织实践团前往凉山彝族自治州昭觉县参与小学关爱走访活动,同时招募了学院60余位"青鸟笔友"与三河小学的学生结对,开展为期一年的书信交流活动。

20. 轻工科学与工程学院"星原"青年志愿者服务队

(1) 组织发展现状。

轻工科学与工程学院"星原"青年志愿者服务队建立于2000年,下设"轻鸿"特色志愿服务队。现共有成员46人,均为四川大学轻工科学与工程学院本科生。成立至今队员超过200人。"星原"青年志愿者服务队始终以饱满的热情积极投身各类志愿服务活动,倡导"互相帮助、助人自助、无私奉献、不求回报"的志愿者精神,鼓励更多的同学投身志愿服务,活跃在轻工科学与工程学院志愿服务的第一线。

(2)特色服务成效。

新叶助残

该活动的目的在于让自闭症儿童更多接触人群,学会与人交流,为他们送去关怀,让他们感受爱与温暖,使其尝试走出自我、融入社会。由服务队组织安排志愿者前往青羊区瑞星路100号青羊区残联1楼五彩梦想画室,陪伴自闭症儿童画画、装饰帆布包,并通过出售这些物品筹集资金帮助这些孩子,部分资金留作后续活动的开展。

小轻解忧铺

"星原"青年志愿者服务队创立小轻解忧铺专属邮箱（1109376108@qq.com），志愿者学习心理知识，通过高校心理委员培训，拿到心理委员合格证。同时，邀请国家二级心理咨询师宋欣老师进行专业指导。全校学生可将心理问题及各类烦恼发送至小轻解忧铺专属邮箱，志愿者会定期回复，帮助同学们解决心理问题。

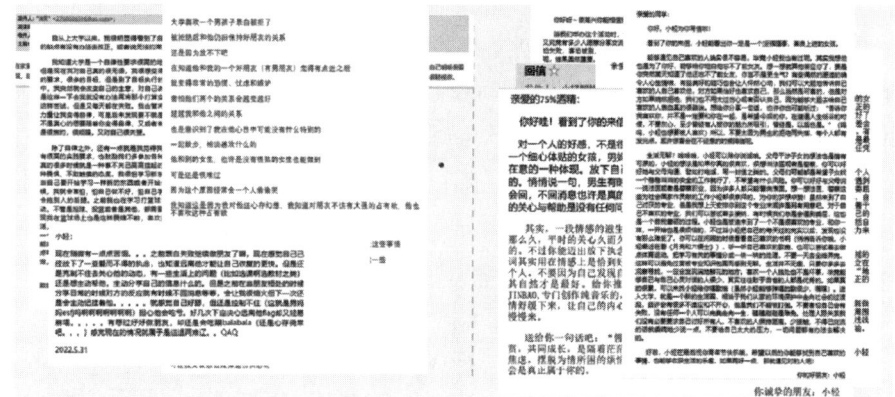

心杏相印

将川大的银杏落叶制作成明信片，寄给高三学子，这成为川大美景的又一宣传方式，也在高三学子的内心种下一颗向往川大的种子。

21. 高分子科学与工程学院"红日"青年志愿者服务队

(1) 组织发展现状。

"红日"青年志愿者服务队是隶属于高分子科学与工程学院团委学生会的特色志愿队,立志"像红日之火点燃真的我,结伴行千山定也能踏过",秉持"我们一直走在做志愿的最前线"的志愿服务理念,宣扬爱与正义,充满了温暖和关怀,依托服务有机实验室、服务爱之家流浪动物救助中心等活动,在学院内部形成了较大的影响力,受到同学们的青睐。

"红日"青年志愿者服务队现有队长、副队长各1名,负责综合调度、统筹协调各项事务;队员共8名,具体负责各项事务,包括前期的联系负责人、活动发布、志愿者的招募、志愿带队,后期活动总结、志愿感想收集等工作。

志愿者带领学院同学们服务大家和社会,热心公益活动,弘扬志愿精神,散播爱的火种,共建和谐校园,获得帮助他人、实现自我价值的满足感和幸福感,有助于大学生人格的完善与发展,促进大学生对客观世界的认知。

(2) 特色服务成效。

服务有机实验室

"红日"青年志愿者服务队为让大一同学感受有机实验室的氛围,策划组织了服务有机实验室活动,大一同学在带队老师的指导下了解安全规程,清洗玻璃仪器,整理分类实验器材……旨在让同学们了解实验室的基本规则;提高动手实践能力,为实验课打好基础;进一步培养团结合作分工能力;学习带队老师严谨治学的精神,向辛勤耕耘的老师表达感激之情。

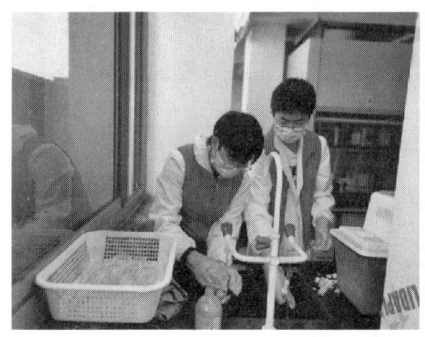

服务爱之家流浪动物救助中心

"红日"青年志愿者服务队秉持尊重生命的理念,策划组织了服务爱之家流浪动物救助中心的活动,希望通过照看流浪动物、打扫救助中心等方式给流浪猫狗带来温暖;为流浪猫狗收容所分担压力,带来帮助;提高大学生的动手实践能力。通过与流浪动物的近距离接触,体会人与动物之间美好而纯真的情谊,为成都文明城市良好市容的建设和人类与动物和谐共处做出力所能及的贡献。

22. 华西基础医学与法医学院"天使"青年志愿者服务队

(1) 组织发展现状。

"天使"青年志愿者服务队是由四川大学华西基础医学与法医学院团委领导,同时接受四川大学青年志愿者协会指导的青年志愿者组织,由致力于校园、社会公益活动的部门干事和志愿者共同组成。

"天使"青年志愿者服务队是一个积极向上、热情友爱的学生工作团队,以"奉献爱心,完善自我,辐射他人"为服务理念,时刻牢记并努力发扬"奉献、友爱、互助、进步"的志愿者精神,结合学院自身特点,开展各种院级和校级志愿服务活动,为壮大志愿服务队伍、发扬志愿者精神、传递温暖贡献着自己的力量。过去几年中,历届队伍成员为队伍发展做出不可磨灭的贡献。为了使工作更加便利,服务队创建了志愿服务工作手册并不断完善,里面详细记载了学院公共账号以及密码、各个活动流程以及注意事项、与其他部门对接事宜以及重要活动的概要……使得新一届的队员能够快速熟悉并上手相关事务。"天使"青年志愿者服务队每位成员除了拥有着一颗热爱奉献的心,还有着较强的工作能力,能够圆满完成学年工作计划。

(2) 特色服务成效。

医学训练营

活动旨在通过医学知识讲座及竞赛让更多的同学对医学这门科学产生兴趣,让他们在答题过程中了解更多日常生活方面的医学小知识,让大家在学习医学知识的同时也能了解生命的奥秘。活动分为初赛和决赛,参与同学按照医学专业+非医学专业组队。在初赛前邀请生理、免疫、生化、解剖等学科中有空闲时间的老师开展讲座。根据讲座内容设置相应学科试题,根据分数确定进入决赛的队伍,决赛后计分排名并颁奖。

爱之家流浪动物救助服务

活动旨在宣传珍爱生命的理念，保护动物、维护动物的生存权利和不受虐待的权利，改善和提高小动物的生命条件，传播正确对待弱小生灵的观念，减少抛弃行为；普及科学养护知识，促进和保证小动物健康；鼓励关爱生命的人们参与到救助行列中来，以实际行动帮助更多的流浪小动物。

活动举行前，志愿者会与爱之家负责人交流，确定任务，在约定时间前往救助中心，在保护自身安全的情况下依照分工有序开展志愿活动。

国庆节暑袜街献血车服务

卧于病榻或手术中的病人们急切需要血液的供给,但据了解,血液的储备量往往低于需求量。在这种严峻形势下,需要广大有爱心的民众齐心协力,奉献爱心。然而不具备医学知识的大众往往不了解献血的意义，甚至存在误解，因此更需要志愿者普及献血知识，为缓解血液紧缺问题献上绵薄之力。本次活动中，志愿者服从血液中心的安排进行知识宣讲、服务献血群众等相关工作，为满足医疗临床用血需要做出了贡献。

23. 华西临床医学院"杏林风"青年志愿者服务队

（1）组织发展现状。

2000 年，华西医科大学成立天使志愿者服务队，并于 2001 年正式更名为四川大学华西医院/华西临床医学院"杏林风"青年志愿者服务队。服务队由 21 名同学组成，下分为导医组、急救组、文件组、外联组四个部门。20 年来，"杏林风"青年志愿者服务队秉承"服务他人，完善自我"的志愿服务精神，不仅在校内开展各类医学特色志愿服务，并且走进社区、部分中小学和高校等教育机构，开展医学相关志愿服务活动，在"志愿四川"已注册志愿者达 4300 名，华西医院导医志愿平台累计志愿者建档 7942 名，志愿活动高达 1000 个，总服务时长超 40000 小时，参与志愿服务的志愿者总计约 10000 人。

"杏林风"青年志愿者服务队在志愿工作中表现突出，团队及项目曾先后荣获"2014 年度四川省十佳志愿服务项目"，2016 年宣传推选四个 100 全国最佳志愿服务项目，"2017 年'三下乡'社会实践活动优秀团队""四川大学青年志愿者行动优秀项目""四川大学 2018—2019 年度青年志愿者行动十佳志愿服务队""2018年第四届中国青年志愿服务项目全国银奖""四川大学2019—2020年度十佳青年志愿服务组织"。"万众'医'心,服务为民"医学生蓉城守护计划获"四川大学2021年度十佳优秀志愿服务实践项目";良师"医"友——全民医学科普志愿服务项目获2022年成都市青年志愿服务项目大赛优秀项目组二等奖。

(2)特色服务成效。

社会急救知识技能普及项目

"杏林风"青年志愿者服务队多次举办急救技能培训活动,如成都七中林荫校区急救技能培训活动、"阳光中国梦,共诉杏林情"急救知识技能培训,旨在普及急救技能和知识,增强大众的安全防范意识和突发事件的处理能力。培训内容包括人工呼吸和胸外心脏按压、救治伤员的基本原则、快速止血的方法以及搬运伤者的注意事项等。同学们可以现场用道具练习,活动后会搜集反馈意见,以便日后更好地开展。

生命干线——重大灾害应对志愿服务项目

在四川省近20年发生的重大灾害中均有"杏林风"青年志愿服务队志愿者的身影,包括"5·12"汶川大地震、"4·14"玉树地震、"4·20"芦山地震等。2008年地震后,"杏林风"应急志愿者队正式成为一个组织结构完善、规模较大、功能强大的应急志愿者部门,为全国首例医院应急志愿者队。虽然重大灾害发生次数较少,但在每一次的应急救灾后,志愿者都会积极总结经验教训并完善相关制度,实现团队成长。

安全川大——川大安全急救技能普及项目

"杏林风"青年志愿者服务队每年都会定期举办华西急诊科急救培训活动和"防患于未燃——消防安全与急救知识讲座",向川大师生进行安全急救技能的普及。该项目至今已辐射超过 500 名川大学生,参与的志愿者也达 200 余人。志愿者利用医学生的专业特长,依托四川大学华西医院的专业资源,以简单易懂的方式将一些基础实用的安全急救知识与技能讲授给同学们,让更多的学生在紧急情况发生时能够临危不乱,冷静、正确地应对。

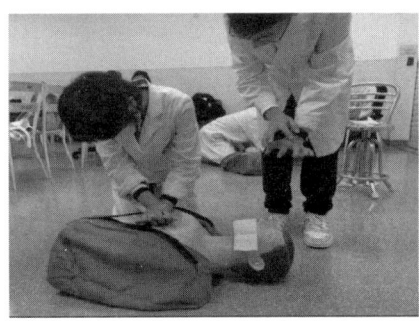

益暖华西——导医及医院相关志愿项目

"杏林风"青年志愿者服务队积极开展各项导医及医院相关志愿活动,包括四川大学华西医院导医志愿者培训会、2021—2022 学年部分月华西附一院门急诊陪同就诊、四川省住院医师规范化培训结业临床实践能力考核志愿服务等。志愿者预先接受专业细致的导医志愿活动培训,了解就诊流程与注意事项,从而帮助患者提高就诊速度,优化患者就医体验,切实给患者以及医务人员带来帮助。

守护社区——社区服务公益关怀志愿项目

"杏林风"青年志愿者服务队积极开展蜀星社区居民血压情况监测、"节约粮食，分享食物"爱心冰箱活动、"樱花将灿，雾散天暖"助力疫情防控志愿服务活动、晚霞关爱计划等，为社区老年居民提供便捷的血压监测服务，同时也对居民进行防疫科普宣传，在爱心冰箱活动中减少食物浪费；晚霞关爱计划是由同学们在各大传统节日上门看望离退休老师，送上贺卡和礼物，向华西医院及华西临床医学院离退休教职工表达关心和慰问。

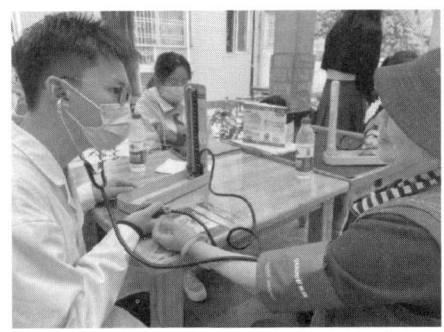

24. 华西口腔医学院"微笑"青年志愿者服务队

（1）组织发展现状。

华西口腔医学院"微笑"青年志愿者服务队始创于1998年，志愿者人数已达1942人，下设办公室、常规活动部、大型赛会部和班级志愿者服务队四大部门，坚持以"服务他人，完善自我"为服务理念，围绕健康科普、脱贫攻坚、乡村振兴等主题着重开展"四微、四进"特色品牌活动。"四微"即"微笑来敲门"关爱唇腭裂儿童、"微笑之风"社区口腔义诊、"微笑传中国"暑期社会实践、"微笑课堂"口腔健康宣传系列活动，"四进"即口腔健康知识宣讲进社区、学校、农村、地震灾区系列活动，发挥专业特色，紧随时代脚步，开展了多形式、多影响、多趣味的志愿活动。其中，"isuper保贝联盟"儿童健康科普计划获第五届中国青年志愿服务项目大赛全国金奖，2019年团中央社区志愿服务示范项目，第五届中国青年志愿者服务项目大赛四川省金奖和第七届四川大学"互联网+"大学生创新创业大赛省级铜奖，博文强齿——华西口腔博物馆科普讲解志愿服务项目和"微笑来敲门"关爱唇腭裂儿童获得第六届中国青年志愿服务项目大赛四川省赛银奖，博文强齿文化宣讲志愿服务活动被评为2020年四川大学优秀志愿服务项目，"博文强齿——全民口腔健康科普引领者"获得第七届四川大学"互联网+"大赛三等奖。

(2) 特色服务成效。

"isuper 保贝联盟" 儿童健康科普计划

本公益服务项目构建多合作、高共享、广覆盖的儿童健康志愿服务体系，以口腔预防保健教育为核心，贯彻行为教育理念，以线上科普教育与线下实践活动相结合的互动科普形式，通过发放调查问卷了解该地区儿童口腔状况与需求并据此定制主题课堂。改被动传播为主动学习，有效铺开以 3~12 岁儿童为中心的健康教育传播。以口腔健康辐射全身健康，以孩子辐射家庭和社会，最终达成提升社会整体健康行为能力的目标。

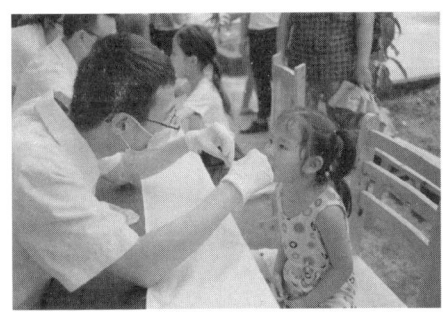 

华西口腔医学院博物馆科普讲解志愿服务项目

华西口腔医学院博物馆讲解队依托华西口腔健康教育博物馆和中国口腔医学博物馆，以"助力口腔知识科普，提高全民口腔保健能力"为宗旨，以"科普创新，健康惠民"为思想路线，围绕《"十三五"国家科普和创新文化建设规划》大局部署，落实《成都市科普基地管理办法》相关要求，在着力做好博物馆讲解工作的基础上，依托华西口腔医学院学科优势，形成了"优服务、强能力、提素质"的工作特色，打造了以口腔医学科普为特色的志愿服务模式。

"微笑来敲门" 关爱唇腭裂儿童

项目以"3+2+n"模式建立唇腭裂患者、志愿者、医生三方的有效沟通，实现高效服务唇腭裂儿童。志愿服务队的医护人员为贫困地区唇腭裂儿童实施高水平、高质量的专科手术护理救助，志愿者通过不同的方式关爱唇腭裂患儿心理健康，除了书信和面对面沟通交流，还会手工制作小朋友们喜欢的玩偶、发卡等，并在线下通过扮玩偶、制作气球、举办游戏等形式开展服务。

"微笑迎清风，健康伴我心" 口腔知识进校园

本项目旨在宣传生活中的口腔保健知识，以及一些常见的口腔疾病的症状及预防知识，让口腔知识的普及从我们身边开始，为口腔知识的传递出力，为民众口腔意识的树立出力，让更多的人了解更多的口腔知识，让健康的微笑之风吹进他们的心。

"爱行万里" 信搭小大手

本项目通过与山区孩子结对，定期进行书信交流，深入基层群众，关爱乡村儿童，直击社会痛点，跨越时间与空间，增进人与人之间的情感交流，让爱

行万里，跨越山海，传递温暖，进一步增强社会责任感与凝聚力。

"老有口福"——助力健康养老志愿服务项目

项目以"温暖关爱老年人、健康晚年有口福"为宗旨，结合口腔医学生的专业优势，以华西坝养老院为试点，通过开展温暖关爱行动和口腔健康宣教两大特色志愿服务活动，以口腔健康辐射全身健康，以口福提升全面幸福感，建立健康敬老爱老新模式。2021年5月至今，已开展了多次"三会两课一服务"志愿活动，即生日会、佳节会、故事会，手工课、健康课和口腔健康指导服务。团队成员热心公益、认真负责，每次的志愿服务活动都获得来自志愿者和养老院的众多好评，被学校评为优秀志愿服务项目。

25. 华西公共卫生学院"爱心俱乐部"青年志愿者服务队

（1）组织发展现状。

"爱心俱乐部"青年志愿者服务队始建于1985年，前身为华西医科大学学雷锋志愿小组。自成立以来，服务队便坚持"奉献、互助、友爱、进步"的志愿精神，以高度的责任感与使命感，充分发挥院内 A+专业学科优势和专业优势，通过举办"携手抗艾，重在预防"之防艾宣传活动、"防治结核病，人人保健康"之结核病宣传系列活动、双流区妇幼保健院之"关爱女性，呵护新生"主题活动等，为增强四川大学学生及周围社区居民的公共卫生意识、增加公共卫生知识储备做出了突出贡献，培养了一大批具有完备公共卫生知识体系、富有创新与奉献精神的志愿者，为实现全面建成"健康中国"目标献出了公共卫生学院学子的一份力量。志愿队在 2007—2008 年度获"成都市十佳志愿者组织"称号，2014—2015 年度获"四川大学青年志愿者行动先进集体"称号，2015—2016 年度获"四川大学青年志愿者行动先进集体"称号，2016—2017、2017—2018 年度获四川大学志愿服务"优秀集体"称号等多项荣誉；"美好青春我做主"之"12·1"防艾大型宣传系列志愿服务活动在四川大学 2018 年度青年志愿者行动评选中荣获优秀项目奖。

（2）特色服务成效。

防艾宣传系列活动

当下我国艾滋病防治形势严峻，预防是艾滋病防治工作的重中之重。"爱心俱乐部"青年志愿者服务队与双流区疾控中心密切合作，连续多年在四川大学、双流社区、棠湖公园、江安河生态公园、石羊客运站等周边地区举办防艾系列活动，通过问卷调查活动、视频制作比赛、知识竞赛、知识辩论赛、主题演讲、照片展等多种形式宣传正确的防艾观念，帮助民众正确认识艾滋病，消除大众对艾滋病的误解，缓解人们对艾滋病的恐惧以及对艾滋病患者的偏见。

结核病宣传系列活动

多年来，服务队在四川大学江安校区、成都棠湖外国语中学等学校以及成都市双流区蜀星花园等社区通过开展摊位活动、举办讲座等形式向学生、社区居民宣传防治结核病的知识，宣传教育覆盖面广，营造了浓厚的结核病防治氛围，对推动结核病防治工作、减少结核病在县域内的传播和蔓延起到了积极的作用，取得了令人满意的宣传效果。

双流区妇幼保健院之"关爱女性，呵护新生"主题活动

为帮助妇幼保健院内的妇女儿童更加顺利地完成医疗检查、维护妇幼保健院内的秩序、缓解妇幼保健院内工作人员的压力，多年来服务队与双流区妇幼保健院密切合作，志愿者在帮助患者了解就医流程、引导患者到达就诊区域、寻找并整理名单和资料、查询并录入数据、联系患者进行电话问诊、随医生外出问诊的同时，也了解了医疗机构的一般运行流程及工作内容，激发了他们对于公共卫生事业的热情。

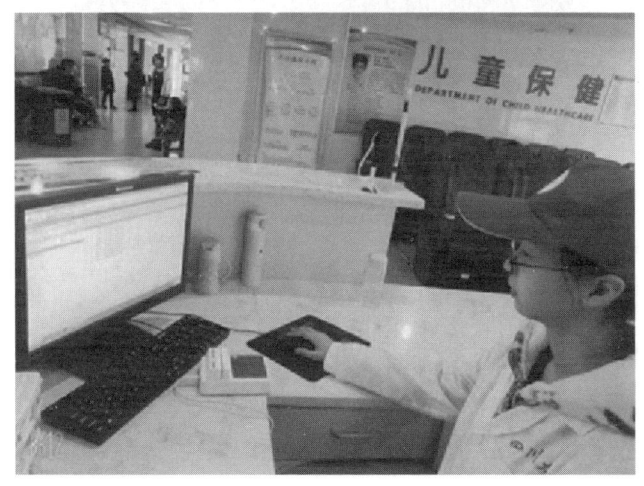

26. 华西药学院"天南星"青年志愿者服务队

（1）组织发展现状。

"天南星"青年志愿者服务队是华西药学院团委学生会的分属部门，是华西药学院志愿服务活动的组织者和倡导者。服务队人数在 15 人左右，各自分工，下不再设部门。服务队主要负责华西药学院志愿活动的策划、宣传、带队、招募、总结等,协助团委学生会举办学院活动。

"天南星"青年志愿者服务队是一支由华西药学院的学生组成的自愿参加、自觉奉献的志愿者团队。服务队以"支援、奉献、友爱、互助、进步"的志愿者精神为指导,结合"3·5"学雷锋行动和"12·5"世界志愿者日活动,积极为社会、为学校服务。

服务队在团委学生会的领导下,始终响应"奉献、友爱、互助、进步"的志愿者精神,积极举办各类爱心公益志愿活动,为学生们提供志愿服务的渠道。服务队在提高同学们综合素质的同时,也为社会主义精神文明建设做出了自己的贡献。

(2)特色服务成效。

爱心图书馆

在每周六周日的空闲时间,志愿者从学校出发前往武侯区图书馆,开展约3个小时的志愿活动。到达图书馆后,在图书管理员的指导下,志愿者可以帮助归位、整理图书杂志,协助图书馆讲座的开展,并维护少儿馆的秩序。

青春暖夕阳

根据华西药学院退休老教师的需要,志愿者前往四川大学华西校区,帮助老教师做一些力所能及的事情,比如与老教师交流智能手机的使用技巧,为聚会的老教师拍摄照片留作纪念,组织活动和老教师们共同欢度元旦等。

叙写生命故事，共创暖心人间

DMD又称假肥大型进行性肌营养不良，属于世界性疑难杂症。据估计，中国的DMD患者大概有60000~100000人，然而此种疾病的社会知晓度很低。"天南星"青年志愿者服务队与成都"希爱"社会工作服务中心合作，面向DMD患病家庭开展入户访谈活动，志愿者与工作人员一起对DMD患病家庭采访记录，再通过媒体平台进行宣传报道，呼吁大众了解关注这一疾病，尊重关爱每一个DMD家庭。

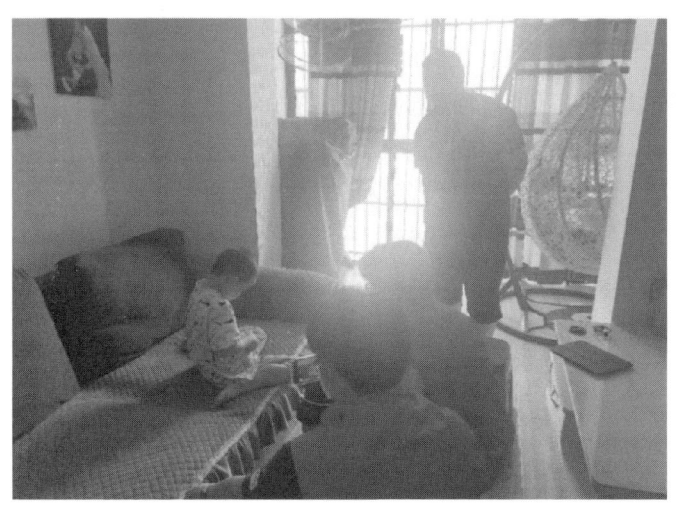

穹顶之下,遍布阳光

这是面向残疾孩子开展的课业辅导活动,希望让他们获得陪伴,得到学业上的帮助,享受更多正常孩子所接受的关怀,感受到世间的阳光与温暖。志愿者会前往对接孩子的家中辅导他们的课业,闲暇之余也会与孩子们玩五子棋等小游戏帮助放松。

开心农场

志愿者前往华西药学院所负责的农场进行除草、播种、浇水等活动,旨在丰富课余生活。该活动可以让药学院学生对药用植物有初步的了解,了解劳动的不易和粮食的宝贵,树立珍惜食物和尊重劳动的价值观。

27. 公共管理学院"朝阳"青年志愿者服务队

（1）组织发展现状。

公共管理学院"朝阳"青年志愿者服务队成立于2001年。服务队组织结构完善，现有研究生队长、副队长2名，队员2名；本科生队长、副队长5名，队员20名。服务队具有完备的制度体系与组织架构，活动经历丰富，组织策划了众多优秀志愿活动，并为世警会、残疾人论坛、大运会、"挑战杯"大学生课外学术科技作品竞赛等赛事项目提供志愿服务。"朝阳"青年志愿者服务队秉持"奉献、友爱、互助、进步"的志愿者精神，于传承中不断创新发展。2022年4月荣获第九届"四川省青年志愿服务优秀组织"。"星河桥"和谐社区营造志愿服务行动在第五届中国青年志愿服务项目大赛四川省赛中斩获银奖。以"社区治理"为核心，从红色传承、社区教育、居民健康、社区文化四个维度开展"星河桥"和谐社区营造志愿服务行动，成立了"星河桥"特色志愿服务队。活动次数共计100余次，服务于商业街社区、新生路社区、安康社区、和平社区等，受益人数已逾3800人，获得社区负责人和居民的良好反馈，助力社区治理优化升级，形成社区－高校良性互动，有效促进政社衔接。

（2）特色服务成效。

"朝阳"青年志愿者服务队结合公共管理专业特色，积极开展志愿活动，活动类型包括校园服务、社区公益、文化宣传、医疗保健等。

"I DO"之声——学习共享，以志愿服务引领学风建设

学习互助计划帮助同学们缓解期末学习的压力。志愿者根据服务对象的特点提供富有新意、富有活力的学习上的支持，构建学习交流平台，促进学院学风建设。

各类主题宣传活动

"学习雷锋精神，争当时代新人""国家安全，你我同行"主题宣传活动以答题为主要形式，宣传相关知识，提高同学们的思想觉悟。

"箱"遇活动——生活互助，以志愿服务关怀学生成长

志愿者通过"变废为宝"在打水处放置失卡盒，提醒同学们打水之后将校园卡带走，也便于丢失校园卡之后及时找回。

"手机课堂，陪伴夕阳"系列活动——爱满夕阳，以志愿服务弥合代际鸿沟

志愿者以陪伴为出发点，开展老年人信息化培训志愿活动，做好"数字化扫盲"，以更多的人文关怀与善意助力老年人融入智慧生活，帮助老年人赶上

数字时代的快车，消弭"数字鸿沟"（该系列活动详细介绍参见本书第五章）。

"留住美好，老有所'忆'"敬老拍照活动

志愿者走进社区，服务社区里的老年人，帮助他们记录当下的美好，丰富老年居民的精神生活。本活动根据服务对象分为上门服务和社区服务两类，配备各式背景布和道具，满足老人不同场景中的拍摄需求，在记录当下的同时拉近两代人之间的距离。

"朝阳映夕阳"走进映山红养老院活动

志愿者陪伴老人，倾听老人的故事并与之谈心，带给老人温暖和关爱。

"筑爱同行" 和平社区爱心家教活动

为了守护孩子健康成长、传递爱与温暖,减轻家长的辅导压力和学生的学习压力,"朝阳"青年志愿者服务队联合和平社区举办了"爱心家教"活动。活动以作业辅导为主、趣味游戏为辅,帮助处于成长阶段的青少年解决学习中遇到的问题,从而使他们提高学习兴趣,掌握正确的学习方法。

28. 商学院"工商潮"青年志愿者服务队

(1) 组织发展现状。

"工商潮"青年志愿者服务队成立于 2000 年,以"服务他人,完善自我"为理念,致力于将需要帮助的社会群体和热心公益的同学联系在一起,一方面向社会提供力所能及的志愿者服务,另一方面为每一个队员的成长提供更好的平台。长期以来,在各届成员的共同努力下,服务队形成了较完善的志愿服务活动体系,也取得了许多实质性的服务成果,于 2018—2021 年连续三年入选四川大学十佳志愿者团体,多项特色活动和创新活动曾入选校级优秀志愿活动。此外,在开展各项服务的过程中,"工商潮"青年志愿者服务队和武侯区特殊教育学校、成华区特殊教育学校、武侯区青少年空间、合江小学等机构建立了长期合作关系,各项志愿活动引起了广泛关注和积极参与。

"工商潮"青年志愿者服务队下设"救防与服务小队""社区与环保小队""守护青年教育小队"三支服务小队。各小队在志愿服务工作中逐渐形成了各自的服务特色,坚持小队服务核心理念,致力于多类型、多方向志愿活动的开展和推进。

(2) 特色服务成效。

"环保'绘'"活动

环保"绘"是"工商潮"青年志愿者服务队的特色活动之一,主要基于"白色污染"等因塑料袋使用引起的环境问题,积极倡导推广环保袋的使用,在向同学们普及塑料袋滥用的影响与后果的同时,向大家传递环保从我做起、从小事做起的活动理念,提高大家的环保意识。该特色活动以环保为核心,以手工绘制环保袋作为基础形式,每次活动选取不同方向作为绘画主题,具有较高的可参与性和互动性,同时不缺乏多样性和趣味性。

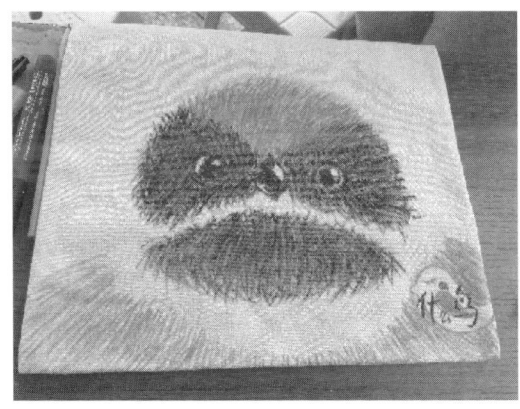 

"回归田园" 农耕活动

"回归田园"农耕社会实践活动以培养实践动手能力以及树立环保意识和社会责任感为主旨,引导同学们接触自然,使大家在亲身体验的过程中懂得粮食的来之不易,学会珍惜和感恩。借助百姓农场的场地特点,与农场志愿者分享生态农耕经验,了解百姓农场的意义和社会价值,也将勤恳实践的志愿者精神传递给同学们。

"小学生进江安" 活动

"小学生进江安"特色活动历年由服务队下设的"守护青年教育小队"主导举办。该活动作为合江小学支教项目的衍生活动,以关爱小学生、帮助孩子们提前走进大学校园、开阔视野并引领他们树立人生目标为活动目的,通过各种有趣的活动形式帮助合江小学的孩子们了解川大,也向他们传递川大人的正能量。活动的长期开展进一步加强了川大与合江小学的交流,也让双方建立了深厚的友谊。

合江小学支教项目

四川大学同合江小学的合作已长达 20 年,充分证实了川大支教活动的可持续性。活动不仅让孩子们在轻松活泼的知识拓展中开阔眼界,还引导和激励大学生积极投身奉献社会、提高自身素质的实践活动中去。该项目作为本服务队的精品活动志愿项目,深刻体现了大学生支教的意义,也让大众更加了解支教活动关爱青少年、传播正能量的重要意义。

服务地方经济志愿项目

近年来，志愿者定期前往汶川、甘洛、雅安等区县，开展服务地方经济的志愿活动，为当地政府、企业以及农户等带去新知识、新理念，提供较为专业的发展建议，帮助当地更好地完成脱贫攻坚工作。项目坚持"引智扶贫扶志"的志愿服务思路，以开展实践所在县域经济发展建设专项调研和各类商学专业培训讲座为主要形式，助力当地经济发展的同时，增强大学生的社会责任感与使命感，弘扬大学生的奉献精神，培养高尚的人格品质，发挥大学生的创新能力，用自己的智慧和汗水为当地的脱贫攻坚工作添砖加瓦。

29. 马克思主义学院"翼翔"青年志愿者服务队

(1) 组织发展现状。

"翼翔"青年志愿者服务队成立于1990年,始终秉持着"奉献、友爱、互助、进步"的志愿者精神,承办和主办了多次校级和院级志愿服务,在服务中担任活动策划、招募志愿者、活动总结等多种工作。自成立以来,已吸纳本科生300余名,向近20项活动提供志愿服务,均取得了良好效果。"翼翔"青年志愿者服务队担当着辅助校方完成各类志愿活动、坚持带领学生投身社会公益活动的重任,秉承马克思主义学院一直以来求实有恒的精神,在各类志愿活动中带领志愿者力求最优,奉献真心与爱心,为青年志愿者提供了一个奉献自我、服务社会的平台。

(2) 特色服务成效。

"小马过河" 工作坊

为切实帮助本硕博同学解决学习、科研、工作中的实际问题,"翼翔"青年志愿者服务队在学院的支持下成立"小马过河"工作坊,并将各个年级在各方面有所专长的优秀学生纳入工作坊人才库,围绕求学、科研、就业等主题举办座谈会、小讲座、分享会等线上、线下多种形式的活动,在满足同学们的各种需求的同时,加强学院的师生、生生之间的联系和沟通,营造友好互助、积极向上的学院氛围。

主题展板设计大赛

为深入学习贯彻党的精神,在校园中广泛宣传马克思主义先进理论成果,激发青年学子的创造力,鼓励学校学生胸怀"国之大者",勇担强国重任,成长为有理想、有担当、能吃苦、肯奋斗的时代新人,马克思主义学院团委学生会已面向全校学生组织开展了三届"青年言马·执笔芳华"展板设计大赛,"翼翔"青年志愿者服务队负责为大赛提供相关志愿服务。

"'趣'运动,'马'上来"主题趣味运动会

为丰富学子的课余生活,减轻同学们的学习压力,学院开展了趣味运动会,让同学们在趣味运动中放松心情、锻炼身体,同时起到增强凝聚力的作用,通过合作性的游戏帮助学生建立和谐的人际关系。"翼翔"青年志愿者服务队为各项运动项目提供志愿服务,助力活动顺利进行。

30. 空天科学与工程学院"领航"青年志愿者队

（1）组织发展现状。

"领航"青年志愿者队成立于 2016 年，队员们始终秉承着积极进取、认真负责的工作原则，坚持为同学们服务，始终坚持每月开展一次以上的志愿服务活动。志愿者队由 1 名队长、2 名副队长以及 8 名左右的干事组成，主要负责学院本科生所有志愿活动的整体统筹安排，包括志愿活动的策划发起与通知，活动的现场管理以及活动结束后的新闻稿撰写等宣传工作。除此之外，还负责与学校青年志愿者协会的联系与沟通，及时传递如校外志愿时长证明材料的收集等与同学们的志愿服务息息相关的信息。同时也在学院团委的领导下，开展暑假社会实践分享报告会等活动，评选每年的院级优秀志愿者。队员们始终坚持奉献、友爱、互助、进步的中国志愿者精神，带领本学院同学用自己的实际行动践行空天学子服务社会的誓言。

（2）特色服务成效。

社区航空航天知识科普

在社区航空航天知识科普活动中，志愿者走进社区为小朋友们展示航模、介绍国家航空航天事业的发展、科普航空航天知识等，增进人们对航空航天事业的了解。

社区"水火箭"展示

此类活动中,志愿者在室外为小朋友们进行了水火箭飞行的表演。观赏完水火箭表演之后,志愿者带领小朋友们手把手一起制作水火箭,提高小朋友的动手能力,增强对航空航天知识的兴趣。

31. 匹兹堡学院青年志愿者协会

(1) 组织发展现状。

匹兹堡学院青年志愿者协会自成立以来，始终坚持为同学们提供多样的志愿服务活动选择，为学院增加社会实践途径，展现青年志愿者的责任担当。匹兹堡学院青年志愿者协会下设五个职能部门：组织部、策划部、宣传部、秘书处、外联部。不同部门分工合作、各司其职，负责匹兹堡学院青年志愿者协会的全部活动。

将志愿的活动变成志愿的心。匹兹堡学院青年志愿者协会始终扮演着"服务者"的角色，通过每一件小事帮助有需要的人，从心出发。

(2) 特色服务成效。

党史学习教育

匹兹堡学院青年志愿者协会通过多种途径，以不同的方式开展学党史座谈会。条件允许时，会组织同学们前往党史学习基地，如烈士陵园、辛亥秋保路死事纪念碑等地缅怀先烈，学习革命精神。

公共卫生区清洁

在这个活动中，匹兹堡学院的志愿者负责清理位于文科楼四区与东园食堂之间的草坪花园，整理文科楼三区、四区的匹兹堡学院教室，整理公共休息区以及打印室，减轻保洁人员的工作压力，为全体学生创造更美好的环境。这是匹兹堡学院全体同学每学年必须参加一次的周期性活动。

毕业设计海报展

这是由匹兹堡学院青年志愿者协会主办的学院年度活动。每年毕业季，学院会邀请优秀的大四学生在文科楼四区中庭处举行毕业设计海报的展览，全学院的同学会参与学习品鉴和投票，在投票中胜出的学生队伍将会在现场被颁奖。在此活动中，青年志愿者协会主要负责活动策划、场地安排、现场引导、颁奖仪式指挥、物资奖品采购等工作。

32. 国际关系学院青年志愿者队

（1）组织发展现状。

国际关系学院青年志愿者队为国际关系学院学生会下属部门，受院学生会领导，服从院学生会安排，是学院在志愿服务与实践活动方面的专职机构；同时受四川大学青年志愿者协会统一管理，是学校与学院在志愿服务与实践活动方面的桥梁与纽带。

国际关系学院青年志愿者队成立于 2021 年，现有部长、副部长各 1 名，干事 3 名。对外而言，志愿者队是展现国际关系学院特色与学子风采的一个舞台；对内而言，志愿者队是本地与本校特色志愿活动与社会实践活动触及本学院的一个窗口。国际关系学院青年志愿者队主要负责举办学院特色活动，组织社区志愿服务和寒暑假的社会实践活动，负责活动的前期策划与志愿者招募、活动进行时的统筹与联络以及活动完成后的总结与志愿时长录入或修正等工作。同时协助院学生会，组织好志愿性质的活动，在每个具体的活动中保留好各类材料，并在其他部门需要的时候及时提供。截至 2023 年 3 月 15 日，国际关系学院青年志愿者队已在"志愿四川"平台发布志愿活动 19 次，管理注册志愿者 226 名。

（2）特色服务成效。

深造能力分享服务

为持续深入实施学风引领计划，助力学子深造能力提升，学院组建了深造志愿服务群，并定期举行深造经验分享会，进行线上答疑与线下交流。考虑到大三学生深造路径选择的多样化可能，志愿者针对同学们不同的深造方向进行答疑并提供相关信息。

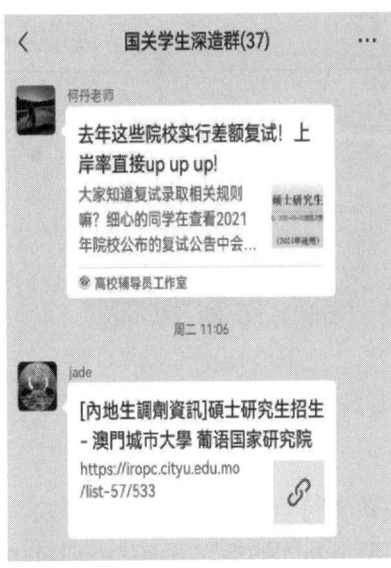
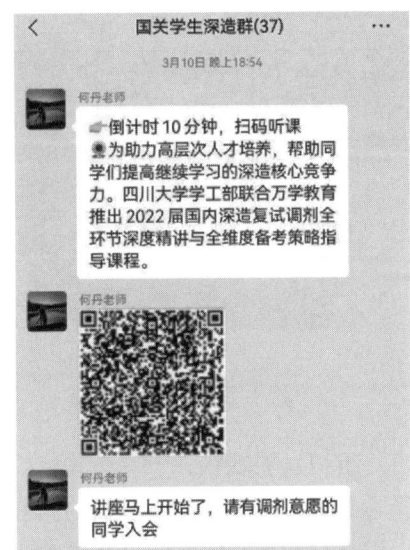

外事外交礼仪大赛志愿服务

外事外交礼仪大赛是国际关系学院每年春季学期的例行赛事。为保障比赛的顺利举办，赛前会招募一定数量的志愿者参与联络组、赛务组、宣传组的工作，在学生会负责成员的带领下，完成比赛的前期筹备、江安校区青春广场的摆摊宣传以及讲座、初赛、复赛的现场志愿服务等。

国际关系学院学术会议志愿服务

国际关系学院主办或参与学术会议时，需要招募并选拔符合条件的志愿者进行会议志愿服务培训。志愿者需按要求完成会前、会中、会后的相关工作，包括但不限于会前人员接待、会议用品准备、会场布置安排、会议引导、准备现场茶水、拍照、会后的清洁以及会议负责人安排的其他工作，保障学术会议的顺利进行，展现国际关系学院学子风采。

33. 网络空间安全学院"青空"青年志愿者服务队

（1）组织发展现状。

"青空"青年志愿者服务队成立于2016年，是在网络空间安全学院团委指导下成立的院级志愿者组织，负责协调和促进全院青年志愿者工作，致力于社会服务和社会公益事业。服务队始终秉持"奉献、友爱、互助、进步"的志愿者精神，立足校园，为全体师生服务，面向社会，为广大群众服务，不断推进志愿服务工作制度化、专业化，以实际行动倡导良好风尚，促进建设文明和谐学院。

"青空"青年志愿者服务队现设主席1名，部长1名，副部长2名，干事5名。在院团委的指导下，向学校和社会传播志愿服务精神和志愿文化；组织和策划各项志愿服务活动，为社会和他人奉献爱心和提供力所能及的帮助；领导和管理院内志愿者，开展志愿者培训工作及进行志愿服务的理论创新；代表网络空间安全学院，加强和其他志愿者组织的交流合作。

（2）特色服务成效。

清明节祭扫活动

"青空"青年志愿者服务队不局限于大众意义上的"志愿服务"，除平时的志愿活动，对传统节日也相当重视。在清明节前夕，倡导同学们学习历史、传承文化、向往未来、铭记革命先烈的光荣事迹，同时通过英烈祭扫活动培养大家的民族自信心、自尊心和自豪感。这一活动强调了青年的责任与担当，让参与者深觉大有可为。

敬老院特色活动

志愿服务队在注重文化节日的同时，还不忘着眼于小处的温暖。在前往敬老院慰问老人的同时，志愿者还一起制作中国结，通过手工制品传递了大家浓浓的关爱。

"朋辈互助" 专项志愿活动

为进一步提升学习氛围，帮助同学们进一步了解本专业的情况，从而更顺利地开展大学生活，"青空"青年志愿者服务队特别组织了"朋辈互助"专项志愿活动。该活动围绕学习资料共享和学习生活互助两方面进行，希望在长期活动中能够建立一个完整的资料库，同时通过互助使同学之间关系更亲密，学业取得进步。

34. 吴玉章学院"新驰"青年志愿者服务队

（1）组织发展现状。

"新驰"青年志愿者服务队旨在为吴玉章学院的学生提供丰富多彩的志愿活动，目前已累计在线注册人数1400余名，已完成注册在录的志愿活动有21项，全员志愿服务时长达2457小时。2022年部长团有3名成员，20名干事。两周开一次例会，例会内容主要围绕近期主要任务展开，主要目的是落实工作，精准分工，加深部门内部同学的感情，加强沟通。志愿者积极参与新生入学注册工作、迎新晚会的举办，为新生营造良好和谐的入学氛围；时常参与周边社区老年人的生日会活动,为老年人送上一份关怀;参与社区图书馆的整理,给当地社区带去便利。

(2)特色服务成效。

"花红"社区系列志愿服务活动

"花红"社区系列志愿服务活动是由"新驰"青年志愿者服务队与双流花红社区居委会合作举办的大型月度活动。自2020年10月起,活动共举办7次,实际参与100余人次,志愿服务总时长超过1940小时,在校内外取得了良好反响。

活动形式多样,内容丰富,具体包括老年人集体生日会、健康知识科普讲座、烈士陵园祭扫踏青、社区居民运动会等。志愿者队伍由吴玉章学院本科各年级学生组成,学生报名积极性强,活动参与度高。在志愿服务过程中,青年志愿者表现优异,始终以严格的志愿服务规范要求自己,弘扬了奉献友爱的志愿者精神,展现了青春风采。

校内特色活动

开学迎新活动是一直由"新驰"青年志愿者服务队承办的特色活动。在每年8月底,学院内部会发布志愿者招募令,每年都有大量同学参与其中。迎新活动不仅为学子提供了参与志愿活动的机会,而且促进了新生更好地融入新学校、适应新生活。

此外,"新驰"青年志愿者服务队还和学院学生会学术部共同举办了"玉章周末"学生交流座谈会等。

35. 哲学系"鸣宇"青年志愿者服务队

(1) 组织发展现状。

"鸣宇"青年志愿者服务队是哲学系团总支学生会的重要部门之一。它通过规划和组织青年志愿者工作,推动精神文明建设,积极开展公益服务活动,提高大学生志愿素质,提高志愿活动质量,培养新一代大学生的社会责任感和社会服务意识,为学校和社会的和谐发展和全面进步做出贡献。

"鸣宇"青年志愿者服务队于2021年7月成立,目前在"志愿四川"平台上注册的志愿者人数为254人,累积开展活动120次,服务时长为4200小时。团队现设有队长1名,副队长1名,干事3名。在2022年暑期社会实践中,被评为实践先进集体。

(2) 特色服务成效。

"鸣宇"青年志愿者服务队开展的周期性活动有"开心农场"管理、GHG卫生巾互助盒志愿活动等,同时也会积极配合学校青年志愿者协会和哲学系学生会各部门做好志愿者招募活动,积极完成各项工作。

"开心农场"管理

四川大学江安校区"开心农场"哲学系片区管理是服务队的特色项目。这项志愿活动前期完成了土地开垦、石子清理、杂草清除的工作；中期种植了杜鹃、山茶、桂花等植株，由于植株的成活率较低，之后种植了各种蔬菜；后期会定期进行维护工作，让蔬菜健康生长，把哲学系管理的片区打造成一个小型的菜园。这项活动让同学们体验到劳动的艰辛，也提供了一个跨年级同学间交流与互动的机会，丰富了同学们的生活。

草坪维护活动

每年3月，"鸣宇"青年志愿者服务队会举办学雷锋活动，在望江校区体育馆和荷花池这两处草坪开展草坪维护活动，捡拾草坪中的垃圾。这项活动既传承、发扬了雷锋精神，又营造了干净、绿色的校园环境，有助于提升同学们的环保意识，是一项教育性与实践性并存的活动。

GHG卫生巾互助盒志愿活动

服务队每周定期在江安校区和望江校区开展GHG（Girls Help Girls）卫生巾互助盒志愿活动。志愿者在校园内巡查，根据互助盒中卫生巾数量、状态与标签数量、粘贴是否到位等情况进行检查、登记、汇总与补充，并解决互助盒出现的各类问题。

36. 生物医学工程学院"蒲公英"青年志愿服务队

（1）组织发展现状。

"蒲公英"青年志愿服务队随着四川大学生物医学工程学院的成立而设置，是一支年轻的志愿服务队伍。服务队目前有1名部长、2名副部长、8名干事，主要负责学院内的志愿活动及劳育活动的承办,并协办校级的志愿活动。"蒲公英"青年志愿服务队目前已成功举办几十场志愿活动,包括迎新活动、看望老教授活动、心理健康图书角周期性活动等。

(2)特色服务成效。

"情系夕阳,爱满天空" 服务离退休老同志活动

"蒲公英"青年志愿服务队在每年秋天都会组织看望学院离退休教师的活动。通过与老教师的近距离接触,志愿者不仅可以获得学习和生活上的指导,还可以极大地扩展视野,加深对前辈艰苦付出的敬佩之情,坚定在学科道路上前行的决心。

心理健康图书漂流活动

学院购买了一批心理健康方面的书籍,志愿者会定期在青春广场摆摊供同学借阅,以帮助同学们保持健康积极的心理状态。

(二)以社会公益为重点的特色服务团队建设情况

1. 四川大学图书馆志愿者队

(1) 组织发展现状。

四川大学图书馆志愿者队负责图书馆日常工作,包括每周 7 个分队 35 个时段的正常运作、特色活动的开展以及日常分队活动。在工作中,同学们可以锻炼上书理架的基本能力,实现完善自我、辐射他人的宗旨。

四川大学图书馆志愿者队成立于 2005 年 11 月 11 日,秉持"完善自我、服务他人"的志愿精神,连续三年被评为"四川大学十佳志愿服务集体"。

(2) 特色服务成效。

四川大学图书馆志愿者队将"服务"与"学习"相融合,在图书馆的指导下,每年定期组织策划系列校园阅读推广活动。每年秋季的"师生服务月"与春季的"阅读文化节",都会通过线上线下相融合的方式,举办兼具多样性、趣味性与实用性的活动。此外,志愿者队还立足四川大学丰富的红色资源与四川大学图书馆的海量藏书资源进行项目的设计与开展,力求让同学们在活动中阅读经典好书,感悟红色精神。

2. 四川大学"五彩石"志愿团

(1) 组织发展现状。

2008年汶川地震后,四川大学马克思主义学院肖旭教授开展了以大学生帮灾区学生批改作文为切入点的心理与文化重建活动,并将其命名为"五彩石"。

"五彩石"开始时辐射范围较小,志愿者主要为马克思主义学院的本科生,随着十余年如一日地进行志愿服务,"五彩石"的影响力日益扩大,现在志愿者面向所有江安校区本科生招募,近年稳定志愿者人数达2279人。

为保障志愿活动顺利进行,"五彩石"组建了自己的干事干部团队,主席团下设五大部门:校地合作部,主要负责作文书信的收发以及与志愿者的沟通交流;宣传与推广部,主要负责"五彩石"的对外宣传工作;办公室,主要负责志愿时长的汇总与录入以及物资采买;组织与培训部,主要负责活动策划;技术部,主要负责"五彩石"小程序的开发。2022—2023年所有干部干事共计

101人。

自成立以来，四川大学"五彩石"志愿团于2014年获2013—2014年度青年"五四"奖章、中国宋庆龄基金会两岸四地优秀志愿服务项目"生命彩虹奖章"一等奖，同年被评为四川省十佳志愿服务组织；2015年获第四届阿克苏诺贝尔中国大学生社会公益奖，同年获第二届中国青年志愿服务项目大赛全国赛金奖；2016年被推选为全国100个最佳志愿服务组织；2017年获第六届阿克苏诺贝尔中国大学生社会公益奖；2018年获第四届中国青年志愿服务项目大赛四川省赛金奖，同年获第四届中国青年志愿服务项目大赛全国赛金奖；2019年获"四川大学2018—2019年度青年志愿者行动十佳志愿服务队"荣誉称号，同年获第十二届中国青年志愿者优秀项目奖；2021年获评四川大学十佳志愿服务集体。

（2）特色服务成效。

作文批改与书信交流

"五彩石"以作文批改和书信交流为切入点，开展大学生与教育不发达地区及经济欠发达地区学生为期1~2年的结对活动，定期为后者批改作文并通过互寄书信的方式进行交流，通过这种方式辅导学生学习、帮助他们解决学习生活中遇到的问题，陪伴其成长。

五彩童话

童话创作分两部分,先是由志愿者自行组队,根据给出的关键词进行一定程度上的文学创作,志愿者完成创作后(志愿者的创作需给学生留有充足发挥空间),再交由参与活动的学生进行二次创作,并鼓励其绘制插画。

3. 四川大学凤鸣志愿讲解队

(1) 组织发展现状。

2006 年,四川大学校史展览馆作为 110 周年校庆的献礼工程改建完成,应校内外来访人员的参观需求,第一届讲解员从全校学生中招募而来。之后,参观校史馆正式纳入四川大学新生入学教育,讲解员队伍开始扩大。2018 年 11 月底,伴随着四川大学江姐纪念馆的开放,讲解需求进一步扩大,讲解队进行了有史以来最大规模的招新。同年,四川大学凤鸣志愿讲解队正式成立,加入了四川大学特色志愿服务队的行列。

四川大学凤鸣志愿讲解队目前共有讲解员 46 人,涵盖了本科生、硕士研究生以及博士研究生。团队设有队长 1 名、副队长 6 名,分管团队各项日常活动。为了更好地提供讲解服务,凤鸣志愿讲解队讲解员分为校史展览馆讲解员与江姐纪念馆讲解员,并轮流值班安排讲解预约。此外,讲解队还安排专人负责官方微信公众号"川大凤鸣志愿讲解队"的运营。

成立以来,四川大学凤鸣志愿讲解队多次获评四川大学十佳志愿团体、获得"四川大学 2020 年优秀志愿服务项目"荣誉,并于 2022 年荣获首届四川省高校志愿服务项目大赛银奖以及第六届中国青年志愿服务项目大赛四川省赛银奖。

(2) 特色服务成效。

校史展览馆讲解

主要讲解四川大学百余年来的辉煌历史,包括历史沿革、知名校友、教育成果等,以此回顾川大的悠久历史,使川大精神与革命精神得到传承发扬。

江姐纪念馆讲解

主要向参观者介绍江竹筠的生平事迹及其在川大学习期间的重要作为,并讲解辛亥革命至抗美援朝期间的川大革命先烈事迹,在缅怀革命英烈的同时传承弘扬优良的红色文化和革命精神。

校级比赛活动

凤鸣志愿讲解队积极承办校级比赛活动,在比赛过程中吸引全校师生参与了解校史文化与红色文化。2019年举办了四川大学校史演讲大赛。2020年举办了"红梅傲雪 忠魂永铸"——纪念江姐百年诞辰知识竞答比赛。

党史故事我来讲

为献礼中国共产党成立100周年,讲解队开展了10期"党史故事我来讲"活动,由讲解队员自主策划、录制、剪辑,并在"川大凤鸣志愿讲解队"微信公众号发布。内容涉及川大校史上著名的红色人物和先进党员,有吴玉章、何懋金、王右木、郭沫若、刘伯坚、恽代英、傅依备、童庸生、王方亮、杨闇公等。

"小小红色讲解员"活动

凤鸣志愿讲解队配合档案馆(校史办公室)与望江街道办、四川大学附属实验小学、棕东社区、川大社区办、关工委联合举办了"小小红色讲解员"活动。活动通过选拔优秀的川大附小学生担任讲解员,参与到江姐纪念馆和川大英烈红色故事宣讲活动中,旨在激发青少年的爱国热情,从小学生开始培养家国情怀,并通过他们辐射社区、家长和周围同学,从而让川大的红色资源走出展馆,影响和教育更多的人。

4. 四川大学无偿献血志愿者服务队

（1）组织发展现状。

2005年，华西临床医学院"杏林风"青年志愿者服务队牵头成立了四川大学无偿献血志愿者组织。2013年，四川大学无偿献血志愿者组织正式挂靠校团委，成为一支特色志愿者服务队，并更名为四川大学无偿献血志愿者服务队。

(2) 特色服务成效。

"血液知识讲座"活动

每次"献血车进江安"活动前约半个月，无偿献血志愿者服务队都会邀请成都市血液中心的老师为同学们讲解无偿献血的相关知识，解答疑惑。

"献血车进江安"活动

每学期举办一次，地点为青春广场对面的长桥口，无偿献血志愿者服务队会协助成都市血液中心的医生为前来献血的同学提供帮助。前期会在青春广场举办摆摊宣传活动，以游戏等形式宣传血液知识。

"参观血液中心"活动

无偿献血志愿者服务队会定期带领学生前往成都市血液中心参观,让同学们了解捐献全血及成分血的流程、血液的分离及储存仪器等。

形式不定的创新活动

无偿献血志愿者服务队先后开展了如血液知识竞赛、血液代言人、DIY文化衫等创新活动。

5. 四川大学飞扬俱乐部

(1) 组织发展现状。

四川大学飞扬俱乐部成立于2003年9月,是以IT技术为核心,集技术交流、电脑维修、软件研发、网站小程序等建设维护于一体的专业综合性公益社团，一直本着"创新实践、服务川大"的宗旨，为广大师生提供免费、热情、高效的电脑维修及维护等服务，日常活动主要包括：为广大师生提供技术帮助，如电脑在线报修，每月举行线下摆摊维修维护活动，帮助师生解决电脑问题；面向全校学生开展多种计算机、网络相关讲座、培训、指导和咨询活动，引导学生正确消费和应用，改善学习条件，掌握更多的相关知识；开展有关计算机软硬件、网络方面的技术交流和学习，同时为其他社团活动提供技术支持。

自成立以来，飞扬俱乐部获得奖项 20 余项，多次获评四川大学十佳社团，社团电子刊物《I 飞扬》也多次获评四川大学十佳校园刊物、四川大学最具人气校园刊物、学生社团示范刊物等。2021—2022 年度举办各类活动 15 项，帮助全校师生维修电脑 1600 余台，望江大修活动被评为精品活动。

（2）特色服务成效。

电脑公益维修活动

一月一次的公益维修是飞扬俱乐部的主要公益活动之一，是在周末以摆摊的方式面向全体师生的电脑维修活动（包括拆机清洁、故障维修、重装系统、安装软件等），同时有技术员提供电脑方面专业的咨询服务。该活动为江安、望江、华西校区的老师和同学们提供免费电脑线下维修活动，增强了社团成员的认同感与参与感，共同建设互帮互助的美好校园。

6. 四川大学馨心社

（1）组织发展现状。

四川大学馨心社是由四川大学学工部指导、唐仲英基金会（中国）资助的爱心公益社团。

馨心社于1999年成立，秉承"服务社会、奉献爱心、推己及人、薪火相传"的宗旨，逐渐形成了完整的组织结构和多样的活动体系，在校内外开展各类爱心公益活动，关注需要帮助的人群，以自己的实际行动传递着爱的力量。经过多年的发展，馨心社的组织结构日益完善合理，爱心活动形式多样，体系日趋完善，得到了学校和社会的广泛好评。馨心社下设7个部门，分别是财务部、联络部、宣传部、策划部、组织部、秘书处和馨云公益部。

2018年4月，馨心社荣获学工部"齐运动共公益"联谊运动会团体三等奖；2018年10月，荣获"远征杯"全国公益大赛优秀项目奖；2018年12月，"把爱传承教育服务团"支教项目荣获2018年暑期文化科技卫生"三下乡"社会实践活动优秀团队奖两项、优秀作品奖一项；2019年6月，"把爱传承之青春义卖"项目获2019年四川大学志愿者服务项目大赛三等奖；2021年8月，"把爱传承之青春义卖"项目获第七届四川大学"互联网＋"大学生创新创业大赛三等奖；2021年11月，"把爱传承之青春义卖"项目获评四川大学优秀志愿服务实践项目；2021年11月，"馨苗夏令营"团队获评四川大学暑期社会实践工作优秀团队。

馨心社的社团活动共分三大体系，真正做到了体系化、常态化开展活动，在文明实践、社区服务、扶危济困、关爱他人、文化服务、乡村振兴等方面发挥了显著作用。

（2）特色服务成效。

常规公益活动

其代表为对接残疾人家庭开展生活自理能力、学习能力、心智等方面帮扶的"守护天使计划"，已开展两年，共服务五个家庭。

大邑爱心基地活动

代表活动为以幼儿园孩子为活动对象的"爸爸乐园"、以"趣味讲座＋素质拓展"为主要模式的"大邑活动"，其历史分别为 9 年、17 年，服务人数分别在 1500 人、20000 人左右。

"把爱传承"系列活动

其核心为"把爱传承之青春义卖"和馨云公益奖学金，延伸出"把爱传承之暑期支教/暖冬计划/群山回响/校园微公益"等活动。这是馨心社最具特色的系列活动，也是四川大学的大型公益活动之一。

7. 四川大学义梦协会

（1）组织发展现状。

四川大学义梦协会创立于2014年4月4日，并于2016年6月正式成为校级社团，现指导单位为四川大学华西公共卫生学院。协会以"义不容辞行义，义无反顾追梦"为理念，关爱农民工子弟、关心贫困地区教育，向留守儿童、偏远山区学生传达安全卫生的生活常识；关怀空巢老人，举办养老院探访等多种志愿者活动。协会力图为大学生提供"成长自己，服务别人"的平台，组织志愿者前往各社区以及成都SOS儿童村等开展周末义教活动，前往成都市各养老院开展关爱老人志愿服务；开展对接川内偏远地区的线上科普课，以及对接川内县城高中的线上学习方法分享课。协会及志愿者多次获得暑期社会实践优秀团队、暑期社会实践优秀个人、校级优秀青年志愿者等荣誉，以协会志愿实践活动为基础进行的创新创业活动获得第八届全国大学生"互联网+"创新创业大赛青年红色逐梦之旅赛道校级银奖，协会获评2021—2022学年校级优秀社团。

（2）特色服务成效。

迄今为止，协会作为平台成功举办了七次暑期支教调研活动，赴四川凉山、阿坝、甘孜、宜宾、乐山，海南定安，湖北恩施，贵州铜仁，湖北襄阳等省市偏远地区开展支教及卫生健康科普课，助力当地儿童身心健康成长，并在当地医院、卫生所、疾控中心等地进行实地调研。

8. 四川大学美丽中国公益教育社

(1) 组织发展现状。

美丽中国公益教育社是志愿公益类学生社团，以"让所有中国孩子都能获得同等的优质教育"为愿景，内设外联部、组织部、宣传部，长期开展梦想大老师、大山里的艺术馆、陪读导师等各项公益活动以及支教项目宣传。美丽中国公益教育社持续关注中国教育欠发达地区的教育发展，旨在传播公益理念，助力乡村教育，借助公益教育组织美丽中国（TFC）的资源与平台，向川大学生宣传志愿公益教育的理念，为川大学生提供专业的支教培训和支教机会，营造良好的校园公益氛围，促进教育资源匮乏地区学生与川大学子的双向积极发展。

(2) 特色服务成效。

梦想导师

梦想导师项目招募有爱心、有毅力、有才华的志愿者，与农村学生一对一联系，双方可以通过电话、书信以及网络的方式保持长期的沟通，与远方的朋友跨越地界进行深度交流，互相陪伴，共同成长。

大山里的艺术馆

大山里的艺术馆通过线下展或线上展的形式，向川大学子展示美丽中国支教地学生的画作。同时也会邀请参展观众书写明信片或者创作同主题画作寄送给学生，让孩子们获得认可，拾起对美术的兴趣。

9. 四川大学教育基金会至善社

（1）组织发展现状。

四川大学教育基金会至善社于 2012 年 11 月 28 日在四川大学对外联络办、四川大学教育基金会、校团委等各界领导的帮助和关怀下成立，是一个校级的公益类学生组织，以"知善、行善、至善"为理念，蓄力小善大爱，推动行知合一。至善社聚焦于帮助弱势群体，构筑志愿服务平台，提供多样化志愿服务机会，持续探寻公益事业与川大师生的有机结合。

（2）特色服务成效。

"哔哩哔哩" 大老师暨美丽中国第十届梦想导师

为了动员更多大学生帮助乡村孩子，四川大学美丽中国公益教育社与四川大学教育基金会至善社联合美丽中国支教项目、"哔哩哔哩"，发起"哔哩哔哩"大老师暨美丽中国第十届梦想导师项目。志愿者和广东省汕头市潮南区司马浦镇沟美小学四年级的孩子们对接，在交流沟通的同时，尝试拓宽孩子们的视野，给他们的人生带来积极的影响。

"月光宝盒" 卫生巾互助盒活动

志愿者在一教 A、B 座逐步组织互助盒安放活动。2020 年 11 月，活动进行了第一期；在收获积极反馈后，又采购互助盒与卫生巾进行了第二期的跟进，收获了一致好评。系列活动由四川大学教育基金会至善社、四川大学法学院法律援助服务中心、"杏林风"青年志愿者服务团队、GHG 卫生巾互助组联合举办。

听障人士演讲比赛和交流会的志愿服务活动

志愿者参与由成都市聋人协会举办的听障人士演讲比赛和交流会的志愿服务活动。至善社干事们在活动现场与听障人士交流沟通，引导他们进入会场并协助布置场地，对这一特殊群体有了较深入的接触。

手工艺品义卖活动

组织手工艺品义卖活动，为山区孩子们手写祝愿贺卡。线下组织大家一起做手工，包括晴天娃娃、捕梦网、手机壳、蝴蝶结等。在青春广场摆摊，售卖手工艺品，并在后续捐出善款。

"手语角" 活动

至善社联合四川大学恒沙手语协会在江安校区线下举办了"手语角"活动,邀请专业手语教师现场教学,志愿者通过丰富的教学活动学习基础的手语,加深了对聋哑人士的认识。

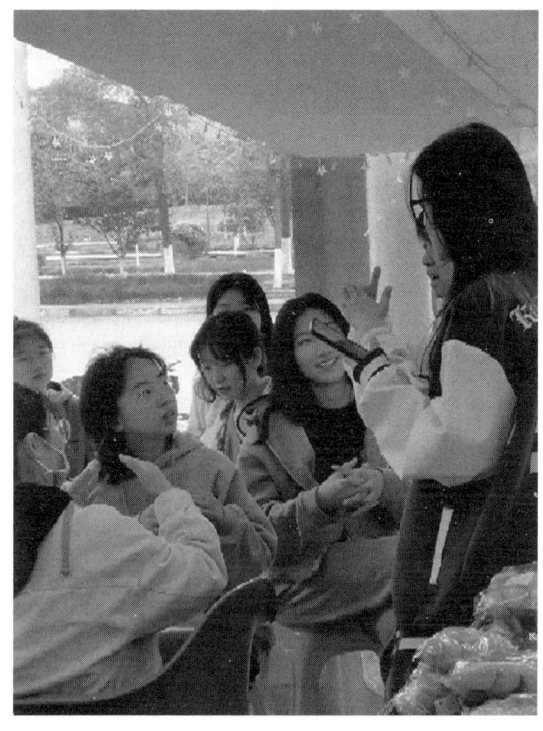

"聚星星之火，振公益微光" 志愿公益服务活动

至善社同成都市善工家园助残中心展开深入合作，共同策划举办了"聚星星之火，振公益微光"志愿公益服务活动，志愿者前往成都市善工家园助残中心，与残障孩子们面对面沟通交流、陪伴玩耍。

10. 四川大学行知公益协会

（1）组织发展现状。

四川大学行知公益协会是由志愿从事社会公益事业，关注西部贫困地区基础教育与经济发展的在校大学生组成的公益社团。经过十几年的不断成长，形成了以关注西部贫困地区，改善其教育落后局面为工作目标，以帮助弱势群体，解决其教育、贫困等问题为工作范围，以服务川大校园及周边地区为工作内容的发展模式。协会有爱心中队、实践部、乐行中队、项目部、秘书处、宣传部六个部门，秉承着"有行的勇气，才会有知的收获"的协会宗旨，组织、策划、宣传社会公益事业。

四川大学行知公益协会不断发展壮大，目前已有会员287人、干事81人，协会内部团结一致，积极上进，屡创佳绩。2012年11月，行知协会青少年空间活动荣获2012年阿克苏诺贝尔中国大学生社会公益奖铜奖；2015年7月，荣获首届高校种子资金计划"绿芽奖"；2015年11月，行知协会"沐馨"团队获得轻纺与食品学院暑期"三下乡"优秀团队奖；2015年12月，行知协会会员获得安康家园、青少年空间和天府笑脸优秀志愿者称号；2015年12月，行知协会获得星月社区优秀志愿者团队表彰；2016年5月，行知协会获得双流区青少年社会工作协会授予的"最佳志愿者团队"称号；2016年6月，行知协会再次被评选为四川大学十佳学生社团。

四川大学行知公益协会接纳每一位志同道合的朋友，组织内每一位同学都愿意用伟大的爱去做每一件平凡的事。

（2）特色服务成效。

慧星自闭症儿童关爱活动

据我国残疾人普查情况统计，自闭症已占我国精神类疾病首位。自闭症很难治愈，其核心症状是有交往障碍，不会与人交流，因此自闭症儿童需要社会更多关爱与包容。

行知协会项目部举办慧星自闭症儿童关爱活动，志愿者在康复中心老师的帮助下与自闭症儿童进行一定的互动，活动长期开展，有利于康复中心内自闭症儿童的康复，也给了同学们奉献爱心、锻炼自己的机会。

爱心中队志愿活动

爱心中队志愿活动多在社区开展，对象多为老人与小孩。第一个特色项目是节日美食制作。在冬至前后，志愿者与社区的孩子们一起包饺子，给社区老人送温暖；在清明节前后，又与孩子们一起做青团，进行传统节日相关知识竞答。第二个特色项目是教授老年人使用手机。科技是冷冰冰的，但志愿者用真诚炙热诠释着志愿的真谛。

"魔法教室"

"魔法教室"是行知协会乐行中队与天府新区太平小学建立长期合作的一个特色项目。太平小学有许多留守儿童,课余生活相对单调。为了给小朋友们提供更多体验生活、学习课外知识的机会,行知协会开展了一系列如创意剪纸、舞蹈健身、知识科普等活动,在活动过程中穿插讲解相关趣味知识,组织小游戏,以趣味互动走近孩子们的内心,同时了解他们的想法并解决他们的困惑,帮助他们建立起对个人、生活的重要认知。

11. 四川大学校友联络协会

(1) 组织发展现状。

四川大学校友联络协会分为以下四个部门：

品牌宣传部。在主席团的领导下负责协会形象宣传与活动品牌打造，负责协会品牌及宣传工作，同时负责推广文案撰写与物料设计制作、川大文创产品创意设计与研发、校友采访、新闻采写、微信公众号运营等工作及品牌活动川大元素文创设计大赛的策划组织实施。

对外联络部。在主席团领导下负责与各级各地校友分会和知名校友、校院各级负责校内外联络工作的专门职能部门，具体负责各类学生组织、各学院各年级校友联络人的联系工作，负责校友总会及协会各类重要活动校友嘉宾的礼仪接待工作，并负责品牌活动"校友开讲啦""毕业季"的策划组织实施。

职业发展与创新创业部。在主席团领导下负责实习就业、创新创业工作的专门职能部门，具体负责职业发展与联系校友所在政府部门、企事业单位为在校生提供实践实习、就业机会，联系校友创业家（创业者）指导学生创新创业项目等工作及品牌活动"校友企业实习季""校友企业招聘季""创业兄弟连"的策划组织实施。

秘书组织部。在主席团领导下负责协会综合协调工作的综合职能部门，具体负责协会总体协调、各种文书起草、财务管理、档案管理、校友工作调研（内参编撰）、协会干部招聘考核、干部培训培养、协组会团队建设、规章制度完善、组织文化建设等工作。

(2) 特色服务成效。

四川大学校友联络协会有多种类型活动。协会邀请过许多优秀校友比如世界排球冠军张晓雅老师、华西博士朱文超师兄、冬奥会场地导演陈婷师姐等，为大家讲述自己的经历，分享人生经验。

每年初夏，协会成员怀着深深的不舍以及殷切的祝福为即将毕业的学长学姐开展毕业季活动。学长学姐们在展板上留下了青春的痕迹。

12. 四川大学心理协会

(1) 组织发展现状。

四川大学心理协会创办于 1991 年（初名为四川大学心理学会，后于 2009 年更名为四川大学心理协会），是一个由四川大学学生自愿组成的自我管理、非营利性的社团，经四川大学学生工作部和校团委授权组建，受四川大学学生工作部领导和校团委、四川大学心理健康教育中心、四川大学学生团体联合会的具体指导，对学工部、校团委和心理健康教育中心负责。于 2021 年与四川大学心理健康教育中心下的阳光心灵志愿者协会合并，迈出了前进的一大步。

四川大学心理协会是隶属于四川大学心理健康教育中心的校级社团，以"完善自我人格，促进心理健康，倡导健康人生"为协会宗旨，通过举办寓教于乐的活动关注大学生心理健康、普及心理学常识，以帮助大学生健康成长。

协会的目标是"将四川大学心理协会建设成为川大一流、全国知名、深受同学欢迎的优秀社团"。协会的任务是"普及心理知识,增强大学生心理健康观念,提高大学生心理素质,促进大学生人格健康发展;组织会员学习心理学知识,培养大家的交流沟通能力,提高各方面素质,为大家营造积极向上的学习气氛;辅助咨询中心做好心理咨询工作,培养助力咨询员,不断提高会员心理学专业知识水平;对内培养好干事,让干事在筹办活动的过程中逐渐形成归属感,与此同时让自己的能力得到锻炼"。协会的主体是一批富有激情、活力、创意,关注大学生心理健康,喜爱心理学知识,热爱学生活动的学生。

四川大学心理协会现有会员 837 人,其中会长 1 人、副会长 3 人、部长 16 人、干事 58 人;设有五大部门,分别为秘书处、学术部、志愿部、宣传部以及策划部。自 2014 年以来,多次获评四川大学十佳学生社团。

(2) 特色服务成效。

天府怡心湖国庆志愿活动

怡心湖国庆期间车辆较多,为防止道路堵塞,心理协会志愿部招募志愿者,协助怡心湖工作人员进行秩序引导,引导车辆停放,保证道路通畅。在此次活动中,志愿者坚守岗位,在服务他人的同时,增长了自身对景点停车的经验,锻炼了沟通能力,维护了城市形象,为城市文明做出了贡献。

恋爱心理学观影会

本次活动旨在关注大学生身心健康,缓解大学生因恋爱造成的矛盾、压力,预防高校危机事件的发生,维护校园稳定,提高大学生心理健康水平。同时帮助同学们树立正确的恋爱观,引导同学们正确地看待恋爱,不断完善自身性格品质。

活动过程中,主持人的积极引导让参加本次活动的同学们对"初恋""爱情"有了更深刻的认识和理解。与此同时,现场氛围的营造让同学们得到了更好的观影体验,可以全身心投入电影,代入情节,与主角们一起体会恋爱的苦与乐,不片面、执拗地看待情感。

"通往灵魂的桥梁"主题讲座

讲座中,刘传军老师与同学们分享关于爱情与亲密关系的相关内容。

心理实验室参观

"心中有景,花开四方"游园活动

5月25日为"大学生心理健康日","5·25"的谐音即为"我爱我",提醒同学们"珍惜生命,关爱自己"。游园活动旨在为心理健康日宣传造势,让更多的同学了解心理协会和心理健康中心。游园活动融入五育元素,引领全校师生关爱自我,了解自我,接纳自己,关注自己的心理健康和心灵成长,提高自身心理素质,进而爱别人,爱社会。游园活动采取四个活动同时进行的模式,由参与人自主选择,在游戏中感悟一年的收获,憧憬美好的未来。参与游戏的同学们都有机会获得书籍、文具、明信片以及毛绒玩具等丰厚礼品。与此同时,同学们还能通过游戏来关注并了解心理学,学会运用心理学工具来自助、助人。

我的母亲

活动旨在唤起同学们对母亲生育之恩、养育之恩、教育之恩的感激，理解母爱和肯定母亲的付出。同时丰富大学生的课余生活，认识新的来自不同专业的同学。活动过程中写下祝愿、为妈妈颁奖、写贺卡和画康乃馨环节，让同学们对母爱的真谛和母亲的付出有了深刻的理解。

13. 四川大学恒沙手语协会

（1）组织发展现状。

四川大学恒沙手语协会成立于 2006 年 4 月，是在校社团联领导下成立的公益类社团，始终以推广手语，传播爱心为宗旨，以推进聋哑人信息无障碍建设、促进聋健沟通为最终目标，丰富校园文化生活，倡导公益服务理念。协会设有会长 1 人，副会长 2 人，4 个部门——指舞飞扬部、素质拓展部、宣传部、组织秘书处。现有会长部长共 12 人，干事 41 人，会员 329 人。

指舞飞扬部主要负责接受其他协会和学院的邀请进行演出，翻译手语歌曲。素质拓展部主要工作为日常手语教授、对接聋哑协会、外出培训、组织手语考试；宣传部主要负责恒沙手语协会的宣传工作，是展示社团风采的窗口和平台；组织秘书处负责整理社团的相关资料，撰写所办活动新闻稿，管理财务与物资等。

恒沙手语协会于 2007 年 12 月在"芙蓉学子·榜样力量"优秀大学生评选

活动中获得"芙蓉学子爱心公益奖",获成都市千人手语大赛团体三等奖;2008年10月获凤凰展翅"诚信川大人"志愿者风采大赛二等奖;2008年12月获2007—2008"感动川大"校园新闻人物荣誉称号;2009年2月获评四川大学第一届校园文化建设精品项目;2013年4月获评四川大学五星级社团;2013年5月获评2012—2013年度校十佳协会;2013年11月获阿克苏诺贝尔中国大学生社会公益奖铜奖;2014年4月获成都市"欢行杯"手语舞大赛二等奖;2015年5月获首届四川省高校手语比赛团体亚军;2016年6月获评四川大学2015—2016校十佳社团;2017年11月获评四川大学2016—2017十佳学生社团;2018年11月获四川大学社团最佳奉献奖;2019年12月获四川大学2018—2019学年社团最佳奉献奖;2020年6月获评四川大学2019—2020优秀学生社团;2021年11月获评四川大学2021年度优秀志愿服务创投项目;2022年3月获四川大学2021—2022秋季学期精品活动铜奖;2022年6月获评四川大学"2022年百佳学生集体"。

(2)特色服务成效。

手语大课

活动旨在教授手语知识,传播和推广手语,搭建健残交流平台。活动获得了四川省残联的支持,并有成都市聋哑人协会的老师亲自来为同学们教授手语。通过教授日常手语和手语歌曲、游戏互动等环节调动同学们学习手语的兴趣,增进会员间的情感交流。近两年来,该活动参加总人数达1000人以上,更多的老师同学参与进来,关注手语、了解手语并掌握一些基本的手语技能,为将来各项公益事业打下基础。

手语角

协会在某些具有特殊意义的节日当天会在青春广场摆摊,通过节目表演或邀请参与者做小游戏的形式来传播正能量或爱心。同学们能在小小的公益活动中收获与传播温暖,学习与表演手语歌曲,获得实用、有爱的小奖品,参与有趣欢乐的游戏,也为特校的残疾小朋友筹集一些必需物资。手语角活动旨在让手语在学校中形成一定的影响,让大家更珍惜现在的生活,并使这种观念在同学中传递,让残疾人感受到社会的温暖。

特校之行

在与成都市的特殊学校充分沟通的前提下,组织社团干事及会员成立志愿者队伍,为特殊学校的一些活动提供志愿服务,用手语帮助特校老师组织聋哑残障儿童以顺利开展各类活动。

在志愿活动中,社团成员运用自己所掌握的手语与聋哑孩子们交流、游戏,了解他们的日常学习生活,同时也与小朋友们分享自己的人生经历。

14. 四川大学体育促进协会

(1) 组织发展现状。

四川大学体育促进协会成立于 2004 年,现有成员 300 人,是四川大学直属的校级社团。

协会主要负责大学本科生体质测试,还承包教职工运动会和一些体育项目竞赛的志愿活动工作。协会专注为全校师生服务,致力于为同学们提供舒适、快捷、公平的体质测试服务。

(2) 特色服务成效。

体质测试

体质测试由四川大学体质测试中心牵头,四川大学体育促进协会承办。体质测试秉承着"提高大学生身体素质"的主旨,激发大学生进行课外体育锻炼的热情,提高同学们日常锻炼身体的主动意识,培养同学们运动锻炼的积极心态。

教职工运动会

协会负责教职工运动会的志愿者招募活动,在老师指导下,完成对100多名志愿者的培训工作,以保证教职工运动会的顺利进行。运动会当天,协会工作人员组织100多名志愿者抵达四川大学望江校区东区体育场,完成签到工作与志愿者分组工作,由各自的培训老师带到指定地点,继续完成相关工作事宜。

15. 四川大学动物保护协会

（1）组织发展现状。

四川大学动物保护协会成立于 2006 年，现有干事 28 名、会员 288 名，是一个致力于宣传动物保护思想的社团。自成立至今，一直围绕提高大学生动物保护意识，树立大学生良好社会形象，增强大学生社会责任感，宣传与促进动物保护工作，扶助社会动物保护机构展开实践工作，呼唤人性真爱与自然和谐。协会成立至今已经有了完善的规章制度与分工明确的组织机构，经过几届会员的努力，协会的行动受到了学校师生和社会人士的肯定。

(2) 特色服务成效。

大川小爱——羊毛毡募捐义卖活动

此次活动主要是通过义卖,为校区的动物朋友们提供温暖,也旨在通过此次活动提高大家的戳羊毛毡技能,以及激发同学们对动物的保护意识。

大川小爱——流浪动物公益救助计划

近期由于遗弃、无控制的繁殖等原因,四川大学内流浪动物数量激增,不仅对动物本身的生存构成了危害,也对校园生活秩序和环境造成了很大的困扰。四川大学动物保护协会对流浪动物实行救助,但由于资金短缺,四川大学动物保护协会联合四川大学教育基金会发起募捐活动。

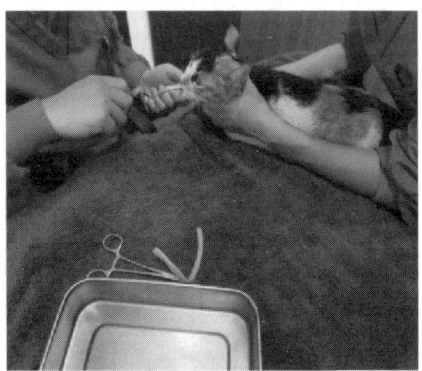

序号	内容	金额（元）
1	流浪猫狗体检、绝育、治疗、洗护等	51000
2	宣传、印发资料、物料等办公支出	2000
3	购买航空箱诱捕笼、动物食品与常备药品等必需装备	7000

16. 四川大学羽毛球协会

（1）组织发展现状。

四川大学羽毛球协会以激发学生对羽毛球的热爱、促进学生体质健康为宗旨，组织各项羽毛球相关活动。协会志愿活动始办于2021年10月，举办的志愿活动有各级"新生杯"比赛、2022级"迎新杯"比赛、四川大学第七届学生羽毛球联赛等。协会由事务部、训练部、运营部、宣传部组成，组织人数55人。

（2）特色服务成效。

"饮茶观赛"活动

在茶学社成员的介绍下，参与活动的成员了解茶文化及其在当下与时代融合的结果；羽毛球协会成员向参与活动的成员介绍本次观赛的内容；参与活动的成员在品茶的同时观看羽毛球赛。

四川大学第八届学生羽毛球联赛

采用国家体育总局审定的最新羽毛球竞赛规则进行比赛,分为淘汰赛和小组循环赛两个阶段,赛后为获得前八名的学院颁发奖牌和成绩证书。

17. 文学与新闻学院"双鲤"情感笔谈动员队

(1) 组织发展现状。

"双鲤"情感笔谈动员队由文学与新闻学院的李欣泽、盖恒熙、王羽涵、许晨曦四名同学发起,队名取自"客从远方来,遗我双鲤鱼",古时人们多以鲤鱼形状的函套藏书信。"双鲤"情感笔谈动员队结合汉语言文学专业特色,通过在青春广场及线上开展多样的匿名书写交流活动,为川大师生提供情感倾诉、答疑解惑等服务。

心理问题渐已成为困扰当代大学生的主要问题之一,部分学生缺乏倾诉渠道,感到孤独无助。"双鲤"情感笔谈动员队成立的目的正是提供心理及生活等方面问题的倾诉渠道与答复服务。线上投递邮件或来到青春广场活动摊位的同学们纷纷书写自己的快乐与苦恼,并用真诚的笔触回复陌生人的书信,给予他人积极的鼓励。"双鲤"情感笔谈动员队的成立也有利于营造互助和谐的校园氛围,丰富校园文化,消除现代社会的人际陌生感。

除此之外,文学与新闻学院的学子以高度的人文情怀,传承传统的书信交流形式,对书写带来的严肃、深刻的情感体察进行再发现。

"双鲤"情感笔谈动员队将在四川大学各校区推广匿名书写交流活动,并计划与电子科技大学、西南交通大学、成都七中等学校的青年志愿者服务队取得联动,在更大范围内开展该活动。

(2) 特色服务成效。

"春阳正好,纸短情长" 情感倾诉交流活动

"春阳正好,纸短情长"情感倾诉交流活动在四川大学江安校区青春广场举办,同学们写信并回复陌生人,同时念出夸夸板上的内容。这一活动有利于同学们抒发情感,激发同学们的积极心理。

"易诗以爱,感恩相传" 感恩节原创诗歌义卖活动

"易诗以爱,感恩相传"感恩节原创诗歌义卖活动在四川大学江安校区青春广场举办,同学们写诗交换,义卖诗歌盲盒并将筹集的善款捐献给"善行100"项目,体现了把爱相传的活动主旨。

匿名树洞系列活动

匿名树洞作为"双鲤"情感笔谈动员队的常规系列活动已经开展多次,分为线下及线上活动。

线下活动为"情在笔尖"匿名书信倾诉活动,在四川大学江安校区青春广场举办。同学们留下自己的心里话,并回复陌生人的书信,实现情感上的互动相通。

线上活动开展多次,如"驿寄邮思,鱼传尺素"匿名树洞活动、"霞光微处,心笺瑶飞"春日匿名树洞活动、"笺书秋意,语寄情思"秋日匿名树洞活动等。线上匿名树洞活动通过发送匿名邮件的方式,为同学们提供一个分享情绪、表达困惑的平台,起到有效舒缓压力、满足表达诉求的作用。在匿名交流中增强校园和谐温馨氛围,形成积极的校园风气。

> 难过的日子里,**去徒步**,脚步交叠行进的漫长过程里,真的会疗愈好受很多;去放空,在阳光正好的日子里,呼吸被日光和正盛的银杏浸染过的凛冽空气;去回忆起去做你曾经喜欢的事情;或者,让自己忙起来,去全身心地投入考研,真的完全的投入进去的时候,就没有心思想这些了。
>
> 时间会治愈一切。虽然它这么老生常谈。
>
> 祝你早日渡过,祝你乘风破浪,祝你学业顺利。可以怀念,她是你路过的一段美好,在曾经,只是没有走下去。

> 亲爱的编号为2604的志愿者:
>
> 非常感谢你!成功缓解了我对期末的恐惧以及焦虑的情绪😊😊😊(不知道你们会不会有好评加分的规则哈哈哈)anyway,谢谢你!希望我的回信能给你带来快乐和满足!为你的志愿经历带来些微成就感😊😊
>
> **努力做期末复习计划の小肉包**

18. 华西口腔医学院博物馆讲解队

(1) 组织发展现状。

华西口腔医学院博物馆讲解队成立于 2009 年,依托于华西口腔健康教育博物馆和中国口腔医学博物馆。讲解队主要成员为口腔医学专业高年级本科生和研究生。华西口腔医学院口腔内科学、口腔外科学、修复学、正畸学的专家学者提供日常专业指导以及大型科普活动的志愿诊疗服务。目前累计志愿者人数已达682人。曾获得全国科普讲解大赛二等奖、2018年大学生口腔科普创新竞赛二等奖、全国优秀科普讲解员、四川省科普讲解大赛一等奖、成都市科普讲解大赛一等奖、成都市科普讲解大赛优秀组织单位等多个奖项。

（2）特色服务成效。

科普活动进社区系列活动

本系列活动的主要目的是向广大民众宣传口腔保健知识，提升社区居民口腔保健意识。在进行社区科普活动的同时，博物馆多次邀请来自华西口腔医院的医生为社区民众进行义诊，多方面提升民众口腔保健意识。

科普活动进学校系列活动

本系列活动旨在向孩子们宣传口腔保健知识，提高自我口腔保健意识，通过孩子向广大家庭辐射口腔保健知识，促进全民口腔健康。

"口腔知识进学校科普活动"走进成都七中、龙江路小学、川大附小、磨子桥小学、锦里小学等近20所学校，为广大的孩子们送来了科学的口腔保健知识。

科普活动进医院系列活动

"'微笑来敲门'关爱唇腭裂患儿科普进医院活动"是华西口腔健康教育博物馆主办的一项深入医院的科普活动。其主要目的是向唇腭裂患儿家长宣传科学知识，对患儿和家长进行心理辅导，从而缓解家长焦虑情绪，帮助孩子们更加健康的成长。

本系列活动共举办 9 次，累计服务人数达 200 余人，为唇腭裂患儿带去了许多欢笑与乐趣。志愿者采用做手工、读书、玩偶扮演等多种方式丰富了儿童病房枯燥的生活。

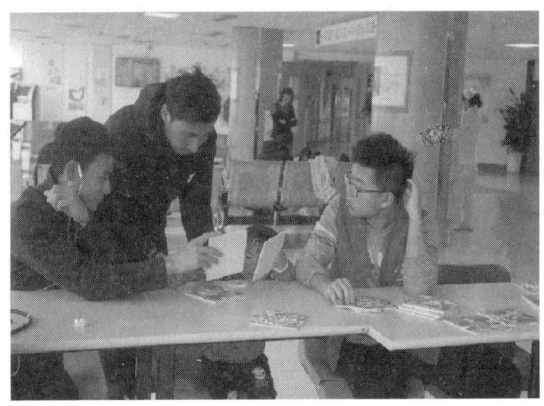

"迎进来" 口腔健康科普系列活动

博物馆始终以高度的责任感、使命感，积极将广大受众"迎进来"，让科普活动"走出去"，同时结合四川省科技厅、成都市科技局、成都市科普联合会总体布置，开展科普主题活动日、科普四进、科普剧大赛、科普讲解大赛、科普海报大赛、科普大讲堂六大主题活动，受众囊括各年龄段与在校师生、单位职工、社区居民等不同群体，范围覆盖成都七中等 20 余所中小学校与簧门社区等 10 多个社区，活动参与度高、形式新颖多样、服务范围广、科普成效好。

第四章 / 四川大学学生志愿服务参与社会治理的模式

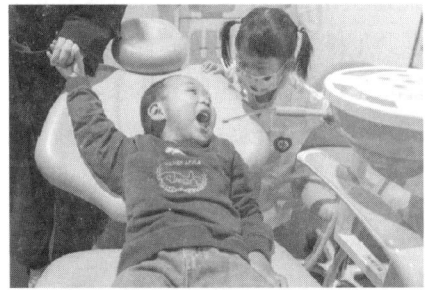

19. 华西口腔医学院"isuper 保贝联盟"

（1）组织发展现状。

"isuper 保贝联盟——儿童健康公益科普计划"起源于 2017 年，累计开展服务超过 150 次，参与志愿者超 600 人，项目致力于 3~12 岁儿童口腔预防保健教育。2017 年至今，保贝联盟共计开展线下活动 151 次，包括健康行为教育 105 次、实践探究学习 39 次、现场实践课 7 次，成效显著。目前已累计辐射 3~12 岁儿童 8100 余人次，活动范围覆盖全市 70 余家小学，26 个社区，并与华西口腔健康教育博物馆、成都市德拉少儿科学实验室达成合作。本特色志愿服务团体构建多合作、高共享、广覆盖的儿童健康志愿服务体系，以口腔预防保健教育为核心，贯彻行为教育理念，以线上科普教育与线下实践活动相结合的互动科普形式，通过发放调查问卷了解该地区儿童口腔状况与需求并据此定制主题课堂。保贝联盟儿童公益健康科普计划获第五届中国青年志愿服务项目大赛全国金奖、2019 年团中央社区志愿服务示范项目、第五届中国青年志愿者服务项目大赛四川省金奖和第七届四川大学"互联网＋"大学生创新创业大赛省级铜奖。

（2）特色服务成效。

本项目以口腔预防保健教育为核心，创立三大线下品牌（健康成长夏令营、健康知识小课堂、保贝实践课），联合线上多平台新媒体资源（公众号、家长社群、慕课等），开展"游戏＋教育"互动式健康教育课程，提升孩子参与热情和家庭参与度，有效传播健康知识。同时，依托华西口腔医院，提供义诊及长期反馈服务，建立儿童健康数据库用于公共健康领域。

20. 材料科学与工程科技志愿服务团队

（1）组织发展现状。

材料科学与工程科技志愿服务团队旨在向社会或者他人提供公益性科技类服务，致力于服务创新驱动发展、服务全民科学素质提高，该团队也已入选全国大学生科技志愿服务示范团队。材料科学与工程科技志愿服务团队是由团委直接指导，以本、硕、博多层次优秀团学干部青年为主体，结合"挑战杯·揭榜挂帅"特等奖团队成员的科技志愿服务团队。团队成员都具有丰富的志愿活动经验，专业素质过硬，积极参与全国材料大会、四川省材料设计大赛、四川大学金相大赛等志愿服务工作；曾参与诺贝尔奖得主乔治·斯穆特、安东尼·莱格特及国外院士等来校交流的志愿服务工作。

(2) 特色服务成效。

四川省科技馆科技志愿服务

负责展厅展品正常运行,正确引导观众操作展品,展品故障及时报修,引导观众有序参观,提醒观众做好防疫措施;协助辅导员或独立策划、实施专业或擅长领域的教育活动或科普讲座;独立开展定时开放展科普活动;"票务服务"负责引导预约观众取票;"参观咨询"岗位则需接受观众现场及电话咨询等。

依托"馆校结对"模式,组织大学生科技志愿服务团队开展科学家精神宣讲、科普知识讲解、科技展品设计研制等各类科技志愿服务。

科普惠民系列活动

  协同校内国家及省部级实验室、示范基地和校外实践育人基地，开展科技志愿服务进乡村、青少年科技教育进学校、科技文化宣传进社区等活动。动员、引导在校大学生以多种多样的方式开展各类科技志愿服务活动，努力在科技为民、科普惠民方面发挥独特作用。

21. "善工家园"特色服务队

(1) 组织发展现状。

"善工家园"特色服务队成立于2019年2月，累计成员32人，开展活动若干次。"善工家园"特色服务队旨在为成都市武侯区善工家园助残中心提供志愿服务，帮助社会上的弱势群体，尤其是那些智力等方面有障碍而暂时无法融入社会的残疾人。活动中，志愿者帮助老师开展生活照顾以及简单教学，以打扫卫生和一起参加特色课堂为主，亲身体验残疾人的生活，了解弱势群体的生活现状和社会状况，让他们感受到来自社会的关爱，帮助他们早日融入社会。

(2) 特色服务成效。

2019—2020年共计开展活动两次，第一次由8名志愿者在残障中心老师的带领下为各楼层打扫卫生等，第二次则是在老师的带领下与残障人士一起开展了特色课堂，活动包括折纸、剪纸等。2020—2021年开展志愿活动两次，第一次为参与残障人士课堂，与他们一起参加投篮以及魔方的拼接，第二次则是帮助老师一起打扫卫生。活动的效果非常好，受到了助残中心老师们的表扬，学院也收到了来自助残中心的感谢信。

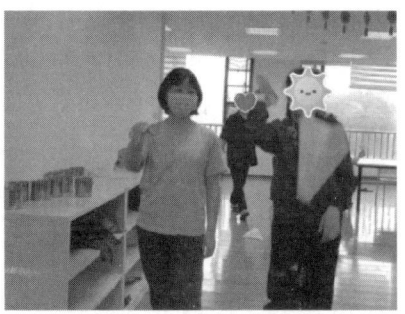

第五章　四川大学学生志愿参与社会治理的典型案例分析

一、"服务乡村，奉献青春"助力乡村振兴实践团

1. 项目源起

党的十八大以来，习近平总书记对做好四川工作发表的重要讲话、作出的重要指示批示，是总书记为四川改革发展量身定做的"定盘星"，是习近平新时代中国特色社会主义的"四川篇"。

习近平总书记关于新时代治蜀兴川历史方位作出了一系列重要指示。习近平总书记在永丰县考察时，重点了解了当地推动乡村振兴、做好疫情防控等情况，并强调乡亲们吃穿不愁后，最关心的就是医药问题，要加强乡村卫生体系建设，保障好广大农民群众基本医疗。"推进乡村全面振兴，关键靠人。"社会实践团队通过驻扎党群服务站，协助服务站做好疫情防控服务工作，在为当地乡村振兴提供医疗服务的同时，也能增强自身的社会责任感。

2. 志愿服务团队

基于预调研，本项目团队成员在与太和镇永丰村村委的沟通中了解到，当地急缺防疫检查、维护秩序、卫生维护等方面的人手，于是组建了一支功能复合性的团队前往开展乡村振兴专项实践活动。

3. 服务方式

（1）维护基层秩序。

基层秩序维护分队在永丰村执勤一周，为永丰村村民、前往永丰村参观的团队进行防疫检查、维护秩序、卫生维护，并为游客引导指路，受益人数超300人。

（2）健康医疗义诊。

口腔、医疗两支健康志愿者分队均前往眉山市东坡区5个社区儿童之家，为小朋友们开展口腔健康课堂、口腔义诊、儿童家庭医药科普讲座，以儿童辐射家庭，以家庭辐射社会，超200名儿童在此活动中受益。

4. 项目实施内容

（1）开展口腔"爱心医疗"义诊服务专项实践。

实践团走进村民家中进行免费的口腔健康检查，指导处理口腔健康问题并传授口腔保健知识，同时前往东坡区5个社区服务中心，开展"保贝——儿童口腔健康课堂"。

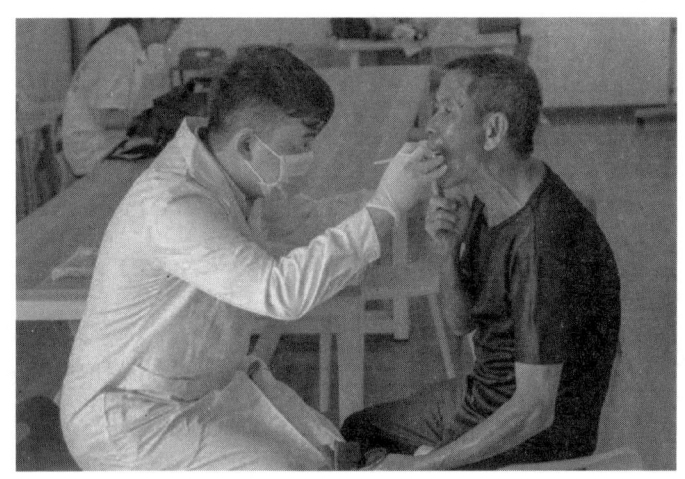

(2) 开展乡村家庭医药健康科普活动。

实践团开展"药健康"乡村医药学科普活动,为村民进行血压测量、慢病防治、健康用药知识等科普宣传。入户志愿者在组长的带领下走进村民家中进行合理用药知识的宣讲,并义务为老人测量血压。志愿者为患有高血压的老人们建立了血压测量档案,进行了高血压相关知识的普及,用实际行动帮助村民增强正确用药意识,助力农村医疗发展。

(3) 助力永丰村基层秩序维护工作。

实践团驻扎永丰村党群服务中心,协助村干部做好本村环境卫生维护与疫情防控工作,前往乡镇人流量大的关口,协助乡镇工作人员做好秩序维护、防疫检查(包括核对两码及核酸检测报告)等工作。

5. 项目实施成效

(1) 实践成效。

从实际出发，形成详细的调研报告。团队结合社会实践活动主题"文化科技卫生'三下乡'"，着眼引导大学生深刻领会推进乡村振兴的必要性、重要性和可行性等系列重大理论和实践问题，组织学生积极参与乡村振兴战略实施，基于永丰村乡村振兴实践以及本次社会实践活动，形成一万字以上的内容丰富、方向明确的特色社会实践报告。

依托实践主题，制作特点鲜明的宣传视频。依托眉山市东坡区太和镇永丰村相关部门，结合团队开展的社区秩序维护、口腔健康宣教和家庭医药健康科普系列活动，于活动结束后制作特色鲜明的宣传视频，围绕乡村振兴、美丽中国、健康中国等多层面，回顾"重走总书记考察路"的活动历程。以大众喜闻乐见的形式制作出易于传播、乐于接受的大学生暑期社会实践文化宣传视频。

根据实践推进情况，多渠道发布公众号推送和新闻稿。充分利用中青校园、学校官方网站、官方微信公众号、微博、哔哩哔哩等新媒体平台，开展多样化的宣传报道，将团队的日常工作与实践心得等利用平台进行宣传和分享，鼓励大众参与话题讨论和互动，提升成员的获得感和自豪感，吸引更多同学投身到社会实践中，助力乡村振兴事业的发展。

(2) 理论创新。

组建实践团队。以乡村振兴战略为驱动，围绕眉山市的爱心医疗、科技支农和基层社会治理等问题，结合当地老百姓的实际需求，依托校团委组织搭建方向明确的功能复合型志愿团队。

多种形式参与乡村振兴实践。团队通过参与永丰村的防疫检查、秩序维护、卫生维护等志愿服务活动，切实为乡村疫情防控与环境改善贡献力量；通过组织口腔义诊以及家庭医药健康科普活动，为乡村医疗振兴做贡献；通过多种多样的实践形式，学生们广泛参与乡村振兴实践，深化理论学习与认知，丰富实践经验。

(3) 社会收益。

一方面，就参与实践活动的学生而言，能够提高其实践能力与社会责任感。以社会实践的方式参与乡村振兴，不仅可以让他们在社会志愿活动中得到成长，更能够帮助他们真切地感受到当地的发展状况以及人才需求，从而增强自身的责任感与使命感，努力在今后为乡村振兴事业以及文化传承事业做出自己的贡献。

另一方面，就当地而言，有利于为其发展找出解决措施及提供专业人才。在社会实践中，学生通过参与当地文化、经济发展工作与调研采访，形成调研报告，有利于了解当地的经济发展状况与文化传承保护情况，为当地发展政策的确立提供建议；同时，社会实践有助于学生与其服务的地区建立良好的互动关系，从人才方面助力农村经济发展，为农村全面发展提供动力。

二、"药健康"乡村家庭医药学健康科普志愿帮扶实践团

1. 项目源起

党的十九大报告指出要实施健康中国战略；《"十四五"国民健康规划》要求深入开展基层健康知识宣传普及，提升居民健康素养；《健康中国行动（2019—2030年）》要求以普及健康知识作为健康中国行动的基本路径，强调将健康教育纳入国民教育体系；四川省科普专项资金三年增长78.5％，2020年达到8659万元。简阳乡村家庭科学素质总体水平较低，医药学科知识匮乏、大众传媒宣传难、乡村科普宣讲少、医药科普教育差的基层社会现状，限制了健康中国战略在乡镇基层的推进。

2. 志愿服务团队

华西药学院"药健康"志愿服务队（原"星星之火"志愿服务队）由四川大学药学院于2017年发起，通过定期驻村入户开展乡村医药学健康科普志愿服务，以多维的特色志愿活动长效服务乡村医药科普工作，希望能以川大药学生知识和学习的"星星之火"，点燃基层乡村振兴中的扶智关键点，为基层教育贡献药学力量。

团队组成及宗旨："药健康"志愿者团队主要由四川大学华西药学院一线思政辅导员老师和医药学专业志愿者组成，旨在开展具有医药特色的志愿活动，实现乡村家庭长效帮扶，助力推进乡村振兴和健康中国战略。

服务开展及成果："药健康"项目已动员 600 余人次四川大学医药学专业志愿者至简阳市开展医药学志愿服务，累计服务时长达 3 万小时，举办 4 次驻村夏令营、2 次线上云夏令营，为 3000 余名当地困难中小学生开设医药科普课堂 400 余课时，入户宣讲、测量血压 5000 余人次，整理过期药品、收纳药箱 400 余户。项目积累丰富经验，总结出一整套成熟的特色医学科普活动，制作出含有 10 余文档指南的扶智工作包。同时完成一项省级社科课题，立项编号 SC18KP003。

3. 服务及受益对象

（1）乡村家庭及乡村医生。

志愿者通过血压测量和入户知识宣讲，提高乡村老人对身体健康的重视程度，为 4950 人次筛查高血压，促使乡村家庭提高健康筛查意识。当地卫生院的医生通过培训后，专业技能得到提升，与志愿者一同对体检的重要性及相关优惠政策进行科普，进一步促进当地民众定期进行健康监测，助力乡村医药卫生整体素养的提升。

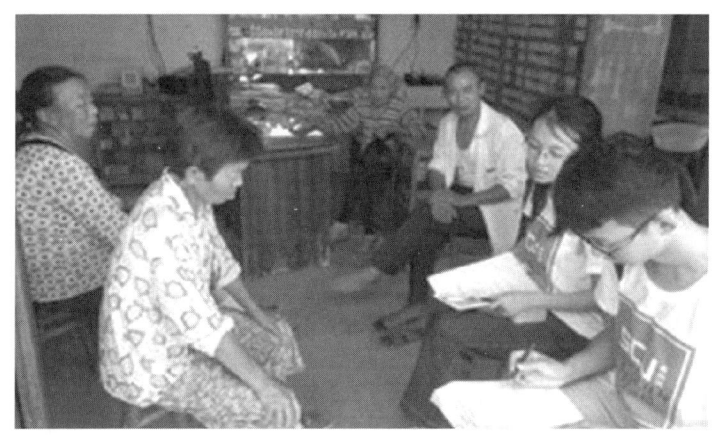

(2) 乡村儿童。

志愿者通过设计科普海报了解医药知识,增强当地儿童对医药学的兴趣;通过开设医药学兴趣课堂,积累基本知识;参与入户科普并作为小小宣讲员,宣传科普知识;"一对一"长效帮扶计划,提升儿童的获得感,收获关爱与长久陪伴。

(3) 志愿者。

志愿者也是该活动的受益对象,在活动中获益匪浅。在入户科普的过程中,志愿者将自身所学应用于乡村实际,有利于医药学素养的提升;在基层社会实践的过程中,志愿者充分认识我国国情,以实践反哺自身专业素养,宣讲能力、组织协调等综合素质在基层锻炼中得到极大提高;在志愿服务的过程中,志愿者立足基层实际,用真诚的举动激发当地儿童兴趣向学、立志求学。

志愿者也感悟到通过课堂学习和志愿活动能一点一滴地改变中国乡村的面貌，部分志愿者毕业后前往基层一线为祖国建设添砖加瓦。志愿活动提高了大学生志愿者的幸福感和获得感，有利于自身价值的实现，使"00后"志愿者能更好地明确自己的奋斗目标和人生意义。

4. 项目实施内容

项目独创"1＋3＋N"志愿服务模式：1个平台，即药健康志愿服务队；3大核心，即专业科普课程库＋长效驻村科普帮扶＋志愿翻转儿童科普员；N项举措。

（1）长效驻村结对帮扶。

五年持续性开展教育帮扶，且志愿者与困难儿童"一对一"结对跟踪式帮扶，线下驻村设立大队扶智小组，线上定期远程书信来往；避免传统大学生假期支教项目的短暂性、体验性及走马观花式补课，建设"授人以渔"扶智模式。

（2）线下线上双线科普。

"药健康"开展以来主要以线下驻村的入户走访宣讲与科普作品联创的方式开展志愿活动，结合线上宣教和小规模前往乡村的方式，高效顺利地实现家庭联动科普。

（3）翻转宣教科普。

"药健康"团队在进行科普的过程中，注重被帮扶地科普教育的持续性。面对儿童开展科普课堂，已吸纳100余名儿童成为星火科普员，带动整个家庭合理用药素质提升；面对当地卫生院开展培训，促进乡村医生专业技能提升，从而赋能乡村医疗进步。

（4）"互联网＋"助力乡村振兴。

持续面向儿童家庭开展医药学科科普，培养儿童对医药学科的兴趣爱好，同时提升家庭对医疗卫生及合理用药的认识。团队基于华西药学院临床实训中心虚拟仿真平台，创建健康用药智能诊断系统，实现模拟门诊、模拟处方审核、合理用药点评等科普宣教功能。

5. 项目实施成效

2017年6月至今，团队已组织623名本硕博志愿者开展乡村科普志愿服务，服务总时长31500小时。通过举办医药学兴趣课堂、科普实践课程、合理用药入户宣讲、科普明信片联创等医药学特色志愿活动，培养乡村家庭健康意识，实现对乡村家庭健康科普的长效帮扶，已惠及超过32550人，直接受益儿童达3250人，为助力乡村振兴及健康中国战略的推进贡献了青春力量。

2022年1月18日至22日、7月6日至13日，团队先后前往简阳市涌泉镇、眉山市和简阳市三合镇开展了"冬日暖阳"夏令营志愿活动和"盛夏花开"乡村医药科普志愿活动。实践过程中团队共培养了74名医药学科志愿者，创作102课时科普系列课程，科普惠及多地100户家庭；筛查乡镇80例慢病（高血压、糖尿病等）老人，清理360份过期药品并整理药箱；引导老人及时就医，合理用药，预计减少10万余元错误用药导致的医疗支出；激发130余名儿童医药学科兴趣，建立了10支乡镇儿童星火科普队，由儿童面向乡镇村民进行日常科普，向困难儿童及家庭普及健康用药观念。作为一支朝气蓬勃、青春向党的志愿团队，"药健康"一直走在科普为民的奉献路上。

项目也引起了不小的社会影响，多个媒体予以报道，项目和团队荣获多个奖项，并得到基层政府支持。

三、四川大学轻工科学与工程学院"千纸鹤"支教队

1. 项目源起

贵州省遵义市具有丰富的红色文化底蕴,但由于其地理位置偏僻,交通不便,教育资源相对匮乏。四川大学轻工科学与工程学院自2008年起,已在四川省凉山彝族自治州普格县小学等多所学校开展志愿支教活动,在当地积累了良好的服务基础;同时积极总结服务经验,完善支教课程设置、人员招募培训等多方面工作机制,在连续多年于服务地开展支教相关工作的过程中形成了结合自身与服务地发展特色、教育与社会成效优良的教育支援实践品牌。

2. 志愿服务团队

2022年8月,四川大学轻工科学与工程学院"千纸鹤"支教队响应共青团中央、全国学联与中宣部等深入基层一线开展"三下乡"社会实践活动,在社会课堂中受教育、长才干、做贡献的号召,与贵州省遵义市桐梓县政府取得联系,前往贵州省遵义市桐梓县冯秀英小学开展为期21天的"聚力乡村振兴,筑梦桐梓少年"暑期支教与社会实践活动。同时,为桐梓县及其他我国偏远地区的教育发展提出可行性建议。支教队在支教期间开展了关于"山区农村对两会'乡村振兴'政策的了解——以贵州省遵义市桐梓县为例"的调研。

3. 服务对象

黄莲乡地处桐梓县东北部,平均海拔1400米,面积197平方公里,苗汉杂居,地广人稀。支教点冯秀英小学所处的下螺蟹村曾为省级一类深度贫困村、少数民族聚居村,全村444户1983人,其中134户734人是苗族同胞。因此,四川大学轻工工程与科学学院"千纸鹤"支教队聚焦于教育资源需求程度较高的遵义市桐梓县黄莲乡地区,以冯秀英小学为长期支教点与推广普通话实践基地,在完成语数外等基础课程授课的同时,面向冯秀英小学全体师生开设德育、智育、体育、美育、劳育类课程,助力学生全面发展,同教师进行教学经验交流;重点开设诵读、书法、党史故事、红色教育等语言文化"第二课堂",加强国家通用语言文字教育。同时,面对学校周围上螺蟹、下螺蟹两村村民,通过发放问卷、访谈、走访等方式开展国家通用文字调研,挖掘中华优秀传统文化与现代文化、红色文化的结合点,并组织开展展演活动,提升乡村

人文素养，助力形成文明乡风、良好家风、淳朴民风，引导当地群众感党恩、听党话、跟党走，铸牢中华民族共同体意识。

4. 项目实施内容

支教队以冯秀英小学为实践基地与长期支教点，项目辐射范围涵盖小学及其周边上螺蟹、下螺蟹两村村民，依托自身教育资源优势、遵义市红色文化底蕴与红色资源，在完成支教活动的同时以访谈、座谈、问卷等形式开展调研，并组织展演活动，传承中华经典，厚植文化自信。

（1）开展"学史铸魂，忠心向党"调研活动，提高思想觉悟。

支教团队依托遵义红色资源，开展党史学习宣传与调研活动，邀请"全国优秀教师""贵州最美乡村教师""贵州劳动模范"周廷猛校长以"为人民服务"为主题开设微党课。同时，实践团以"我与祖国共成长""讲好中国故事""红色影片鉴赏""知识竞答"等形式开展红色教育课程，厚植爱国情怀，砥砺强国之志。

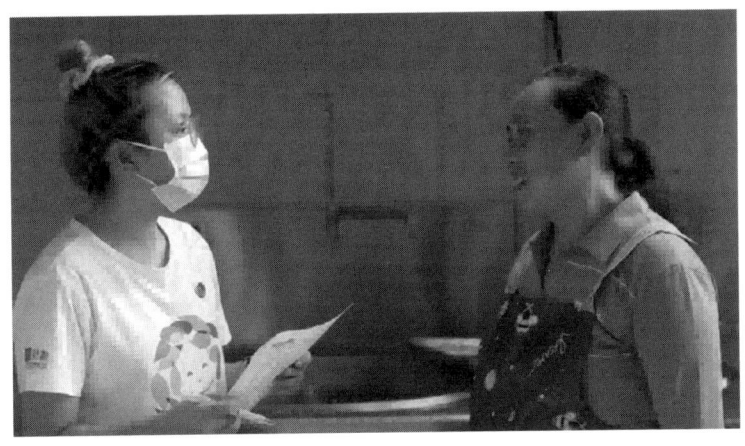

（2）特色教学助力乡村振兴。

与当地教师开展4次公开课和教学研讨会，互取所长，并在如何丰富课堂形式和提升学生学习兴趣等方面为当地教师提供新思路。结合当地苗族文化、红色文化，开设推普助力乡村振兴特色课程，采用诗词朗诵、汉苗双语歌、推普主题手抄报、红色歌舞等形式引导学生学好普通话。同时，结合当地实际开设营养健康、心理健康、急救知识等特色课程。

(3) 宣讲下基层，推普入苗家。

对团县委领导、乡镇干部、学校主管领导、教师展开结构式访谈，摸清当地普通话的使用状况、学习状况和学习需求，为推普助力乡村振兴提供参考数据。

以问卷调查和访谈相结合的形式，了解当地青少年的普通话接受度及普通话水平。

开展4次实地走访，了解居民的思想观念、语言习惯，倡导形成科学的、关爱的、民主的教育理念，并发起提高普通话使用率、普及率的倡议。同时，积极向村民宣讲惠民政策，为其答疑解惑，助力乡村振兴。

(4)"一对一帮扶"助力山区儿童成长。

"一对一帮扶"项目（1个志愿者导师帮扶1名儿童）精准对接儿童需求，定制成长计划。支教结束后，志愿者以"第二课堂"为切入点，通过视频、电话、书信等形式和帮扶对象建立长期联系，充分调动他们的学习积极性，帮助其树立远大理想。同时，引导帮扶对象在当地发挥朋辈引领作用，帮助更多青少年成长成才。

5. 项目实施成效

支教队伍圆满完成三周支教工作，充分运用"特色资源、特色教学、特色帮扶"教育手段，调动了服务地学生的学习积极性和自主性，帮助其厚植家国情怀、树立远大志向；同时结合当地教学工作开展实践，积极进行教学经验交流，获得了当地政府与家长的一致好评。

在教学工作实践上，支教团队在打造"政府＋高校＋乡村"支教服务体系、建构"教研＋教学"互动教学模式、推动教育服务精准化上做出有益探索。团队在"高校＋乡村"的基础上，推进"政府＋高校＋乡村"支教模式，形成"政府推动、学校互动、学生主动"的格局；与当地教师多次开展公开课活动，召开教学研讨会，并在如何丰富课堂形式和提升学生学习兴趣等方面为当地教师提供新思路；通过发起一对一"师生结对子"精准帮扶活动，坚持"智志双扶、长期帮扶"，实现常态化、精准化爱心助学。

在地区发展提升上，支教团队通过开展四次覆盖当地居民的普通话接受度与普通话水平调研，发起提高普通话使用率和普及率的倡议；在调研过程中倡导居民形成科学的、关爱的、民主的教育理念，同时积极宣传当地惠民政策并答疑解惑，提升居民政策关注与了解程度，帮助居民及时、便捷享受国家政策红利；完成对该地的调研报告三份共计九万余字，内容包括普通话普及情况与推广情况、苗族文化调查、居民营养健康状况调查等方面，为当地乡村治理能力提升提供了有效的数据参考。

在社会宣传成效上，团队搭建线上、线下宣传互通平台，多平台广泛开展宣传工作，并获得社会广泛关注与支持。实践团于当地举办的特色课内教学活动、宣传活动与红色教育活动受桐梓县电视台、桐梓县融媒体中心等媒体报道。同时，成功入选2022年"推普助力乡村振兴"全国大学生暑期社会实践志愿服务活动、2022年中国大学生知行计划"汤臣倍健营养支教"，成为国家级立项队伍，并荣获最佳实践奖与优秀团队奖项。

社会的广泛关注让千纸鹤支教队队员们倍受鼓舞,在接下来的日子里,支教团成员将继续践行初心使命,踔厉奋发、笃行不怠,以饱满的热情为大山深处的孩子们开阔视野、传授知识,以高昂的斗志积极投身于公益事业,助力乡村振兴。

四、"彝新风"推普助力乡村振兴实践团

1. 项目源起

四川省凉山彝族自治州是全国最大的彝族聚居区,彝语长期处于强势地位,普通话普及率较低。四川大学研究生支教团自1999年成立以来,陆续与凉山彝族自治州昭觉县、美姑县、甘洛县建立对口帮扶关系,在三地有较好的服务基础。2018年,四川大学第20届研究生支教团响应《推普脱贫攻坚行动计划(2018—2020年)》号召,组建"试说新语"志愿实践团在服务地展开推普脱贫攻坚志愿工作并取得良好成效。自此,四川大学研究生支教团积极总结经验、完善工作机制,连续多年在服务地开展普通话推广相关工作,已形成独具特色、效果优良的实践品牌。

2. 志愿服务团队

为加大民族地区、农村地区国家通用语言文字推广力度,铸牢中华民族共同体意识,助力乡村振兴战略实施,2022年7月,四川大学第24届研究生支

教团响应教育部语言文字应用管理司、共青团中央青年发展部"推普助力乡村振兴"社会实践活动号召,成立"彝新风"推普实践团,赴凉山彝族自治州甘洛县、昭觉县等地区,开展"推普助力乡村振兴"暑期社会实践活动。

3. 服务对象

四川大学第 24 届研究生支教团成立"彝新风"普通话推广实践团,聚焦普通话普及率较低的凉山彝族自治州甘洛县、昭觉县等地区,开展"推普助力乡村振兴"暑期社会实践活动。将乡镇学校以及街道社区作为推普主阵地,一方面,深入甘洛县新市坝镇新民村、昭觉县伊乌社区等居民群体中,摸排当地普通话普及等相关情况,并积极宣传推普典型事迹,覆盖人数 500 余人次;另一方面,深入甘洛县综合高中、昭觉县伊乌小学等中小学生群体中,开展"我话我家""千年经典齐传颂""趣味推普微课堂""雏鹰计划夏令营"等第二课堂活动 10 余次,累计课时 100 余小时,覆盖学生 600 余人次。

4. 项目实施内容

实践团将乡镇学校以及街道社区作为推普主阵地,秉持"寓教于乐,协同育人"的理念,面向学龄前儿童和中小学生开展了形式丰富、趣味十足的普通话推广活动。五年来,四川大学研究生支教团的普通话推广活动已形成一套行之有效的方法,始终围绕"养成语言习惯,形成文化认同"主线,从五个维度展开:

(1) 重抓课堂教学,营造语言氛围。

深度聚焦服务地的学前和学龄儿童等人群,以课堂教学为推普主阵地,在课堂上进行普通话教学,形成讲普通话的语言氛围,帮助孩子们养成使用普通话的语言习惯。

(2) 深入乡镇社区,形成家校合力。

深入服务地乡镇或易地搬迁社区开展推普防艾宣讲会、家乡红色故事会、红色歌曲传唱等活动,并向广大群众发放普通话宣传手册,积极宣传推普典型事迹。

(3) 丰富校园活动，激发语言兴趣。

开展"千年经典齐传颂"诗词朗诵活动、"写好规范字"书法大赛、"百年团史青年学"等庆祝建团百年相关语言文化活动，铸牢孩子们的爱国意识和中华民族共同体意识，增强孩子们对传统文化、中华民族历史的认同感。

(4) 结合实际情况，定制提高方法。

根据当地特色定制推普专属方法，开展"推广普通话，写好规范字"微课堂、"我话我家"趣味课堂等活动，从而有效提升服务地青少年儿童的国家通用语言文字应用能力。

(5) 发放推普物资，做好后勤保障。

联系社会爱心力量向伊乌小学捐赠并安装用于播放睡前故事和新闻速递的推普喇叭、捐助推普拼音读物、设立"百川图书角"，为推普工作的持续进行和稳定推普成果解除后顾之忧。

5. 项目实施成效

实践团深入服务地开展系列"推普助力乡村振兴"活动，累积走访乡镇200余户，发放调研问卷400余份，摸排当地普通话普及等相关情况，并向广大群众发放普通话宣传手册，积极宣传推普典型事迹，进一步扩大推普活动影响力和品牌效应。同时，实践团还结合党史学习教育，相继走进甘洛县职业技术学校、昭觉县伊乌小学开展红色诗文诵读、红色歌曲传唱活动，引导当地群众进一步感悟党的十八大以来党和国家事业取得的历史性成就、发生的历史性变革；通过"千年经典齐传颂"诗词小课堂、线上"推广普通话，写好规范字"微课堂等方式，让孩子们在学习普通话的同时感受传统诗词文化的魅力，增强对传统文化、中华民族历史的认同感，传承经久不衰的华夏文明。依托四川大学研究生支教团特色项目，实践团还开展了"雏鹰成长计划系列之推普专项"活动，带领当地学生访学，让普通话教育深入孩子们的内心。

通过开展系列普通话推广活动，实践团带领服务地的学生和当地居民深刻领略了普通话的魅力与重要性，激发并增强其学习和使用普通话的兴趣和意识。团队成员在了解服务地普通话普及情况的基础上，将推广普通话与红色教育、传统文化教育和"雏鹰计划"游学教育相结合，引导学生在感悟经典文化和厚植爱国主义精神的基础上，进一步开阔学生视野，加大民族地区、农村地区国家通用语言文字推广力度，服务铸牢中华民族共同体意识，助力乡村振兴战略实施，为推广普通话助力乡村振兴赋予更多能动性。

五年来，支教团组织的推普活动覆盖凉山州三县2万余名学生，其中彝族学生占比90%以上，为推普助力脱贫攻坚、推普助力乡村振兴做出了重要贡献。实践期间，支教团通过四川大学研究生支教团官方微信、微博平台，青春川大官网、微信公众号等平台发布视频、推送、新闻稿进行宣传报道，并形成实践报告，实践成果已获得新华网、四川青年志愿者、中国青年网等多方报道。语言推广，久久为功。在未来的支教工作中，四川大学研究生支教团将继续把推普融入课堂及各类社会服务之中，扩大推普受益群体，真正做到有效提高服务三县的普通话普及率，为乡村振兴政策的落实打好语言基础，为凉山州的教育事业添砖加瓦。

五、四川大学赴新疆、西藏、四川普通话推广实践团

1. 项目源起

国务院办公厅公开的《关于全面加强新时代语言文字工作的意见》明确了到2025年普通话在全国普及率达到85%的目标。国家语委咨询委员会委员姚喜双指出："国家通用语言文字推广普及仍不平衡不充分，语言文字信息技术创新还不适应信息化尤其是人工智能的发展需求，语言文字工作治理体系和治

理能力现代化水平亟待提升。"① 教育部、国家语委相关负责人指出,解决这些问题,需要进一步统一思想,改革创新,全面加强新时代语言文字工作。

为深入贯彻习近平总书记关于教育的重要指示精神,落实教育部、国家乡村振兴局、国家语委印发的《国家通用语言文字普及提升工程和推普助力乡村振兴计划实施方案》,四川大学赴四川乐山峨边彝族自治县、新疆普通话推广实践团紧密结合党的二十大重要契机,以返乡就近就便的原则,重点服务于民族地区国家通用语言文字应用能力较弱的农牧民和务工人员,在新疆阿勒泰地区、和田地区、伊犁地区,西藏拉萨、昌都,四川乐山等地的民族地区开展语言文字能力培训、培训成效调研和结对宣传教育等暑期社会实践活动。

新疆和田地区、阿勒泰地区,西藏拉萨、昌都以及四川乐山峨边彝族自治县等民族地区,多数处于"三区三州"深度贫困地区,是少数民族的聚居地,群众日常交流以本民族语言为主,普通话推广难度大,调研难度也较大。而这次的实践活动有效提高了农民群众和务工人员的阅读、交流能力,拓宽了其获取知识的渠道,提高了农业和畜牧业生产效率,增加了农民收入,为乡村振兴提供有力保障,有效推动了党史学习教育和国家通用语言文字教育走深走实。

2. 志愿服务团队

为深入了解民族地区农牧民普通话学习与使用情况,提升其国家通用语言文字水平,2022年7月6日至8月28日,四川大学学工部冉红艳老师、夏库拉·卡哈尔老师、努尔麦麦提江·木合太尔老师分别带领20余名由新疆、西藏、四川等地各民族大学生组成的暑期实践团队,在新疆阿勒泰地区、和田地区、伊犁地区,西藏拉萨、昌都,四川乐山等地的民族地区开展推普暑期社会实践活动。

3. 服务对象

四川大学赴新疆、西藏推普助力乡村振兴服务队是由校党委学生工作部组织成立,紧密结合党的二十大重要契机,以返乡就近就便的原则,聚焦新疆阿勒泰地区哈巴河县加依勒玛乡、新疆和田地区洛浦县城区街道库拉买里社区、新疆和田地区洛浦县恰尔巴格镇巴格艾日克村、西藏昌都江达县,重点服务于国家通用语言文字应用能力较弱的农牧民和务工人员,覆盖新疆和田洛浦县库

---

① 《2025年全国普通话普及率达85%——解读〈关于全面加强新时代语言文字工作的意见〉》[N]. 光明日报,2021-12-02(8).

拉买里社区300余名农牧民、西藏江达县江达镇麦冬村、西藏拉萨市堆龙德庆区乃琼社区、四川峨边彝族自治县18户家庭和40位农民工、新疆阿勒泰地区哈巴河县加依勒玛乡、新疆伊犁巩留县阿尕尔森村25户牧民家庭中6~13岁的孩子开展"职业技能＋普通话"语言文字能力培训、"关于农牧民国家通用语言文字培训成效"的调研、"农牧民结对帮学"宣传教育以及"经典润童心，推普助成长"暑期夏令营等活动，旨在提高边疆民族地区群众的国家通用语言文字能力，铸牢中华民族共同体意识，助力乡村振兴。

4. 项目实施内容

四川大学赴四川乐山峨边彝族自治县、新疆和西藏推普助力乡村振兴服务队走入基层，投身社会实践，实地调研了四川乐山峨边彝族自治县、新疆和西藏等不同民族地区，以实际行动助力乡村振兴。实践活动主要分为四个板块，即"职业技能＋普通话"语言文字能力培训、"农牧民国家通用语言文字培训成效"调研、"农牧民结对帮学"宣传教育、"经典润童心，推普助我长"暑期夏令营活动。

（1）"职业技能＋普通话"语言文字能力培训。

深入新疆和田地区洛浦县城区街道库拉买里社区、恰尔巴格镇巴格艾日克村，通过一对一、面对面的结对形式，共同学习拼音、日常用语、金词金句和学唱红歌等活动，帮助农牧民、务工人员提升国家通用语言文字水平。

（2）"农牧民国家通用语言文字培训成效"调研。

深入新疆阿勒泰地区哈巴河县加依勒玛乡各村进行入户走访调查，并在村委会、居民区等地对当地语言构成、居民语言使用情况和居民普通话使用情况等进行初步调查统计，向当地居民发放普通话宣传手册、宣传单，并邀请居民参与普通话调查活动，切实把握推普助力乡村振兴政策落实现状。

（3）"农牧民结对帮学"宣传教育。

团队结合西藏昌都江达县的村干部文化素质提升工程、红色夜校等形式，将农牧民群众纳入学习范围，采取"大学生＋农牧民群众"的形式开展结对帮学活动，开展迎接、学习、宣传党的二十大群众性主题教育活动等，广泛宣传党的十八大以来党和国家事业取得的历史性成就、发生的历史性变革，引导当地群众感党恩、听党话、跟党走。

（4）"经典润童心，推普助成长"暑期夏令营活动。

前往新疆阿勒泰地区哈巴河县加依勒玛乡、新疆伊犁巩留县阿尕尔森村社区，面向当地小学生开展"经典润童心，推普助成长"暑期夏令营活动。将课堂教学和推普小游戏巧妙结合，寓教于乐、以娱促学，激发孩子们学习普通话的兴趣和热情。最后，通过组织"经典润童心，推普助成长"诗歌朗诵比赛，验收此次推普夏令营的成效。

5. 项目实施成效

在中国现代化建设的历史进程中，大力推广、积极普及普通话，有利于消除语言隔阂，促进社会交往，对社会经济政治、文化建设和社会发展具有重要意义。随着改革开放和社会主义市场经济的发展，社会对普及普通话的需求日益迫切。推广普及普通话，营造良好的语言环境，有利于促进人员交流、商品流通和培育统一的大市场。语言文字事业事关国民素质提高和人的全面发展，事关历史文化传承和经济社会发展，事关国家统一和民族团结，是国家综合实力的重要支撑，在党和国家工作大局中具有重要地位和作用。基于此，实践团起到了以下四个方面的作用：

（1）为推普助力乡村振兴提供参考数据。

项目前后共收集568份有效问卷，15份访谈记录。问卷调查显示：边疆地区居民在日常生活中使用普通话进行交流的频率不高；普通话发音生硬、不标准；这几个地区并不处于当地的经济中心，人口流动较小，学习普通话的动力不足。

（2）提高群众建设乡村所需的普通话应用能力。

实践团队历时40天，前往四川、新疆、西藏等地的多个区域服务了将近300人，开展农牧民国家通用语言文字学习，提高了普通话在居民之间的认知度和认同度，进而提升了当地人的职业能力，帮助其就业致富。

（3）铸牢中华民族共同体意识。

团队通过对不同职业、不同年龄的人进行访谈，挖掘了很多关于民族团结、乡村振兴的感人故事，引导当地群众感党恩、听党话、跟党走。

（4）发现民族地区推普助力乡村振兴存在的问题及提出对策建议。

2021年，我国普通话普及率为80.72%，"三区三州"普通话普及率为61.56%。由于地理位置的特殊性、语言环境的复杂性，推普工作在我国"三区三州"地区仍受限，也较大程度上阻碍了当地的经济社会发展。根据实践的调研与访谈结果，实践团队总结出调研地区的推普工作在人才、过程、成效三个方面存在一定问题，进而影响推普工作的可持续发展。

六、"博士快车"健康宣讲与义诊实践团

1. 项目源起

"博士快车"健康宣讲与义诊实践活动是四川大学华西临床医学院为引领广大研究生积极投身服务健康中国战略而创办的品牌活动。自2004年开展以来,"博士快车"已陆续与新疆石河子、四川阿坝、四川映秀、江西赣南、广西百色等二十几个地区建立对口帮扶行动。博士生们深入基层,免费对当地居民进行健康知识讲解、体检报告解读、专科体格检查等,了解群众的实际生活及健康困难,体会华西文化的"家国情怀、平民情感"。活动多次受到当地新闻媒体报道,并受到当地居民的称赞和热烈欢迎,已取得较好的社会效应。

2. 志愿服务团队

在迎接党的二十大胜利召开之际,为在研究生中深入开展砥砺自我、踏实苦干的青年教育,引领好研究生在新征程上奋力谱写新篇章,2022年8月25日,四川大学华西临床医学院以"喜迎二十大,助力乡村振兴,感悟发展成就"为主题,组织19位同学组成"博士快车"实践团追寻总书记足迹前往眉山市太和镇开展党建共建、医疗义诊等暑期社会实践活动。活动当天,参加义诊的太和镇居民近400人。同学们纷纷表示所见所闻都与平时学习有着较大差别,在实现健康中国的道路上,乡村医疗振兴与健康科普至关重要,作为年轻医务工作者,任重而道远。

3. 服务对象

"博士快车"健康宣讲与义诊实践团重点服务于体弱多病的老年居民,免费为其提供健康知识讲解、体检报告解读、专科体格检查等帮助。

4. 项目实施内容

活动中,义诊实践团的博士同学们根据不同病症给予群众恰当的治疗方案和合理的用药指导,向居民讲解定期检查身体、早癌筛查、健康饮食、规律作息的重要性。

5. 项目实施成效

（1）服务广大居民，加深对人民群众的感情。

义诊中，尽管医务人员有些疲劳，但义诊桌始终被热情的人民群众所包围，场面热闹而有序。医务人员带着感情开展工作，仔细为群众测量血压，解答他们的疑问，向群众讲解健康知识。及时发现群众的潜在病情，并向他们普及健康知识，对增强疾病预防意识，促进身体健康，尤其是对冬季多发病、地方病的诊治起到了作用。

（2）扩大影响，增强华西医院美誉度。

义诊活动的开展，透过医生现场诊病、交流、发放免费号等方法，为群众搭建了一个良好的沟通平台和方便就医的机会。义诊让普通民众看到了实惠，赢得了群众对华西医院的认可。

（3）锻炼人才，提高医护人员素质。

义诊中，博士同学们顾不及喝一口水，自觉坚守岗位，用所学知识和技术将服务送到广大群众心中，以人性化服务开展工作。因为大家都有一个共同的目标，就是让百姓们更加了解、认可华西医院。在义诊过程中，医护人员也发现自身临床经验不足，知识欠缺，表示今后在工作中要努力学习，提高自身素质，增加经验，不断进步。

乡村基层是青年成就自我的"练兵场"，同学们以实际行动践行医者初心，以暖心义诊服务喜迎党的二十大。在今后的医疗服务中，同学们势必常怀"功废于贪，行成于廉"精神，将"问计民生、扶危济世、造福一方"的初心和使命深深烙在心中，毫无保留地挥洒在健康中国的新时代，服务乡村基层卫生。

七、"百川之声"知史爱党志愿讲解特色项目

1. 项目源起

2021年至2022年，四川大学凤鸣志愿讲解队在以往志愿服务经验的基础上，对能持续开展的工作进行整合，提出了凝结百年川大校史、百位川大烈士以及"海纳百川"校训的"百川之声"服务项目，涵盖常规服务、特色服务、红色服务三种服务类别。由于常规讲解服务中常常面临中小学生团体讲解效果一般，人数过多时人均感受较差等问题，凤鸣志愿讲解队专门开展了特色服务，旨在实现讲解活动的规范化、拓展化、多样化，从而提供更有效的服务。

2. 志愿服务团队

本项目由凤鸣志愿讲解队负责（凤鸣志愿讲解队简介参见本书第四章）。

3. 服务对象

2021至2022学年，讲解队的语音讲解使得几乎每一位参观者都受益，对象包括来自校内各学院、行政单位，以及校外各大中小学校、政府部门、机关事业单位和民营企业的参观者。

特色活动在校外的基层参观团体主要包括成都市的中小学校，如成都七中（高新）、成都市二十中、川大附中、川大附小等，此外还有成都市的基层组织，如郭家桥社区、广汉市党史馆等。

公众号对于团队新形象的宣传，也使得团队内46名志愿者受益，老队员帮助新加入的队员尽快熟悉志愿服务活动。

4. 项目实施内容

凤鸣志愿讲解队秉承"立足校园，服务社会"的定位，广泛开展社会公益服务，拓展服务工作范围，形成了特色服务内容。

特色服务项目主要有校史展览馆讲解、江姐纪念馆讲解、校级比赛活动、"党史故事我来讲"专栏和"小小红色讲解员"活动（详细介绍参见本书第四章）。

特色服务主要有两种手段。第一种手段为"馆校结合、馆社联动"。团队积极创新工作领域，为服务社会贡献自己的力量。依托两馆资源，推动志愿讲解服务进中小学、进基层、进社区。团队开展"小小红色讲解员"活动，进行反转讲解，鼓励曾经作为听众的小学生来练习讲解。此外，团队还深入基层开展校史文化宣传和红色故事宣讲，让四川大学的红色资源走出展馆，影响和教育更多人。第二种手段为"云端赋能、优化服务"。团队积极探索"互联网＋志愿服务"模式，创新服务方式，提高服务效能。团队利用微信公众号新媒体平台"川大凤鸣志愿讲解队"推出线上语音导览讲解服务以满足多样化的参观需求，宣传开展的重大活动，提高知名度，推出队员风采展示栏目，通过示范引领弘扬志愿者精神。

项目实施内容具有很大的创新性。首先，凤鸣志愿讲解队的特色服务项目走出了场馆的限制，通过深入基层、深入中小学作宣讲的方式，将川大的红色资源宣传给更多的校外单位。其次，特色服务项目充分利用了数字资源，通过语音讲解满足大型参观团队的需要，提升了讲解的效果。最后，"小小讲解员"、清明祭英烈主题活动，丰富了讲解活动的形式。前者通过反转讲解，对小学生开展爱国教育；后者通过语境化赋予，将革命英烈事迹的讲解与重要节日融合，使传统文化与革命文化得到统一。

5. 项目实施成效

两馆共接待校史展览馆参观团队300余场次，总服务1.2万余人次；接待江姐纪念馆参观团队400余场次，总服务1.8万余人次。

"小小红色讲解员"活动参与小学生 60 人以上，经过三周练习，已经基本能够熟练讲解江姐纪念馆的内容，文稿内容 2500 字以上。小小讲解员表示，活动生动有趣，讲解员哥哥姐姐们的指导和带领让他们知道要热爱祖国、感激先烈。其他中小学研学夏令营活动也同样收获了老师们与同学们的肯定。

清明节，讲解队配合学校工作，为校领导与校研会的同学们开展了 2022 年清明祭英烈主题教育活动，一同缅怀革命先烈。

2021 年 10 月，四川大学新闻网报道了凤鸣志愿讲解队队员高亚秋为四川大学附属实验小学全校师生讲述江姐故事。同年，川大新闻网以"童声讲述初心 薪火代代传承"为题报道了"小小红色讲解员"开班仪式。2022 年 4 月，四川大学官网报道了四川大学 2022 年清明祭英烈主题教育活动在江姐纪念馆暨四川大学革命英烈事迹陈列馆举行。

八、四川大学图书馆志愿者队"浸润书香 阅见世界"阅读文化节

1. 项目源起

四川大学图书馆吸引着一批批爱书人驻足流连。四川大学图书馆拥有丰富的图书资源与教学资源，力争成为同学们的学习中心与交流中心。但随着时代的发展，师生阅读习惯发生了巨大改变，部分同学将图书馆单纯作为"自习室"，缺少更加有效的利用。志愿者队希望能够通过读书节的举办，呼吁同学们重新捧起书本，同学间互相交流读书经验，且能对图书馆的资源有更多的了解，充分利用图书馆各类资源，以拥有更多提升自我的途径。

2. 志愿服务团队

四川大学图书馆志愿者队是一个立足图书馆，专门为读者服务的志愿者团体，由学生自愿参与并在图书馆指导下进行活动。它成立于 2005 年 11 月，自成立之日起，即以"奉献·志愿"为宗旨，发扬志愿者的奉献精神，努力做到为图书馆工作人员分忧、为广大读者服务，在奉献中实现自我。

3. 服务对象

"浸润书香 阅见世界"四川大学图书馆志愿者队阅读文化节活动受益对象为四川大学全体师生读者，受益人数约 1000 人。活动目的是弘扬传统文化，营造热爱读书的氛围，响应国家倡导的"好读书，读好书，读书好"的号召，使同学们在大学期间养成良好的读书习惯，让同学们深入了解图书馆文库资源与图书馆手机端服务，促进优秀文化的传承与创新，提高素养，涤荡心灵。在一年一度图书馆志愿者队大型特色活动"阅读文化节"中，志愿者组织同学们互荐好书，分享读书心得，交流高效读书的方法，充分利用图书馆资源，为全校师生创造"人人爱读书，好书伴人人"的校园文化氛围。

4. 项目实施内容

读书节系列活动分别在上半年的 4 月和下半年的 11 月各开展一次，由图书馆志愿者队组织部同学发动创意收集、独立策划点子、预算经费，宣传部同学负责前期推送推广、中期现场拍摄、后期总结推文，活动开展期间由全体干部干事分时段值守。

在 2021—2022 学年，四川大学图书馆志愿者队举办了别开生面的阅读文化节，其中包含五项子活动："大运连连看""四季予你""运动之声""穿越时空的对话""论文零距离"。图书馆志愿者队在服务中将"服务"与"学习"相融合，致力于提升队员阅读素养，培养终身学习能力，引导大学生"多读书、好读书、读好书"，努力实现"读书、悟理、立德、树人"的知行合一，推动校园文化和良好的校风学风建设。

5. 项目实施成效

（1）实践成效。

四川大学图书馆志愿者队阅读文化节从 2006 年开始举办，自 2010 年开始每年春秋两季各举办一次，依托于四川大学图书馆的特色公共空间，向全体读者提供优质的阅读服务以及新颖有趣的阅读活动。每次活动大约持续一周时间，实际吸引参与人数可达 500 人，对阅读、图书馆、图书馆志愿者队均进行了有益的宣传。首先，阅读文化节活动寓教于乐，围绕阅读与书籍展开了一系列有趣且有益的活动，既符合读者的期望，又能起到推广阅读的教育性作用。其次，阅读文化节系列活动契合了图书馆的宣传周期，在全校范围内拥有较大影响力。活动拉近了读者与图书馆的距离，让图书馆的形象更加契合读者的心意；活动在无形中向读者们展示了图书馆内的特色空间；活动中融入了川大图书馆的历史，向读者们更加丰富与立体地展现了图书馆深厚的历史底蕴。最后，阅读文化节活动还向读者们展现了图书馆志愿者队的精神风貌。从前期的组织宣传，到进行中的统筹安排，再到结束后的总结回顾，无不展现着图书馆志愿者队无私的志愿奉献精神以及积极向上的团体风貌，这是对"完善自我，辐射他人"宗旨的最好践行。

（2）活动创新。

阅读文化推广宣传。借助川大图书馆的平台，四川大学图书馆志愿者队举办了多场阅读宣传系列活动。采用线上、线下相结合的形式，鼓励学生多渠道参与，活动的受众面十分广泛。例如，线下在图书馆一楼大厅设置活动现场，线上利用四川大学图书馆公众号平台设计简单题目引导同学们参与活动了解图书馆电子资源数据库以及红色资源库的使用。

活动推广体现多元化，讲座举办具有科普性。一方面，通过游戏、征集、展览等多种形式激发同学的兴趣；另一方面，通过开设"论文零距离"系列讲座，为同学们的学习生活提供有效帮助。达到了"参与度高、收获感满"的活动效果。

宣传红色经典。立足四川大学丰富的红色资源与四川大学图书馆的海量藏书资源进行项目的设计与开展，力求让同学们在活动的参与中阅读经典好书，感悟红色精神。

（3）社会影响。

系列特色活动体现四川大学图书馆志愿者队"完善自我，辐射他人"的志愿精神。既响应时代的号召，发掘红色资源，传递红色精神，又回应同学们的需求，为同学们更好地使用图书馆提供切实帮助。

提高图书馆读者的阅读收益。志愿者队通过兼具多样性、趣味性与实用性的阅读推广系列活动，让读者在阅读活动中感知阅读的乐趣，爱上阅读，使得全民阅读的号召在现实中践行。

推动社会文化发展。阅读本身就是一种普遍的文化现象，它从个人的精神建设层面长期地、潜移默化地影响着大众文化和社会文化，推动社会文化的发展，是当今社会不断进步发展的重要因素和重要动力。

九、"手机课堂，陪伴夕阳"志愿服务项目

1. 项目源起

随着信息技术的飞速发展，数字化、网络化成为阻碍老年群体生活和参与社会的关隘。由于信息技能水平不高、学习能力下降等因素，老年人无法充分享受数字化发展带来的便利。第七次全国人口普查公报的数据显示，我国60岁及以上的人口数量达到2.5亿，占全国人口的18.70%，老年人的信息化普及任重而道远。

随着老年人口持续增长及智能信息技术广泛应用，老年人在信息技术方面面临的"数字鸿沟"越来越大，帮助老年人跨越"数字鸿沟"和拥抱数字生活迫在眉睫。作为新时代建设的生力军——大学生对此义不容辞，因此，四川大学公共管理学院"朝阳"青年志愿者服务队策划并组织开展了"手机课堂，陪伴夕阳"志愿活动。

2. 志愿服务团队

"朝阳"青年志愿者服务队简介参见本书第四章。

3. 服务对象

本项目针对脱离数字化发展进程的老年人进行一系列智能手机使用教学活动，使得老年人在学习中获得陪伴，在生活中掌握智能手机部分功能，享受数字化便利；减轻其家人的教学压力，老年人通过智能手机方便与家人联系，缓解生活中的不便，使儿女安心，家人放心；让青年志愿者在与老年人的相处过程中提高沟通交流能力，获得自我价值实现的满足感，提高志愿服务能力水平。

4. 项目实施内容

本项目由"朝阳"青年志愿者服务队与社区合作，服务队负责在校内招募志愿者，社区负责提供场地、召集老年人参与其中。

在本项目中，志愿者会结合实际情况进行具体的知识讲授，教学内容有八大模块：防诈骗知识、智能手机的基础设置、使用微信、智慧出行、智慧医疗、视频拍照、防疫措施、手机购物。志愿者围绕以上板块进行具体的讲解，比如如何制作音乐相册，如何使用打车软件，如何使用手机收付款，等等。

在统一的讲解结束后，志愿者与老年人"一对一"结对，具体解答老年人在使用手机时遇到的一些问题或者在手机上给老年人演示一遍如何操作。同时，志愿者在与老年人的交流中，也能够给予老年人更多的关心与陪伴，助力老年人乐享数字新生活。

项目实施内容具有很大的创新性。本项目为老年人数字鸿沟背景下的志愿活动，具有很强的创新性。通过进入社区，开展帮助老年人适应现代电子技术的创新性活动，志愿者一对一帮助老年人学习微信、支付宝、电子乘车码等现代必备技能，并且进行相关智能手机软件教学，以更加生动通俗的方式让老年人适应这个电子时代。讲解时，志愿者注重提升与老年人的沟通效果，创新交流方式，从而拉近与老年人的心理距离，消除老年人的触网恐惧。志愿者与老年人面对面沟通，敬老爱老精神在一言一语间获得传承。

5. 项目实施成效

项目活动范围覆盖青羊区安康社区、青羊区成航社区、锦江区晨辉社区等多个社区，通过多次的细心教学，老年人对智能手机的使用逐渐熟悉，对一些较为复杂的拓展功能也有了初步了解。志愿者认真负责，温暖耐心，能针对性地解答老年人的疑惑，且有较好的应急应对能力。老年人对活动的评价较好，表示收获良多且确对生活有实际帮助，也有再参与手机课堂的意愿。志愿者帮助老年人跟上网络发展的步伐，老年人也享受到了信息化社会的便利。项目实施落地成效较高。除此之外，本项目也同多个社区达成合作，并在教学内容和方式方法上积极创新，提高项目发展可持续性。

科技虽是冰冷的,但人是有温度的。本项目从陪伴出发,响应国务院办公厅"要切实解决老年人运用智能技术困难"的呼吁,开展老年人信息化培训志愿活动,做好"数字化扫盲",以更多的人文关怀与善意,助力老年人融入智慧生活,帮助老年人理解数字化新表达、掌握智能手机基础功能以及培养基本的互联网防诈骗意识。消弭"数字鸿沟",青年在行动。手机课堂搭建起教学和沟通的平台,将青年人与老年人联系起来,不仅使老年人有了使用智能手机的学习时间,也给青年一代承担责任的机会,切实促进代际沟通,拉近代际关系,以青年之力帮助老年人解决运用智能技术的困难,显现了青年人的责任担当,弘扬了志愿者精神。本项目收获了较好成效,起到了带头示范作用,提高了老年人使用智能科技困难问题的社会关注度,呼吁更多社会力量加入"数字扫盲"的工作中,凝聚合力促进"数字鸿沟"的消弭。

十、"坝坝法庭"法治文化进社区系列活动

1. 项目源起

建设法治社区,弘扬宪法精神越来越成为基层普法的有效办法。"坝坝法庭"原本是巡回审判的一种形式,现在通过模拟法庭的形式,将庭审和判决从法院转移到社区"坝坝"上,可以让群众在家门口就能够"接近司法,感受公正"。

2. 志愿服务团队

"法之风"青年志愿者服务队(相关简介参见本书第四章)采用"坝坝法庭"的形式,打造出一项宣扬法治文化的经典活动。该活动面向成都市各社区居民,以模拟法庭的形式,打破传统的法治宣传模式,让民众近距离感受法庭、了解法庭,增强居民的法律意识和法治观念。

3. 服务对象

(1)居民。

"坝坝法庭"以人民群众喜闻乐见的贴近生活的方式,选取具有代表性的案例,通过模拟法庭的方式宣传法治知识,普及法律观念,让居民在实践中感受到法律的权威,遵法、守法、敬畏法律,树立正确的法治观,在充满乐趣的"法庭"中"接近司法,感受公正"。

(2) 社区和社会。

通过"坝坝法庭"活动来提升居民的法治意识和法律素养,使得遵法守法在整个社区蔚然成风,创造安全稳定的社会环境,营造良好社会治安环境。与此同时,进一步推动了和谐社会的建设,起到良好的宣传法律知识的效果。

(3) 志愿者。

通过与社区居民的接触,更加了解民众的生活与民情,提升与社区居民交往的能力,更好地为人民服务。志愿者通过亲身参与,将所学法学理论知识、基本司法技能等用于实践,从而提高其专业素养和综合能力。

4. 项目实施内容

"坝坝法庭"作为四川大学法学院"法之风"青年志愿者服务队宣扬法治文化的经典活动,是通过模拟"法庭"的形式开展的社区沉浸式普法活动。"坝坝法庭"依据法定程序宣布开庭,庭上控辩双方围绕争议举证、质证、展开法庭调查和辩论,尽量真实地还原法庭庭审的全过程。通过模拟法庭的审判,将案件抽丝剥茧,使真相逐渐浮出水面,以此达到审理一案、教育一片的良好效果。"坝坝法庭"将宣传普及法律知识与西南片区的风土人情相结合,寓教于乐,使社区居民在家门口就能"接近司法,感受公正"。

活动开始前,相关人员首先需要了解社区的基本情况,对接居民法治需求。随后,四川大学法学院法律援助服务中心会以此为基础编写模拟法庭剧本,招募志愿者,组织开展排练演习,与社区的工作人员保持密切联系,及时完善活动的具体细节。活动过程中,除了表演,还有活动介绍,法律知识案件讲解与答疑。活动结束后,相关人员会收集社区居民的反馈意见,针对具体问题完善活动方案。

"法之风"青年志愿者服务队已开展诸如赡养老人案件、校园霸凌案件等多次"坝坝法庭"活动,让民众近距离感受法庭、了解法庭,增强其法治观念,提高其法律意识。

5. 项目实施成效

"坝坝法庭"特色系列活动让居民在家门口感受司法的公平正义,为社区居民普及了《民法典》等保障日常生活的法律知识,增强社区居民的法律意识,提升居民知法、懂法、用法的能力,推进了民主与法治主题社区的建设。

"法之风"青年志愿者服务队联合福源社区开展校园霸凌"坝坝法庭"活动,帮助青少年树立关于校园霸凌的正确观念,倡导青少年在霸凌事件中利用法律武器保护自己和身边人。

"法之风"青年志愿者服务队前往五块石街道福源社区开展赡养老人案件"坝坝法庭"活动。针对社区居民关注的赡养老人案件进行模拟庭审,控辩双方围绕争议开展法庭调查和辩论,并作出了公正判决。这不仅增强了社区居民对赡养老人的义务的认识,还推动营造了倡孝扬善的社会氛围。

"法之风"青年志愿服务队联合友联社区开展交通安全普法活动,向社区居民普及日常生活中常见的交通法规。本次活动通过情景剧的特色方式生动有趣地再现了经典案例,从而加深了社区居民遵守交通法规的意识,也在该社区为川大法学院树立了良好的形象。

十一、华西口腔医学院博物馆科普讲解志愿服务项目

1. 项目源起

2017年,卫健委提出"三减三健"专项活动,"健康口腔"率先从全身健康的大背景下提炼出来。2019年,国务院发布《健康中国行动(2019—2030年)》,提出了包括口腔疾病预防在内的重大专项行动。党的二十大报告提出,推进健康中国建设,把保障人民生命健康放在优先发展的战略位置。我国在健康口腔事业推进中,需要更多实用有效的口腔健康公益服务方式来满足"健康中国"的发展需求。

随着国民经济水平的不断提升,人们对于口腔健康的追求不断上涨。第四次全国口腔健康流行病学调查显示,居民口腔健康知识知晓率仅为60.1%,受饮食结构改变等因素影响,我国儿童患龋情况呈上升趋势,约有96.7%的中年人受牙周疾病困扰。成都地区更是如此,特定年龄段的人群中需特殊预防和护理手段的口腔疾病更是高发。

2. 志愿服务团队

华西口腔医学院博物馆讲解队集萃优势资源,囊括百姓心声,依托中国口腔医学博物馆、华西口腔健康教育博物馆两座科普场馆,旨在通过开展口腔科普、医疗义诊、人文关怀、心理疏导等多方面的服务,满足不同口腔健康状态人群对于口腔科普及治疗帮助方面的需求,在提高人民群众口腔健康素养和口腔健康行为能力的同时缓解患者心理压力,为"健康中国"贡献华西口腔学子的力量和智慧。

3. 服务对象

本项目主要在社区、医院、学校、农村等多地针对有口腔保健需求的人群开展,志愿者700余人,与30多个社区展开合作,受益人群累计超过60000人,大致可分为以下三类:

针对口腔患病群体,开展以"微笑来敲门"关爱唇腭裂儿童为代表的人文关怀系列活动:面向唇腭裂患儿,志愿者通过游戏、协助医生开展语音训练、心理疏导与陪伴关怀,有效缓解患儿及其家属的心理负担;在牙周等特定科室连续开展宣教,减轻治疗前紧张、增强医患沟通、普及护理常识,多次得到省

市级媒体报道，得到家属、医院等各界人士一致好评。

针对口腔亚健康群体，开展以"微笑之风"口腔社区义诊为代表的诊断＋治疗系列活动：走进社区、学校、农村等，为其提供"家门口的口腔义诊"，并提供口腔保健咨询以及初步对症治疗服务（如对潜在龋患的儿童实施窝沟封闭）；深入口腔医院临床一线，开展导医导诊公益服务，一定程度上缓解"看病难"的问题。

针对口腔健康人群，开展"科普四进"预防科普宣教系列活动：发挥口腔健康教育博物馆作为省市级科普平台的优势，通过新媒体、科普作品创作及系列小实验等趣味形式，扩大宣教范围，力争让正确的口腔预防保健观念走进千家万户。

4. 项目实施内容

华西口腔医学院博物馆讲解队以"助力口腔知识科普，提高全民口腔保健能力"为宗旨，依托华西口腔医院学科优势，形成了"优服务、强能力、提素质"的工作特色，打造了具有口腔医学科普特色的四大志愿服务活动服务模式。

（1）公众博物馆参观活动。

接待参观群众是博物馆讲解队的核心工作，也是志愿服务最重要的内容。为做好讲解工作，在华西口腔医学院招募优秀的口腔专业学生担任兼职讲解员，保障博物馆日常接待讲解服务。

(2) 口腔保健主题大型活动。

讲解队充分利用重要时间节点，在博物馆日、儿童节、建党节以及爱牙日等，积极开展口腔健康宣教专题志愿服务活动。

(3) 科普交流活动。

结合四川省科技厅、成都市科技局、成都市科普联合会总体布置，开展科普主题活动日、科普剧大赛、科普讲解大赛、科普海报大赛、科普大讲堂五大主题活动。

(4) 校内科普活动。

承办新生入学研讨课的实践学习,提供新生基本的口腔医学知识和科普素养培训;举办面向四川大学师生、华西口腔医学院师生的活动。

5. 项目实施成效

（1）项目覆盖面广。

华西口腔医学院博物馆科普讲解志愿服务项目已开展 10 余年，项目覆盖社区 30 余个，学校 20 余所，以四川大学华西口腔医院为载体向外辐射，已构建一个机制成熟、辐射面广，为实现全民口腔健康的口腔公益实践生态圈，并不断吸收新志愿者，拓宽项目范围，提高项目成效。

（2）社会影响力大。

该项目获中国青年志愿项目服务大赛金奖，在全国大学生志愿服务社区示范项目"青春伴夕阳·全国高校陪伴实践大赛"中获得一等奖。儿童节、爱牙日系列活动、"微笑来敲门"唇腭裂儿童关爱行动等多次获得媒体报道。义诊和健康宣教已成为普及口腔知识的重要载体，赢得各界广泛赞誉。

（3）多方受益。

项目活动辅助医院工作，有助于改善医患关系。广覆盖的口腔预防宣教提升了全民口腔护理意识，提升了疾病"早发现，早诊断，早治疗"概率。积极拓宽馆外科普志愿活动，在四川省科技厅、成都市科技局的支持下，取得了出色的口腔医学科普工作成效。

十二、"解语花"藏族病患专属翻译就医陪同服务

1. 项目源起

经过问卷调查、当面采访等，一些学生了解到，前往华西医院就医的藏族患者因语言障碍，不能理解医嘱，就医过程浪费大量时间，急需藏汉翻译。

本项目的有效开展能够从根源上提高就医效率，同时培养藏族大学生的社会责任感，一定程度上有助于缓解医患矛盾，让藏族患者感受到国家和社会的关怀，有效促进民族团结。

2. 志愿服务团队

"解语花"志愿服务团队成立于2016年4月。"解语花"，顾名思义，善解人意的花。这个团队里的成员善良又真诚。随着西藏的发展和藏族群众生活水平的提高，越来越多的藏族同胞出藏就医。但由于藏汉语言不通，他们获得内地医疗信息受阻，就医过程也困难重重。于是，四川大学的几个藏族青年一起做了调研。益西卓玛列举了一组数据：每年约240万名藏族同胞出藏求医，求医地点主要集中在云贵川地区，特别是华西医院的所在地四川成都。几个青年人一拍即合，创立了这个定位精准又温暖的志愿服务团队。如今，"解语花"志愿服务队已扩展到800余人，成员除了川大在校藏族大学生，还招募了西南民族大学、西南交通大学、电子科技大学、成都体育学院、成都信息工程大学等高校的藏族学生，集合了蓉城几乎所有高校的力量。这帮年轻人服务的医院也从最初的华西医院，扩展到成都多家医院。

3. 服务对象

本项目的受益对象为前来就诊的藏族患者。目前已有志愿者数百人，已为藏族患者提供就诊陪同翻译达2万人次，患者满意度较高，得到了充分认可。同时，项目自实施以来，得到了社会各界和试点医院的大力支持，产生了良好影响。

4. 项目实施内容

"解语花"项目重点关注异地就医藏族患者。这是一个医疗语言类志愿服务项目，当时无同类项目，"解语花"的出现填补了四川此类公益活动的空白。志愿者为患者雪中送炭，提供就医陪同及翻译服务，解决语言障碍问题，给予

更多人文关怀。项目免费提供陪同翻译服务,为藏族患者提供从挂号服务、医嘱翻译到入院手续办理、生活语言服务的立体服务,不仅能为藏族患者解决就医问题,而且为民族、民生、医疗问题的改善提供了新途径、新方法、新思路。

目前,"解语花"已发展成集线上健康平台和线下就医陪同两大板块于一体的志愿服务项目。其中,线上健康平台有志愿者团队专门建立的微信公众号和微信群,提供各医院挂号信息查询、就医流程展示、健康卫生科普等医疗相关信息。这些信息都被志愿者细心翻译成藏汉双语,方便藏族患者理解。还在线上提供陪同就医的预约服务,考虑到藏语中也存在地方口音,志愿者队伍还根据区域分成了不同的小组,有针对性地提供服务。在线下就医陪同服务中,志愿者会陪同患者和家属一起就诊,从入院挂号开始,协助办理在医院就医过程中的大小问题。在患者与医生沟通过程中,志愿者又当起了翻译,帮助患者准确表达病情,并将医生的诊断和建议传达给患者。

5. 项目实施成效

项目实施以来，帮助了3万余名来华西医院求医的藏族患者，大量志愿者也与他们的服务对象建立了深厚的友谊。项目极大程度地提高了藏族患者就医效率，从而使更多藏族群众遇到疑难杂症时可以不再因沟通顾虑而拒绝到现代医疗机构就诊，使藏族患者"看病难"这一事关民生的难题得到一定的改善。有效解决了藏族患者的异地就医语言障碍问题，让更多的藏族患者来华西就诊时更方便，提高就医效率，一定程度上缓解了医患矛盾，同时吸引更多藏族学生加入进来，使身在异乡的藏族患者能感受到温暖、人文关怀，充分享受到国家进步和医疗发展所带来的改变，得到更多藏族胞的认可，获得更多社会组织关注，培养大学生社会责任感和民族认同感，促进藏汉文化交流、各民族团结和谐，促进我国全民健康战略的落实。从时间的横向维度来看，项目计划于华西医院开始试点运营；在做好华西志愿服务的基础上，加强服务针对性，提升本志愿服务项目在市场的知名度。

十三、"立信·明远"结对互助计划

1. 项目源起

为落实党和国家关于资助育人的工作要求，2016年10月，面对脱贫攻坚阶段的新形势、新任务及教育改革的新方向，为落实精准资助及资助育人理念，资助中心创新性地开展"立信·明远"起航计划，面向全校招募志愿者，与186名建档贫困家庭学生进行一对一互助小组结对。自此，"立信·明远"起航计划正式启动。

2017—2018年度，项目志愿者通过书信形式为来自贫困家庭的新生进行生活、学习等方面的经验指导。在实际工作中，团队发觉普遍的大学生也身陷没目标少规划、无经验走弯路、想自学不自律的困境，承受着心理压力，难获得长足发展。项目为此将服务对象扩展至全体本科生，为他们寻找"亦师亦友"的成长伙伴。

2018—2022这几年的发展过程中，"立信·明远"计划的惠及人群不断扩大，纳入了少数民族学生，志愿者人群也覆盖了从大二至博士。至今项目已演变为培养学生"自我教育、自我管理、自我服务"意识的朋辈互助型志愿项目。

2. 志愿服务团队

本团队成立的目的是搭建以学生需求为导向的、融"共助、共享、共进"为一体的长期性、精准性结对互助平台。以"一对一结对帮扶"的形式，为在专业学习、科研竞赛、生涯规划等方面有困难的同学匹配具有相应能力的志愿者；构建"1+n+n"服务活动体系；以阶段性量化考核形式开展结对活动监督。

3. 服务对象

（1）结对同学。

由少数民族学生、预科班学生以及家庭经济困难学生，各学院挂科甚至学业预警的同学以及有强烈提升自己意愿的同学组成。收获如下：

综合素质全面提升。结对同学挂科率降低、学业成绩提高；获取竞赛技巧，积累科研经验，明晰生涯规划，完善综合实力。

朋辈关系纵深发展。在与"亦师亦友"的成长导师的交流中,其学业及生活压力得到缓解,营造民族融合、互帮互助的成长氛围。

志愿精神深入内心。结对同学受助后有感于志愿者无私分享、真诚帮助的精神,转换为志愿者的身份再次加入本项目,传递经验、传承精神、分享善意。

(2)志愿者。

志愿者多为四川大学在读学生中的各类奖学金获得者,以及在学术研究、学科竞赛、学生活动或社会实践等方面表现突出者。收获如下:

丰富经历,彰显精神。丰富了志愿服务经历,在获得志愿时长、优秀志愿者证书等荣誉的同时,树立了高素质、有品德的志愿者榜样形象。

助人助己,同步成长。项目为志愿者提供经验输出和交流互动的平台,志愿者与结对同学相互学习,相互促进,彼此陪伴,共同成长。

和合而立,自我实现。依托"国奖俱乐部",增加志愿者之间的经验交流机会,拓宽志愿者的跨学科合作渠道,以资源共享促使共同进步。

4. 项目实施内容

本项目自 2016 年 9 月运营至今,持续开展长期性服务,以一学期为单位,筹划开展了十几期结对计划。

结对小组数量从每学期不足 30 对增加至上百对,累计服务 1300 余名同学。自 2019 年起将全部少数民族预科班纳入帮扶对象,以各学院辅导员为媒介,搭建与部分学院的对接平台,成为学院与学院、学院与学校的转接协调中心。

服务对象给予的反馈良好。以电气工程学院为例,2020—2021 年春季学期共结对成功 173 对,圆满完成结对任务的有 108 对,年级的加权平均分从 2016 年的低于 80 分提高到 2020 年的 85.3 分,其中加权平均分最低的专业提升了 1.53 分,最高的专业提升了 3.9 分,补考率下降了 1.65%。以 5 分为满分,通过问卷发放征集服务对象的满意度为 3 分以上。同时筹划组也依托青年课题组向结对同学和志愿者发放了满意度调查问卷,得分均在 3.5 分以上。

5. 项目实施成效

"立信·明远"结对计划为四川大学唯一的长期性朋辈互助志愿服务项目,目前已获得 2 项省级荣誉与 3 项校级荣誉,全国学生资助管理中心、四川大学学生资助中心、四川大学报等多家权威媒体对项目进行了报道。

"立信·明远"结对计划在资助中坚持育人，在育人中创新资助，是新时代高校资助体系的示范者与引领者，同时也是高校朋辈教育的先行者。项目凭借优质精准的服务内容、全面完善的管理制度及精益求精的服务效果，获得学生、学院、学校乃至省团委部门的高度认可。在本项目倡导下，各学院认识到朋辈互助的作用与意义，并与项目团队建立合作，共同开展结对帮扶工作。

项目开展至今，累计向千余名少数民族和家庭经济困难学生传递了国家和学校的关心与爱护，助力民族团结与繁荣发展。同时也向四川大学的3000余名学子传递了"共助、共享、共进"的合作共赢理念，有助于高校立德树人的教育工作。

十四、良师"医"友——全民医学科普志愿服务项目

1. 项目源起

《"十四五"国民健康规划》针对当下大众更高、更多元化的健康需求，提出以"公共卫生服务能力显著增强"为目标。就医学科普教育而言，据统计，我国有33.6%的城镇居民不掌握任何一种急救方式，40.1%的医疗卫生从业人员表示应当加强医学科普教育。总体来看，医学科普教育仍存在范围窄、时效短、沟通难等问题。本项目希望通过医学生志愿者，以青年创新视角切入，优化科普形式与内容，增进医民沟通，落实医学科普社会效益。社会教育方面，当前社会基层医疗需求量大，67.3%的学校没有覆盖真人实操急救课程。

目前存在服务民众的医学生志愿项目较少、医学生与服务对象间缺少有效沟通媒介、质量不良的营销号传导错误的医学知识和伦理规范等问题。而具有医学背景的志愿者在社区、学校等场景的服务过程中能够完成更特殊、专业的任务，具有不可替代性。本项目通过有效规范的培训和合理科学的组织让更多医学生走出高校，学以致用，为民服务。医患交流方面，65％的患者表示就医时与医生交流过少或交流困难。针对医患之间信息沟通困难的问题，本项目积极开展了各项医疗常识科普类活动，加深医生与大众的联系，以全民健康为导向，为健康中国事业添砖加瓦。

2. 服务对象

本项目涵盖多方面人群，与多个社区、学校、医院建立长期合作关系，如蜀星社区、南虹村社区、成都七中林荫校区、成都中医药大学、华西医院、华西附二院等。在每次志愿科普活动之后，通过二维码填写问卷的形式收集受益对象在活动中的收获与体会。通过活动前细致的调研，了解受益对象的真实需求，以此来丰富培训内容。在举办的各类急救培训活动中，帮助人们了解遇到突发情况的处理流程，掌握正确的心肺复苏方法。在"急救守护，童心飞扬"急救培训活动中，幼儿园的老师们也走出了以往处理幼儿紧急情况时的误区，学习了正确的急救处理方法。在举办的女性健康相关科普讲座中，提升了同学们对女性健康的认识，使同学们了解 HPV 疫苗的相关信息以及预约渠道，帮助女同学了解月经，减轻月经带来的精神压力，有助于女同学正确处理痛经，防范多种妇科疾病。

3. 项目实施内容

项目主要分为四大版块：华西名医小讲堂系列医学科普讲座活动，健康科普宣传系列志愿活动，急救技能培训系列志愿活动，居民血压监测健康关怀系列志愿活动。

华西名医小讲堂系列医学科普讲座活动与健康科普宣传系列志愿活动包括开展讲座或第二课堂普及医学知识，如每个月难以承受之痛——浅谈"痛经"与女性健康讲座；"由杜蕾斯广告谈避孕那些事儿"——避孕知识科普讲座；院内感染创意宣传大赛；老有所养，老有所"医"——老年医学科普作品校内征集活动等。

急救技能培训系列志愿活动包括成都七中林荫校区及成都中医药大学急救技能培训、华西急诊科技能培训、导医志愿者培训等，志愿者走进成都市部分中小学和高校开展志愿活动。

居民血压监测健康关怀系列志愿活动包括蜀星社区居民血压监测活动和簧门社区健康状况监测、南虹村社区爱心冰箱活动等。长期开展华西医院门诊和附二院门诊的陪同就诊服务等。

项目各系列活动相互关联，且具有较强的专业性、目的性、可操作性、实用性及可推广性，参与志愿者人数多，受众群体广泛，受到服务对象的一致好评，真正做到了服务大众并在群众和媒体中产生一定的影响。

4. 项目实施成效

项目开展井然有序、有条不紊，随着活动的开展，志愿者培训与监督制度也在不断完善。

全民医学科普志愿服务项目累计活动次数达112次，招募培训志愿者达1409人，受益对象累计10000余人，累计志愿时长达3487.5小时。

2022年7月27日，本项目获武侯共青团公众号官方报道。

项目在为学生、景区管理者等社会人群教授急救知识，提高急救技能社会普及度的同时，也充分发挥了医学生的专业优势，将健康知识传播给大众。志愿者在社区进行血压监测及健康宣教，增强了社区留居老人的自我健康管理意识；通过在幼儿园、景区等社会场所进行急救知识科普，降低了以上社会场所发生各类紧急情况的潜在风险，提高了上述场所工作人员的紧急情况处置能力，推进了急救知识、急救技能的普及。

十五、"青橄榄"环保课堂志愿服务项目

1. 项目源起

改革开放以来,在党和政府的高度重视下,我国的环境保护事业从无到有,从小到大,发展迅速。经过不懈努力,环境法制建设进一步完善,生态环境保护建设得到加强,环境保护事业快速发展。随着中国逐渐迈向现代化强

国，党和国家一直对环保事业给予高度重视。

环保教育作为环保事业发展中极其重要的一环，是环保事业长远发展的重要保障。中小学生尚未形成较为完善的环保观念和环保意识，需要给予恰当的引导。而部分学校在教育过程中忽视了环保教育的重要性，未能尽早培养学生良好的环保意识，于学生的成长和环保事业的发展都有不利影响，本项目的设计即为了促进中小学生形成环保意识。

2. 志愿服务团队

1997年末，四川大学环保志愿者协会设立了小学生环境教育部，专门负责在小学生中开展环保游戏等活动。此后，四川大学环保志愿者协会环保教育组不断发展壮大，成为宣传环保教育的主力军。

3. 服务对象

服务对象为四川大学附属实验小学三年级学生，受益人数约400人。

小学生学习能力强，对世界充满好奇心，对环保知识兴趣度、接受度较高。三年级小学生处于世界观、价值观形成的重要时期，相比于一、二年级学生有着更强的理解能力和相对较高的认识水平，比四、五、六年级学生有着更小的课业压力和较宽裕的时间，处于培养环保观念的重要时期。

4. 项目实施内容

"青橄榄"环保课堂志愿服务项目通过丰富多彩的环保课堂形式，结合时事热点，围绕环保主题，选取较有趣味性的题材，如太空垃圾、生物多样性等，吸引小学生的兴趣；通过课堂与手工相结合的方式，让小朋友们了解到实用且有趣的环保知识，并能与实际生活相结合，进而促进小朋友们在日常生活中进行旧物回收利用、节能减排等，帮助小朋友们养成环保习惯，树立正确的环保观念。同时，本项目也有利于锻炼大学生志愿者的沟通表达能力，加强大朋友和小朋友之间的交流，促进环保知识的传递和分享。

5. 项目实施成效

四川大学环保志愿者协会志愿者把世界银行专家送的香港小学生环境教育教材中的活动做适当调整后，带给孩子们。志愿者还专门翻译了一本为孩子设计的《认识酸雨》系列活动手册，在川大附小、龙江路小学、棕北小学、玉林小学和明德传统文化学校等开展的"滴水成河"小实验等活动，深受孩子们欢迎。之后的几年里，环保教育工作一直在进行，如：1998年5月，四川大学环保志愿者协会组织武侯区中小学科技活动小组参观三瓦窑污水处理厂，并分别在府南河的上游、市内段及污水处理厂采集、比较水样；1999年5月，协同武侯区教委，带领区内10所中小学的学生，分组在辖区内的生活小区测量绿地、清洁卫生等，并通过孩子们的行动来感染群众；1999年10月，在成都市大邑县教委的协助下，到大邑县滨江小学开展了多样的环境教育活动；2000年4月，到成都SOS儿童村开展活动。目前，由于每届社团情况都有所不同，环保教育的地点、对象等都有所改变，当下四川大学环保志愿者协会的环保教育活动主要集中在川大附小举办，每年4次，每次组织16名志愿者前往，服务对象为川大附小三年级的全体同学，每次活动都得到了校方的高度评价，孩子们非常喜爱。

本项目兼顾了小学生群体和环保知识教育，既有知识传授，增加小学生课外生活的趣味性，又能宣传环保知识，为环保事业做贡献。相比于传统志愿活动，本活动立足于未来，通过环保教育，从下一代着手，培养他们的环保意识，是具有创新和时代意义的志愿项目。

本项目通过环保课堂形式，教授对小学生来说易懂、易于接受的知识，并普及环保意识。此外，课堂还和当前时事热点、重大事件相联系，培养小学生关注时事和国际关系的意识。

本项目以课堂教学为主要方式，辅以手工、剪纸、折纸、小游戏等多种方式，创新服务方式。

本项目可以促进大学生志愿服务能力建设，通过言传身教传递环保理念，提升中小学生的环保理念，有助于营造良好的环保风气，促进建成环境友好型、资源节约型社会。同时，本项目获得了多种奖项，具有较广的社会影响力。如：获得了地球奖（1997年由环保部直属的中国环境新闻工作者协会和香港"地球之友"共同设立的民间环境保护奖项）、第六届福特汽车环保奖（由世界领先的汽车企业——福特汽车公司举办，是世界上规模最大的环保奖评比活动之一）、阿克苏诺贝尔大学生社会公益奖银奖以及四川省首届高校志愿服务项目大赛银奖等。总的来说，本项目在不同方面以不同方式影响着环保教育与社会环保理念，具有持续的正向社会影响。

高校学生志愿服务融入社会治理的逻辑与路径
——以四川大学为例

第五章 / 四川大学学生志愿参与社会治理的典型案例分析

十六、飞扬俱乐部免费 IT 服务助力师生成长项目

1. 项目源起

随着高等教育覆盖人群的扩大、覆盖范围的提升,"无纸化"学习需求扩大,电脑已经成为师生的生活必需品,电脑出现难以解决的故障容易对师生日常学习工作生活造成影响与损失。基于此,为广大师生提供免费的电脑维修服务、电脑使用咨询服务,为川大师生提供最好的电脑动态信息和计算机相关专业的交流平台,及时解决师生电脑使用的后顾之忧,创造更加高效便捷的校园学习与生活环境,彰显"服务川大,创新实践"的社团宗旨,四川大学飞扬俱乐部一直在行动。

2. 志愿服务团队

四川大学飞扬俱乐部创建于 2003 年 9 月(简介参见本书第四章),自成立以来,每月一次的大型维修活动作为飞扬俱乐部的主要公益活动之一,在四川大学江安校区、望江校区、华西校区定期开展。目前,该活动已成为集拆机清洁、故障维修、重装系统、安装软件等服务于一身的大型校园公益活动,同时也是俱乐部干事了解并熟悉各自的本职工作、锻炼自身技术能力的培养平台。

3. 服务对象

大修活动面向四川大学全体师生,利用周末的闲暇时间,以摆摊的方式进行电脑维修活动与电脑使用、安装等方面的专业咨询服务,同时在电脑前沿资讯、计算机相关专业交流方面为川大师生提供平台。

4. 项目实施内容

活动当天早上七点左右,俱乐部部分成员至各学生活动室搬运维修活动所需物资,并乘坐校车到达望江校区,在望江校区预计地点旁完成摊位搭建与物资摆放。

维修活动于九点整正式开始。活动执行人员分为前台工作人员、后台登记员、技术员、取机员四组。前台工作人员负责为来到摊位的同学和老师们进行电脑硬件或软件方面的答疑解惑,接待需要维修的电脑并做好相关的记录,包括维修单的填写、给待修电脑贴标签、标记序号等。前台工作人员给待修电脑

做好记录后将其转交给后台负责存放电脑的工作人员并进行登记，提醒技术员来此处领取待修的电脑。技术员领取待修的电脑、登记并填写维修单，之后对电脑进行维修，修好电脑后转交至取机员处。取机员负责给机主发送领取短信，把电脑交还给机主，同时提醒其签收维修单。

活动当天下午四点停止接机，前台工作人员告知师生停止接机并发布相关信息，所有技术员完成维修工作。最后一班工作人员同时负责场地还原工作，包含收拾物资、场地，清点是否有遗留物品等，之后乘坐校车返回江安校区。

5. 项目实施成效

本活动不仅是飞扬俱乐部目前影响力最大、历史最悠久的大型公益活动，更是川大公益性活动领域里的一面旗帜。据统计，本活动自首次举办至今已为川大师生现场维修电脑一万余台，更有十万余名师生从中得到关于电脑方面的帮助与建议。

望江大修作为飞扬俱乐部服务川大师生的重要活动之一，其主要社会影响集中在校内服务及科普方面。维修活动解决了大量川大师生电脑安装、使用等过程中面临的技术问题，同时在电脑知识普及方面收获颇丰。在维修过程中，飞扬俱乐部不仅通过精确严谨的维修技术以及对使用者的合理指导延长了师生的电脑寿命，还教会了有电脑硬件更换需求的师生如何妥善处理淘汰掉的旧零件，从电脑废弃零件产生源头以及流通过程入手，通过知识普及在环境保护方面做出了贡献。

在社团能力建设上，大型维修活动培养了新一批俱乐部技术与管理骨干，提升了俱乐部知名度。俱乐部品牌活动举办地由江安校区转移至望江校区，面临着物资搬运、人员接送、活动成本与活动审核等方面的全新挑战，对活动举办质量与效率提出了更高要求。活动的举办既使社团活动执行人员的技术能力、管理能力得到充分锻炼，也让飞扬俱乐部的口碑随着服务范围的扩大而传得更远。

在公益精神传播上，本次活动通过解决师生电脑使用与维护中的现实问题、普及科技知识，发扬了学生社团的公益精神，体现了川大学子的创新精神与服务精神。在一次次活动的举行当中，飞扬俱乐部成员用实际行动努力践行公益精神，在实践中求真知，同时不断向川大全体师生传播着公益理念，以实际行动号召大家关注公益活动、热爱公益。越来越多的同学通过维修活动了解并加入公益活动，正是公益精神传播的最好证明。

十七、"每天运动1小时"保障师生健康活动

1. 项目源起

第31届世界大学生夏季运动会执行委员会发布《关于印发〈"爱成都 迎大运"大运场景推广活动方案〉的通知》,要求各高校推动大运会氛围融入学校场景,广泛动员学生积极参与大运会、加快"爱成都 迎大运"学校场景打造,进一步营造人人参与的浓厚氛围。为深入贯彻通知精神,四川大学体育学院积极开展"爱成都 迎大运"学校场景推广活动,加快推动大运场景进校园,发动学生参与,掀起校园大运新热潮,传递体育精神、共绘美好大运蓝图,进一步展现四川大学学生青春活力,为"赛事名城"建设增光添彩。

四川大学体育学院青年志愿者服务队充分利用川大作为赛事场馆地之一的体育资源,以大运会为契机,面向全校师生组织开展"每天运动1小时"有氧健身操体育活动,提高师生运动兴趣,养成师生科学良好锻炼习惯,营造校园和谐、积极运动氛围,打造"爱成都 迎大运"的学校场景。

2. 志愿服务团队

四川大学体育学院青年志愿者服务队依托四川大学体育学院体育科学研究的丰富学术成果、强大师资力量、一流体育教育资源,坚持学院教育与科研互动的理念，秉持志愿者"奉献、友爱、互助、进步"的精神，将体育理论学习、体育技术实践、体育科研与管理相结合，每学年均组织或承办多次校、院级体育赛事，同学院、学校各级组织合作开展面向校内师生丰富多彩的体育锻炼、体育艺术、体育文化活动，具有丰富的赛事承办与志愿服务经验，团队自身也在一次次大型活动历练中弘扬体育精神、提升成员体育能力水平，使得学院成员拥有在实践中学习体育艺术与体育管理理论的科学平台。

3. 服务对象

"每天运动1小时"以全校师生为基础活动对象，实际参加活动的人群包含了望江、江安、华西三校区的教师、学生、职工及附属学校的小朋友们，活动服务对象由原来的大学师生群体扩展至职工、附属学校学生及家属等，在活动影响力不断扩大的同时，也对活动高质量开展提出了新要求。面对服务对象年龄段扩张的状况，四川大学体育学院青年志愿者服务队在原有训练动作设计与训练计划上进行动作改进、计划调整，体现了对各年龄段参与对象的锻炼关怀，成功完成对其锻炼的高效倡导与科学指导服务任务。

4. 项目实施内容

本活动以大学生夏季运动会举办为背景，在其来临之际，开展"每天运动1小时"活动，带领全校师生进行体育锻炼，营造校园和谐、积极的运动氛围，提升四川大学师生大运会参与积极性与关注度，助力成都"赛事名城"建设。

"每天运动1小时"以全校师生为活动对象，以"有氧健身操"为锻炼方式，旨在开展一系列带领川大师生走出寝室、走向户外的体育锻炼活动，提升其锻炼积极性；同时为其提供正确、安全、高效的运动指导，从而营造浓厚的校园课外体育锻炼氛围。有氧健身操在动作设计上融合了大众健身操、舞蹈、太极等体育元素，动作更加多元化，尽量满足师生身体多层次、全方位的锻炼需求；在音乐选择上，结合当下流行音乐元素，呈现节奏欢快、紧跟时代艺术潮流的特点，提升师生锻炼积极性。此外，活动开展期间每周会结合师生锻炼具体情况与已制定训练计划，适当更换锻炼动作，保证运动新颖性与师生参与积极性。

目前，活动参与人群与活动开展地点均已实现三校区全覆盖。活动每周共开展5次、每次1小时，其中周一、周三在江安校区，周二、周四在望江校区，周五在华西校区。

在该活动开展的同时,四川大学体育学院青年志愿者服务队与四川大学体质测试部门及四川大学干部培训基地进行公益合作,为毕业年级体测困难学生提供专业指导,为干部培训基地的学员提供体育锻炼指导。暑假期间,志愿服务队组织开展了"暑假马甲线训练营"线上打卡活动,通过"线下教学+线上监督指导"的活动形式,倡导川大师生在暑假期间继续保持运动,养成锻炼的习惯。

5. 项目实施成效

参加"每天运动 1 小时"活动,一方面可达到强身健体的效果,另一方面可帮助大家养成体育锻炼的习惯和健康的意识。对于志愿者服务队的同学来说,志愿服务活动可帮助其提升教学能力,积累实践经验。

在宣传推广上,活动依托四川大学体育学院的教师资源优势,教练团队不断扩充、活动内容及形式得到科学及不间断优化、参与活跃人群数量不断提升、影响力随影响人群扩大而增长。活动开办期间共组织了"每天运动 1 小时""暑假马甲线训练营""本科生体质水平提升指导""运动正青春——动感时刻课外体育锻炼"四个项目,共开展线下活动44场,活动累计报名人数1766人,累计参与人数超过5000人。活动已被四川大学官方抖音、微博、公众号及体育学院官方公众号多次推送,成功与校团委合作开展,升级为全校师生参与的课外体育锻炼活动。在校外,本活动已成功报名四川省体育局主办的"群众体育引领员进高校"活动,并得到推广。

十八、四川大学"泰迪熊医生医路童行"关爱儿童健康志愿服务项目

1. 项目源起

卫健委近年来发布了《健康儿童行动提升计划(2021—2025年)》等文件,但社会目前对于儿童的就医以及健康生活等相关健康知识教育的关注度还不够高,儿童健康教育的形式较单一乏味,难以兼顾科学性和儿童理解力。而角色扮演游戏能帮助儿童代入就医情景,学会描述症状以及就医流程,便于家长、老师了解儿童的异常,及时就医与处理;更重要的是,寓教于乐的长期健康知识科普课堂能够帮助儿童建立健康与生命意识,可以帮助他们养成正确刷牙、勤洗手、均衡饮食等良好的生活习惯。

2. 志愿服务团队

本项目的核心志愿者由来自华西临床、华西公共卫生等华西五院学生组成的医学生团队和来自华西医院、华西附二院、华西公卫学院老师组成的专家团队,合计170余人,每次活动组织35名志愿者。

3. 服务对象

该项目的受益对象主要为3~7岁的学龄前儿童,他们主要的特点包括健康知识缺乏、健康意识薄弱、害怕医院、恐惧就医;好奇心强、能很快接受新事物,但专注力差、注意力容易分散。项目开展前,项目组对成都市第六幼儿园、华西幼儿园、彼安吉幼儿园等幼儿园的儿童、家长及教师进行了问卷调查,了解儿童对医院的认知水平、就医态度、卫生保健知识了解程度等。调查发现:儿童普遍存在就医恐惧,健康认知水平不够,家长及老师对儿童健康教育有较高需求,但常难以找到合适的方式,希望获得专业的指导。项目开展以来,已经服务近3000名小朋友,并且以往的活动问卷调查数据显示,超90%的小朋友喜欢此类趣味性的健康教育活动;活动后小朋友的就医恐惧程度明显

下降，主观分值下降超 40%，增进了小朋友对医疗场所的认识，缓解了儿童就医恐惧心理，提高了卫生认知水平。同时，开展针对小朋友的健康知识以及性教育宣讲，提高了小朋友相应方面认知水平。对比活动前健康知识预调查问卷，活动后小测试显示孩子们对这些健康知识的掌握程度提高了约 50%，正确率超过了 75%。

4. 项目实施内容

本项目主要针对幼儿园小朋友进行一种体验式的活动——"泰迪熊医院"。由小朋友担任自己玩偶的"家长"，带玩偶就医，医学生志愿者扮演各个科室的医生，以有趣的形式使小朋友们熟悉医疗环境和诊疗过程，克服对医院、医生的恐惧心理，学习如何感知和描述自己的身体变化。针对三种不同年龄段的小朋友分别设计了卫生保健、性教育等五种趣味长期课程。形成了儿童健康教育认知数据库，相适应地制作了儿童青少年的健康教育读本和资源包。

5. 项目实施成效

已开展八个短期项目，涵盖了八所幼儿园，并在两所幼儿园形成定点长期项目，与十余所幼儿园达成合作。同时，还与若干社区进行了联系沟通，未来将逐步在这些场所开展更多活动和更长期的项目。项目开展以来，受到幼儿园小朋友的喜爱、老师和家长的欢迎。通过每次活动后的满意度调查问卷发现，超90%的小朋友喜欢此类活动，超80%的家长与老师表示满意，超60%的家长、幼儿园老师愿意将这样的活动推荐给他人。基本达成缓解参与活动的儿童对医院与就医的恐惧心理、帮助小朋友们了解医院与就医过程的目标。项目总结形成了儿童健康教育认知数据库，制作了儿童青少年的健康教育读本、课程资料和项目的开展资源包，向近十所幼儿园的老师以及其他五所医学院校的志愿团队进行推广并得到了众多媒体的关注与宣传。

十九、"五彩石——孩子稳定的心灵陪伴"志愿服务项目

1. 项目源起

受制于我国区域发展不平衡的现状，目前西南地区仍存在大批留守儿童。由于家长文化水平不高，缺乏正确的引导和有效的沟通等，留守儿童出现了不同程度的文化教育和心理成长问题，稍有不慎便会导致极端事件的发生。因此，关注留守儿童的心理健康迫在眉睫。

2. 志愿服务团队

"五彩石"志愿团创建于汶川特大地震发生后。它是在灾害事件发生后，以心理和文化重建为目标，从爱心出发，发扬"同舟共济，互相支撑，共渡难关"的精神，助人自助的一个公益团队（团队简介参见本书第四章）。

3. 服务对象

"五彩石——孩子稳定的心灵陪伴"志愿服务项目于 2008 年由四川大学"五彩石"志愿团发起，是一个在党团领导、心理学教授督导下稳定开展的大学生志愿者和中小学生一对一结对的作文批改和书信交流特色项目。以叙事心理学为理论指导，"五彩石"项目创新性地用邮寄形式搭建起志愿者和孩子们之间的桥梁，通过学校支持与督察、老师指导、学生自主创新管理的方式，形成了 "$1+x$" 的高效管理机制，以完善的退出机制保证项目的正常开展。"五彩石"活动高效易行，依据社会需求成功转型并坚持至今，用 40 多万篇书信和作文改变了 2 万余名志愿者和学生，具有可复制、可普及、可持续的特点，获得了许多荣誉与肯定。"五彩石"将始终行走在志愿服务的道路上，根据不同对象需求，依托互联网进行创新和升级，因地因时制宜开展活动。

4. 项目实施内容

"五彩石——孩子稳定的心灵陪伴"项目开始于 2008 年汶川大地震后，由四川大学"五彩石"志愿团发起，是一个在党团领导、心理学教授督导下，集心理调节、知识和素质教育、文化建设为一体的志愿活动。该项目以心理建设为主，旨在关爱在生命成长过程中迫切需要帮助的孩子，如留守儿童、进城务工人员子女、老少边穷地区儿童等。通过大学生志愿者和中小学生一对一结对的方式，进行作文批改、书信交流、学习辅导等活动，搭建起大学生志愿者与中小学生沟通的桥梁，以此来提高学生的作文水平，激发其学习兴趣和学习动力，营造多维度的学习氛围，实现一对一的长期陪伴和心理帮扶，以实现"爱心互动，相互支撑，共同成长"的目标。十几年来，"五彩石"结对学校累计 30 余所，每学期约 16 所，结对学生 11822 名，志愿者 11119 名，两周开展一次结对活动。

5. 项目实施成效

（1）实践成果。

"五彩石"志愿项目不只是简简单单改作文和写信，大学生志愿者和结对学生之间用笔墨分享，重构心理故事，双方受益。

对结对学生而言，"五彩石"项目让他们的内心不再封闭，心理更加健康，对世界有了更多的期待，有了更强的生活动力，使得他们德智体美全面发展。

例如，人皆有爱美之心，但 M 中学长得很漂亮的小霞同学却出现了自残行为。老师、家长发现之后，无论怎样询问，她都不愿说出原因。小霞更信任与她结对的志愿者，她在信中这样写道："我长得很漂亮，但为什么班上的同学都不喜欢我呢？我不停地割伤自己，还是找不到答案……"收到信，志愿者立即将情况上报给志愿者管理团队，志愿团第一时间向指导老师寻求帮助，在专业的指导下与小霞继续交流。同时，指导老师也与小霞的老师和家长沟通，给出专业建议，缓解了小霞的心理问题。

Q 同学的父亲在 Q 幼年时去世，Q 与母亲相依为命，他在来信中多次表现出自己心理比较脆弱，并说自己爱哭。通过与志愿者两年的书信交流，他很少"哭鼻子"了，还有意识地保护起母亲来，变得更坚强。

S 同学是留守儿童，和爷爷奶奶一起生活，内心很敏感，经常感到焦虑，又没人可倾诉。他把内心的小秘密写给了志愿者，在交流的过程中，心理问题慢慢得到疏解。

不仅如此,"五彩石"也为志愿者带来了成长。四川大学计算机专业的J同学曾经对学习、生活、社交等都提不起兴致,每天只喜欢在寝室里玩电子游戏。在肖旭教授的建议下,他参加了"五彩石"活动。在与小朋友结对的过程中,他感觉到自己"被需要",心中多了一份责任,他的性格逐渐变得开朗起来。

"我觉得做一名志愿者是幸福的,我们在交错成长,听得到对方生命拔节的声音。""第一次,我感觉自己被别人需要着。"对大学生志愿者而言,"五彩石"让他们得到多方面的收获,使他们在实践中成长,在奉献中成才,感受到"人生的价值在于被需要"。

"五彩石"项目是一个具有翻转公益内涵的项目,有的结对学生长大后也成为"五彩石"的志愿者或者是结对学校的老师。新市中学 2010 级结对学生彭思涵经过一番努力后,成功考上了四川大学,加入"五彩石"成为志愿者,并与自己母校(新市中学)的学生结对,给他们带去帮助。北川中学 2009 级结对学生龙耀雯,同样考上了川大并成为"五彩石"的志愿者,又在毕业后成为北川中学(结对学校)的指导老师。

(2)社会影响。

从 2008 年到现在,"五彩石"得到了许多荣誉与肯定,曾获由中共中央宣传部、组织部、共青团中央、中国残联等九部委授予的"全国 100 个最佳志愿服务组织",中华人民共和国民政部授予的"全国优秀志愿服务项目"一等奖,并在第四届全国青年志愿服务项目大赛中荣获金奖。10余年来,"五彩石"被新华社、中国新闻网、《中国青年报》等几十家社会媒体相继报道。不仅如此,北京大学还参考"五彩石"的活动形式,开展"鸿雁传心"活动。重庆大学等高校和地区也积极前来学习交流,并借鉴方法开展"五彩石"项目,让更多的人成为爱心的传递者。

第六章 高校学生志愿服务融入社会治理的路径探索

一、高校学生志愿服务融入社会治理的现有路径

(一) 志愿服务融入社会治理的形式

1. 志愿服务参与失能群体的社会救助行动

志愿服务参与失能群体的社会救助行动是志愿服务融入社会治理的典型方式。如阳光助残项目,其主要内容是运用社会化工作方式,扶助残疾人,为残疾人提供经常的、切实有效的帮助,既能解决残疾人的实际困难,帮助他们平等参与社会生活,也有助于"奉献、友爱、互助、进步"的志愿者精神在全社会传播和发扬光大,有助于良好社会风尚的形成。深入开展助残志愿者活动,帮助残疾人解决实际困难和问题,能让残疾人更有价值、更有尊严地生活。

2. 志愿服务参与青少年的关爱保护行动

关爱少年儿童志愿服务是致力于带动当地少年儿童各项福利事业的全面发展而开展的相关志愿服务。大学生志愿者在该类型的志愿活动中具体表现为与少年儿童结对定期开展互动活动。比如北海市海城区开展"解三事 护青春"关爱青少年服务项目,以"团干+社工+青年志愿者"的联动模式,连接专业社工及大学生志愿者,以"1+5"的结对方式(即1名大学生志愿者与5名青少年结对帮扶),每月定期开展"6个1"(即陪伴观看一场爱国电影、组织一场慰问活动、体验一次"模拟法庭"、开展一场社区志愿服务活动、感受一次北海文化之旅、举办一场感恩主题活动)系列亲情陪伴成长活动,用"榜样的力量"鼓舞激励青少年勤奋学习、向上向善,努力成长为担当民族复兴大任的

时代新人。

3. 志愿服务参与老年群体的社会关怀行动

此类服务项目主要关注社区老人身心健康，同时根据老人的需求提供志愿服务，是精心构筑以政府为主导、社区为依托、志愿服务为纽带的关爱老人志愿服务体系，组织志愿者为高龄老人提供生活照料、健康保健、心理抚慰、应急救助、法律援助等服务的志愿服务类型。大学生志愿者在参与该类型的志愿活动中具体表现为进入社区参与义诊协助、文艺汇演活动、开展尊老敬老爱老主题社区活动，或者进入敬老院进行特殊群体照护陪伴。

4. 志愿服务融入脱贫攻坚专项行动

在"脱贫攻坚"已经成为全面建成小康社会和改善民生的重要组成部分后，中共中央和国务院连续发布了多个有关文件。中央扶贫工作会议、中共中央"新时期规划"等也都体现了精准扶贫的攻坚思路。共青团作为群团组织的中坚力量，能够把握好"三大攻坚战""五位一体"主体思路，大学生志愿者在参与该类型的志愿活动中具体表现为组建高校学生志愿服务团队深入贫困地区，尤其是革命老区、少数民族自治地区、陆地边境地区和欠发达地区等"硬骨头"区域去吃苦磨炼、拼搏奉献，升华青春价值。党的十九大以来，以高校团委为代表的高校群团组织贯彻落实习近平新时代中国特色社会主义思想，将党的任务内化为自身的任务，积极引导大学生投身社会实践。在党的领导下，积极发挥自身在大学生思想引领和实践指导上的优势，引领当代大学生将志愿服务与脱贫攻坚联系到一起，比如各大高校支持的偏远地区义务支教实践活动。

5. 志愿服务协同推进恤病助医行动

恤病助医志愿服务主要是为有关组织和基层单位举办卫生知识讲座、医疗救护宣传等，以及各类义诊活动，如为孤寡老人、残疾人等特殊群体提供定期或不定期医疗随访服务。大学生志愿者参与该类型志愿活动的具体表现为发挥专业知识优势，开展卫生知识讲座、医疗救护宣传，或者联合所在高校医疗资源组建社会实践团队为偏远地区提供医疗服务。如四川大学华西临床医学院"博士快车"专家博士服务团，已前往9省20余个老少边穷地区，服务群众万余次。

6. 志愿服务携手各界开展生态环境保护

环境保护志愿服务主要是统一安排参加卫生集中整治、城市卫生宣传等活动。比如四川大学开展的"微光筑梦 微爱校园行"环保志愿者活动，通过清理校园内的小广告，学校内的卫生死角得到了彻底清理，使学校卫生环境得到了改善，营造了整洁美观、文明和谐的校园环境氛围，不仅增强了广大同学的环境保护意识以及护校荣校意识，也提高了劳动技能水平，还引导同学们懂得劳动之义、明劳动之理。

7. 志愿服务推进普法与弱势群体法律服务

在法律服务与普法活动中，志愿者利用专业特长为困难家庭、未成年人等特殊人群提供维权服务，或者在社区、乡镇等开展各种形式的大规模的普法宣传。大学生志愿者以高校平台为载体，设立法律志愿者服务队，开展普法知识讲座，或者面向社会提供免费的法律援助。比如中国政法大学在2009年专门设立大学生法律志愿服务项目，旨在进一步加强教育法制建设，提高依法治教水平，充分发挥人才优势，搭建大学生社会实践平台，探索教育系统法律志愿服务专业化和社会化相结合的方式。

8. 志愿服务融入"邻里守望"行动

基层社区是社会治理的基本单元，关乎群众的安居乐业，关系党的执政基础，关涉社会的长治久安，是贯彻落实党和国家大政方针的"最后一公里"，更是完善新时代社会治理新格局的着力点。志愿服务已成为和谐社区建设的重要使者，推动社会文明进步的重要力量，实施乡村振兴的不竭动力。用好志愿服务，不断唤醒善行、孵化善行、传递美好、促进善治，提升群众的获得感、幸福感，这才是和谐共享社区的本质。"邻里守望"志愿服务是中国志愿者服务联合会在全国展开的一项基于邻里关系的社区志愿者服务活动。"邻里守望"活动强调从身边做起、从你我做起、从日常做起，号召人们关爱身边的空巢老人、留守儿童等。通过志愿服务，拉近邻里关系，解决社区问题，让每一个遇到困难的人得到及时的关爱和帮助。大学生志愿者参与该类型志愿活动的具体表现为爱心家教服务，与小学生进行一对一文化课辅导，帮助他们解决在学习中遇到的难题，或者选择节日在社区举办一系列益智游戏活动。

9. 志愿服务聚焦地方发展提供赛事服务

赛会志愿服务主要是指经贸、文体类的高规格展会、峰会、论坛、博览会等以及国内重大赛事等集体性活动服务的志愿服务项目。一般的大型赛会志愿服务，主办方都会在正式上岗前为志愿者提供有关培训。内容包括对赛会内容的解释、对举办场馆的介绍、对不同岗位的解说、对不同岗位具体要求的阐释、对志愿服务过程中注意事项的提醒、发放志愿者服装及补给品等。目的是让志愿者对赛会有更深入的了解，熟悉自己的职位要求，从而更好地投入志愿服务。大学生志愿者在该类型的志愿活动中，主要参与赛会的礼宾接待、交通运输、安全保卫、医疗卫生、观众指引、物品分发、沟通联络、竞赛组织支持、场馆运行支持、新闻运行支持、文化活动组织支持等。

10. 志愿服务深入应急救援行动

应急救援志愿服务指的是开展防灾、减灾、救灾、重建志愿服务，最终作用于我国建立的集防灾、救灾、减灾、重建功能于一体的应急救援服务体系。大学生志愿者主要开展的活动包括在校内校外宣讲防灾减灾应急救援知识，参与如疫情、洪水、地震、台风等各项重大突发公共事件的救援。例如，疫情期间，四川大学华西医院师生驰援湖北、黑龙江等地，为国家抗疫应急救援贡献出青春力量。

（二）高校学生志愿服务推动社会治理的经典项目

1. 共青团关爱农民工子女志愿服务行动

共青团关爱农民工子女志愿服务行动由共青团中央发起，于2010年5月4日在全国各地启动。该行动以随父母进入城市的农民工子女和留守儿童为主要服务对象，组织青年大学生志愿者小组（或团队）与上述儿童建立结对关系，进行结对服务。比如，临沂大学成立了"七彩小屋"青年志愿者服务队，并组织志愿者定期开展丰富多彩的志愿服务活动，建立关爱留守儿童和进城农民工子女志愿服务长效机制。

2. 大学生志愿服务西部计划

西部计划项目是大学生志愿者参与社会治理的一个重要项目，主要是选拔优秀的大学毕业生扎根西部，服务基层，符合我国基层社会治理中人人参与的治理理念。西部计划志愿者正是秉持志愿服务的精神理念，弘扬"奉献、友爱、互助、进步"的志愿精神，坚守"到西部去、到基层去、到祖国和人民需要的地方去"的理想信念，为西部地区的社会发展、经济繁荣、社会稳定贡献自己的青春力量。这种价值理念、奉献精神与基层社会治理的现实需要有机融合，成为实现共建共治共享的基层社会治理新格局的必然要求。西部计划作为青年志愿服务的重要品牌，其服务基层社会治理有着天然优势。比如各大高校通过招募一批具备推荐免试攻读硕士学位研究生条件的优秀应届本科毕业生和在读研究生，到西部地区县级及以下中小学校开展为期一年的基础教育志愿服务工作，在一定程度上改善了偏远地区的教育条件。

3. 大学生志愿服务阳光行动

大学生志愿者用实际行动表达对残疾人的关爱，能帮助残疾人树立正确的人生观和价值观，让残疾人感受党和国家对他们的重视和关怀。各级团组织、志愿者组织在倡导理解、尊重、关心、帮助残疾人的良好社会风尚的同时，以实际行动激发社会公众对残疾人的关爱，在生活中碰到残疾人需要帮助时，设身处地为他人考虑，通过培养残疾人的精神力量以促使他们更加自信、勇敢地面对生活。如南京大学成立"博爱行"社会实践团，帮助智力障碍儿童学习基本文化知识以及开展课外活动，让他们能够更快地融入社会。

4. 春运暖冬计划

暖冬计划面向春运旅客的普遍性需求和老幼病残孕等重点旅客群体，依托火车站、机场、道路客运站、港口码头、高速公路服务区等场所，重点围绕五个方面开展服务：引导咨询、秩序维护、重点帮扶、便民利民、应急救援。充分展现中国青年志愿者服务春运的工作成效和社会反响，弘扬志愿精神，引领更多热心青年参与春运、体验春运、服务春运。如重庆大学等高校的130名大学生志愿者来到重庆西站，开展为期40天的春运志愿服务。据介绍，志愿者主要负责为往来的旅客提供购票咨询、引导候车、搬运行李等服务。他们热情服务，全心投入，成为春运中一股温暖的力量，让每个人回家的旅途更加通畅。这种形式也让大学生志愿者更加直接地投入到社会治理中。

5. 中国青年志愿者节水护水志愿服务行动

为在全社会倡导节水、爱水、护水的社会风尚，广泛凝聚全社会节水、爱水、惜水的强大力量，持续推进节水型社会建设，进一步加强水资源宣传教育,大力加强水资源节约管理保护,以实际行动落实习近平总书记保障中国水安全重要讲话精神与新时期治水思路,经水利部党组、共青团中央书记处批准,水利部文明办、水利部新闻宣传中心联合团中央青年志愿者工作部在全国范围发起了关爱山川河流——中国青年志愿者节水护水志愿服务行动,组织动员广大青少年以志愿服务的方式深入学校、社区、企业、乡村等地,广泛开展水利公益宣传、人人节水、河岸垃圾清理等节水护水志愿服务活动。如山东大学志愿者为当地居民讲解目前我国水资源的紧缺性和节约用水的重要性以及水资源保护的知识和技巧,通过这种形式加强当地人节水、护水的意识。

6. 新型冠状病毒肺炎疫情防控志愿服务行动

突发公共危机事件处理过程中,应急青年志愿服务能够增强公众的心理安全感与效能感,有效弥补公共危机服务需求和制度化服务的不足。通过对山东青年志愿服务参与新冠肺炎疫情危机治理实践的系统研究,发现危机治理过程中青年志愿服务的服务意识更加理性、内容精准、网络平台发展迅速、管理与保障体系完善、服务成效得到更好呈现。青年志愿服务高质量发展需要传承价值观引领下的志愿精神,优化精准化服务项目,完善志愿服务互联网平台建设,加强志愿服务组织应急管理,健全志愿服务参与社会治理的管理与保障体系。比如新冠疫情暴发以来,复旦大学自发组织志愿服务活动,有492位志愿者报名参与复旦大学战"疫"前线医务工作者子女线上辅导志愿队,对一线医务工作者子女进行辅导,为前线医务工作者守好"大后方"。

(三)高校学生志愿服务融入社会治理的三种渠道

1. 高校学生志愿服务组织与地方政府合作

校地合作的志愿服务合作模式通过高校与地方优势互补,合作双赢,保证志愿服务持续、健康发展。高校学生志愿服务组织与地方政府合作,既包括参与、协调地方政府部门组织、资助的志愿服务合作项目,也包括与某些特定的地方党政机关、共青团市(区)委等进行特定性质的合作或者加强对某些弱势群体帮扶的志愿服务活动。

该合作方式有两个特点:第一,以短期项目合作为主,合作持续性差、连续性低。高校对地方政府以听从、服从安排为主,地方政府缺乏对高校志愿服务队伍的了解,志愿服务以短期、临时性活动为主,如大型赛事、重要会议、主题日活动等。这类活动"来得快,去得快",没有长远的计划和统一的部署,远远不能满足高校志愿服务长期、稳定发展的目标。

第二，单向性合作，合作的服从度、参与度高，沟通不紧密。形式单一，对于志愿服务相关信息缺乏必要的掌握，导致在志愿服务过程中出现"赶鸭子上架"的现象。高校学生志愿者不了解服务内容和被服务对象的需求，而被服务对象则被动接受服务项目，这往往造成志愿服务供需的错位、投入和产出的不平衡。合作项目形成不了合力，活动停留在常规的志愿服务内容，长此以往将影响志愿服务事业的持续发展，有违校地合作的本意。

2. 高校学生志愿服务组织与公益组织合作

高校学生志愿服务组织与公益组织的合作体现了对志愿精神和公益精神的共同追求，是实现资源共享、优势互补的创新模式。

该合作方式有两个特点：第一，服务的热情度、参与度高，但双方人员综合素质差异大。公益组织作为民间公益、互助的草根组织，短时间内发展壮大并取得了良好的社会效益，在政府部门的关注和支持下，赢得美誉的同时获得一些政策、资源上的支持。从两者的合作来看，双方对志愿精神的认同度高，参与热情，活动完成度高。高校学生志愿者素质普遍较高，但志愿服务能力、经验有限，而公益组织存在成员、人员统一性不佳的问题。

第二，资源优势明显，但侧重点各有不同。高校人才资源充足，在合作中极大地缓解了公益组织人才资源缺乏的现状。同时，高校的科研资源、教学资源充足，为志愿者培训提供了便捷。而公益组织占有比较充足的社会资源，资金、技术经验丰富。

3. 各大高校学生志愿服务组织之间合作

校际合作指不同层次、不同类型学校之间，以志愿服务队伍、社团组织学习交流为目的，进一步加强志愿服务队伍的整体实力、高校学生志愿者的服务水平，共同组织校际学生志愿服务合作。根据高校的性质，可以分为同质性高校合作和异质性高校合作。同质性高校合作，由于政策导向、地区志愿服务文化、办学规模、过往合作的经验趋同，以促进高校间学习、交流，扩大高校志愿服务规模为主。全国高校 C9 联盟就属于同质性合作。从这类合作的现状来看，以学术、专业、师资合作为主，志愿服务的协同度高，但合作不够深入。若以交流、联谊为主，合作中经常出现竞争大于合作的现象。异质性高校合作可通过志愿服务弥补本校学生志愿者数量、服务经验、专业缺失等方面的不足，互为补充。

二、高校学生志愿服务融入社会治理的优势与困境

（一）高校学生志愿服务融入社会治理的优势

1. 高校逐渐提升志愿服务在学生德育体系中的重要性

在党中央的高度重视和关怀指导下，各级共青团组织以及青年志愿者组织不断开拓创新，积极鼓励动员广大志愿者在西部开发、脱贫攻坚、大型赛会、社区治理、环境保护及助老助残等各个领域开展志愿服务。在高校学生志愿服务领域不断拓宽的同时，高校学生志愿者在志愿服务过程中的影响也在不断扩大。对于个人发展而言，志愿服务活动可以帮助大学生进行社会角色的转变，有利于提高大学生的沟通能力、交往能力、组织协调能力等，实现大学生的综合发展；对于高校而言，志愿服务活动的开展有效推动了高校精神文明建设，有助于进行"三观"教育，在实践中育人。同时，随着志愿服务项目的进一步深入，目前高校志愿服务对象逐渐丰富并且具体化、精细化，如阳光助残，从帮扶残障儿童逐渐具体为关注如自闭症儿童等某一类残障儿童，陕西科技大学的"中国梦·志愿心"项目更精细到农村自闭症儿童。再如关爱农民工子女，从留守儿童具体到乡村留守儿童、随迁农民工子女，武汉理工大学的"super baby"护幼计划更精细到3~6岁的农民工子女。

2. 高校社会工作相关专业发展为志愿服务提供理论支持

各个高校都尽可能地为青年大学生提供参加志愿服务活动的机会，将志愿服务活动作为实践育人的重要载体和关键环节，从经费、场地、政策等多举措激发青年大学生的自主性和能动性，引导青年大学生有序参加志愿活动。一方面，高校通过指导成立大学生青年志愿者协会、志愿者服务团队、爱心协会等志愿服务组织，让志愿者有依靠，活动有阵地。另一方面，许多高校党委对志愿服务重视，指定校团委安排专职团干部对志愿服务活动进行统筹管理和支持指导，并且要求每一个公益组织都必须配有指导老师，确保志愿服务组织有正确的发展方向和可持续的活动。

高校具有丰富的学科资源、专业优势，在开展志愿服务时往往能结合高校特色，具有针对性。东北师范大学的"小梦想+"万名大学生支教助学志愿服务项目、河海大学的"水净生活，美境江苏"护水行动都充分体现了高校特

色。高校学生志愿者已经成为国家和地方各种项目最可靠的动员力量之一。除大型赛会活动中特殊的志愿服务需求外，我国各级政府在社会治理过程中还会组织多方面的项目，内容主要包括邻里守望、社区服务、城市运行、文化教育、绿色环保、医疗卫生、应急救援等。高校志愿服务组织化程度高的特点在这些项目中得到充分体现。例如，"高校学生志愿服务西部计划"就是选派高校毕业生到西部基层开展教育、卫生、农技、扶贫等方面的志愿服务工作；"关爱农民工子女志愿服务行动"推动了很多高校的志愿者组织与农民工子女较集中的学校广泛建立"结对＋接力"的机制，为农民工子女提供切实有效的帮助；"关爱山川河流"节水护水志愿服务行动也得到各地高校志愿服务组织的积极响应，江苏省河海大学的"水净生活，美境江苏"护水行动就是该校青年志愿者协会利用学校的优势专业，借力南京水质监测中心等专业机构发起的，志愿者走进社区和小学，以居民、中高年级小学生为对象，开展包含理论宣讲和实践体验的节水护水环保行动。另外，在寒假期间开展的服务春运"暖冬行动"也常常活跃着高校学生志愿者的身影。

3. 相关法律法规的完善为高校学生志愿服务发展提供法律保障

习近平总书记在党的十九大报告中指出："推进诚信建设和志愿服务制度化，强化社会责任意识、规则意识、奉献意识。"2017年12月1日，第一个全国性的《志愿服务条例》正式颁布实施。2018年3月12日，团中央印发《关于推进青年志愿服务工作改革发展的意见》的通知，主张推动青年志愿服务工作立足新时代，实现新发展。由此可见党和政府对高校学生志愿服务的重视，将进一步推动志愿服务的制度化、常态化发展，提升志愿服务的整体效能。政府不断出台相关政策，构建相关平台，通过赴西部志愿者、"三支一扶"、研究生支教团等专项活动不断丰富高校学生志愿服务活动内容。社区也积极组织青年大学生在社区平台中为残疾人、孤寡老人、留守儿童等困难群众提供志愿服务，进一步推动志愿服务向纵深发展。

4. 高校学生志愿服务在基层治理中的认可度日益提高

党的二十大报告提出要"完善志愿服务制度和工作体系"，这为未来中国志愿服务事业的发展指明了方向、提供了遵循。同时，二十大报告提到，要完善社会治理体系。健全共建共治共享的社会治理制度，提升社会治理效能。畅通和规范群众诉求表达、利益协调、权益保障通道。建设人人有责、人人尽责、人人享有的社会治理共同体。建设共建共治共享的社会治理制度，志愿服务是重要途径之一，也是提升基层自治的关键方法之一。当前社会治理面临着多元主体不足、基层治理服务能力不足、群众差异性需求难以满足、人员队伍建设不足、公共产品供给不足等问题。同时，青年大学生是社会治理中不可或缺的重要力量，青年的参与对于社会治理具有重要意义，志愿服务是青年大学生参与社会治理的重要途径。因此，新时代共建共治共享的社会治理格局对于高校学生志愿服务存在客观需求。高校往往走在时代发展的前列，高校志愿服务团体善于运用新兴技术，推广项目内容、传播志愿精神、扩大活动影响力。

（二）高校学生志愿服务融入社会治理的内部困境

1. 个别高校学生志愿者对志愿服务精神认知错位

志愿服务活动是一种公益性的活动，高校学生牺牲自己的课余时间，利用所学的知识，积极主动地参与到志愿服务中，充分体现出志愿服务精神。但由于受到社会上不良风气的影响，部分高校学生存在着急功近利的思想，不能够完全认识到志愿服务的精神和意义。部分高校学生志愿活动带着被动执行的倾向，强制学生参加志愿服务活动，导致青年志愿者为了得到相对应的加分而参加服务。对志愿服务精神的认知过于浅显和片面，使得学生在参与社会服务过程中产生消极情绪，对社会服务质量造成负面影响。

部分志愿者参与志愿服务活动带有功利倾向。高校学生是一个比较特殊的群体，世界观、人生观和价值观还不成熟，自制力和自控力比较差，容易受到周围环境和思想的影响。当前，我国正处于转型时期，各种思想鱼龙混杂，而高校学生还未真正成熟，缺乏充足的辨别力，易受到社会中贪功求名等不良思想的影响，导致他们在参加高校学生志愿服务活动中带有严重的功利倾向，如为了获得更多的荣誉、为找工作积累一些经验等。一旦高校学生志愿者拥有这样的思想，再加上本身缺乏稳定性，当他们达到目的后，就必然会退出这一服务队伍，从而造成志愿者队伍不稳定，出现高校学生志愿服务事业连续性差的局面，很难做出应有的贡献。

要想推动高校学生志愿服务事业更好地向前发展，首先高校学生就要树立正确的思想，对志愿服务活动有一个清晰的认识和科学的理解。作为新时代高校学生，对志愿服务事业的理解不能只停留在表面上，如受传统观念禁锢，认为志愿服务活动就是义务劳动、无私奉献。我们应该结合时代精神，与时俱进，深刻理解时代赋予志愿服务活动的新内涵，应该用全面的、历史的眼光看待它；否则，错误的思想就会导致志愿服务活动行动的失效，认识不到志愿服务活动对社会的影响，进而达不到理想的效果。

2. 高校学生志愿服务群体的稳定性不足

高校学生志愿服务以青年志愿者协会、青年志愿者服务队的形式开展，由于年级的增长、部门内部的人员换届，高校学生志愿者的流动性较强。通常是以部门的形式进行传承，但无法由同一批人员长期稳定地开展志愿服务，而传承途中还会面临更多工作交接所产生的问题。

同时，高校学生志愿者组织开展的各项志愿活动，随意性、临时性、主观性强，"项目性"较弱，即在长期性、可复制性、可推广性等方面较为欠缺，难以发展形成一个稳定的社会志愿服务项目，也就不利于项目的传承、发展、扩大、创新。

此外，相比于真正的社会工作组织、公益组织工作人员，高校学生志愿者专业性较弱。在志愿服务作为高校学生的第二课堂的背景下，高校学生参与志愿服务通常以课余、业余时间为主，难以投入大量的时间、精力参与志愿活动以及相关培训，提升志愿服务专业技能，也就造成了志愿者素质较低、技能较弱等问题，进而影响高校学生志愿服务的稳定发展。

3. 高校学生志愿服务评价与激励体系有待完善

良好的评价和激励机制直接影响着高校学生志愿者参与志愿服务的积极性，评价是手段，激励是目的，评价与激励两者互为表里，合二为一，相辅相成。评价机制是对于高校学生志愿活动的过程进行客观评价，激励机制是对高校志愿服务的效果进行有效激励，从而进一步促进志愿服务的健康有序进行。良好的评价和激励机制并不在于物质或者荣誉奖励，但问卷调查结果显示，评价与激励机制的缺失实际上会影响高校学生参与的积极性。

从评价机制来看，一方面，大部分高校对于志愿服务活动的管理都缺乏有效的评价机制，志愿服务评价的标准适用范围不广，规范化不足，造成评价的主观性较强。另一方面，除了志愿服务组织内部的评价，校级及其以上层面对志愿服务活动评价不足，志愿服务得不到更高层面的肯定。我国高校志愿服务队伍建立时间较短，现阶段高校青年志愿者服务管理由学校团委负责，每个学校对志愿服务的时长、内容、频率要求各不相同。此外，很多高校没有形成一个系统性的服务制度，志愿者招募、培训、考核、激励等存在问题，导致高校青年志愿者不能够长期坚持志愿服务活动，一般只有低年级学生参加志愿服务活动。高年级学生一方面面临着学习和就业的压力，没有足够的时间参与社会服务活动；另一方面参与过两年志愿服务活动后，学校教育与社会培训不连贯。

从激励机制来看，相关激励举措明显缺乏，这种激励不仅可以体现为一定的物质奖励，也可以表现为某种形式的荣誉称号。目前部分学校甚至不把高校学生的志愿服务经历作为学生操行评价的考评内容，这也是造成高校学生志愿服务者流失较为严重的原因之一。经调查分析，很多高校学生志愿者在参与一两次活动之后就失去了参与的积极性，影响了高校学生志愿活动的可持续发展。

高校学生参与志愿服务是一种社会心理机制，他们在一定的动机驱动下参与志愿服务活动，并需要相应的动机激励保持参与的持续性。目前，高校学生志愿者参与志愿服务的动机是多元的，他们希望自身的行动能够帮助他人，他们也渴望能更多地参与社会实践，锻炼自身的综合能力。目前高校通过自上而下的方式发动招募高校学生志愿者，在志愿服务效果的评价和志愿者的激励上很难给予高校学生想要得到的荣誉感和成就感。志愿活动往往要受到那些控制着组织资源的人的影响，服务实施前缺少调研和精心筹划，导致活动形式大于内容，难以吸引高校学生。

4. 高校学生志愿者的培训专业化水平亟待提升

在新型的社会治理机构中，以志愿组织为主体的社会力量承担了越来越多的原来由政府为社会提供公共产品与公共福利的公共责任，政府、市场与志愿者之间的合作关系日趋密切，社会对公共产品的期待也同样转移到志愿服务上。志愿服务的专业水准直接影响到公共产品的社会满意度。新时代的志愿服务保留了早期志愿服务对志愿者闲暇时间、奉献精神的基本要求，还突出对法律援助、科技下乡、心理疏导、环境治理、医疗救护等方面的专业诉求。此类专业对应性强的志愿服务项目需求的增加，对高校学生志愿者来说，拓宽了其施展专业技能的平台，是壮大队伍、激发活力的好途径，是高校学生志愿者参与社会治理的有效途径，是发挥其专业对口的社会价值的最佳催化器。但是，高校学生志愿服务在得到机遇的同时，也面临着专业人才匮乏的现实困境。

在志愿者招募培训方面，专业对口培训资源缺乏，容易导致培训实效与服务内容不符，造成志愿者情绪上的失落与时间上的浪费。在服务内容方面，往往因为志愿者的不专业导致其难以达到人职匹配，久而久之造成社会对高校志愿者的服务内容限定在非专业性的福利项目上，与社会真正的需求脱节，专业化志愿服务团队的生命力也将大打折扣。供需双方均缺乏相关专业性人才，凸显了志愿服务的公益效果与时代、社会需求之间的不平衡关系，影响了志愿服务的价值共享。除此之外，高校学生志愿者理应接受志愿服务理念、方法、纪律等方面的培训，即应该让志愿者知道为什么要做志愿服务、怎么才能做好志愿服务、志愿服务中必须遵守的纪律等。只有经过系统的培训，让高校学生明白志愿者在社会组织、社会治理中的地位与角色，并掌握相应的服务技能，自觉遵守相应的工作纪律，才能真正发挥高校学生志愿者的治理力量。同样，只有经过系统的培训，高校学生志愿者才能在具体的志愿实践中践行相应的服务理念，更好地为服务对象提供高质量的服务，高校学生也因此获得个人的成长。然而，由于高校与社会专职公益事业的团体对接联系不紧密，以及高校学生自组织志愿服务具有很大的盲目性、随意性和无序性，当前高校学生志愿者的培训在目标、形式、方法等方面都存在明显不足。

在培训目的上，多关注志愿服务活动本身，较少着眼于志愿者自身的发展；在培训内容上，更强调志愿者的通识培训、技能培训和组织纪律培训，理念培训则有所忽略；在培训方法上，以灌输式教育为主，强调思想道德的升华，随意性较大，缺乏规范与标准，难见固定的培训师资和教材配备。

在培训内容上，高校学生志愿活动的技能培训尤为缺乏，培训以不定期教育培训为主，缺乏系统性培训体系。一些学校对于高校学生志愿者的教育培训缺乏规范性，对于志愿者的培训重视度不足，培训不到位，志愿者在招募之后基本没有相关的培训，直接参与志愿服务活动，对于志愿服务的基本知识、技能以及精神都缺乏深层次理解和掌握。

正如上文所述，志愿服务缺乏激励机制，可能造成高校学生志愿者参与积极性的降低。随着高校学生志愿服务活动的蓬勃发展，亟须从项目背景、项目立意、项目运营、志愿服务技能、志愿服务项目工作分析、志愿服务需求诸方面开展系统性、规范化的专业培训，不断提升志愿者的素质，疏导高校学生志愿者的消极情绪，促进高校学生志愿服务的可持续发展。

5. 高校学生志愿服务融入社会治理缺乏创新

高校学生志愿服务组织在融入社会治理的过程中，一方面要为服务对象带去生活质量的提升，另一方面也要促进志愿者本身的成长。但当前高校学生志愿服务在与基层社会对接的过程中，呈现出服务内容单调、服务时间间断、服务项目非常态化、服务态度不稳定、服务效用匮乏的特征。

就志愿服务的内容来说，高校学生志愿服务内容比较单一，主要停留在社会公益性、福利事业或者是高校内的一些志愿活动。未来高校学生志愿服务活动内容应当拓宽覆盖面，比如扶贫扶弱、关注留守儿童、关注弱势群体、贫困山区的支援、重大灾难的援助或是医疗救助等方面。

就服务时间而言，高校学生志愿服务活动大多数是短暂的，不具有长期性，常态化服务不足。具有长期性、比较艰难的志愿活动组织程度明显不足，比如定期定时支教边远山区、关注留守儿童等。如果高校志愿服务活动只追求形式而忽视长久的社会效益，那么久而久之，国家和社会相关部门会越来越不认可高校学生志愿服务组织，也会导致选拔不出来优秀的志愿者。高校通常是为了德育的需求，根据高校自身的资源来开发高校学生志愿服务项目。这些志愿服务项目呈现出活动内容同质化、活动时间短期化、活动效果低质化的特征。

就服务项目的运营而言，缺乏常态化的志愿服务项目直接制约了高校学生志愿者参与社会治理功能的发挥。一方面，短期化、低质化的志愿服务很难为服务对象带来实质性的成长改变，也因此很难获得服务对象的认可；另一方面，这种短期低质的志愿服务也会使高校学生志愿者觉得志愿服务本身并没有太大价值，不能带来社会效益，进而影响高校学生从事志愿服务的意愿。

常态化服务不足根本在于高校学生志愿服务活动缺乏远景规划。要发挥高校学生志愿者的力量必须要有优质的常态化的服务项目。短暂性志愿服务现象造成了高校青年志愿服务活动组织、招募、培训等活动安排重复工作的压力，产生资源浪费、效率低下等问题。从本质而言，志愿活动并不仅仅是高校学生短期志愿热情的宣泄，构建长效发展机制，完善激励机制、管理机制，才能促进高校青年志愿服务的常态化发展。比如，高校可以与一些从事农村社会服务的社会组织合作，或者自己成立相关的社团组织，将高校学生派往农村，围绕农村留守儿童这一服务对象，展开长期的志愿服务。通过这种年复一年的长期稳定的志愿服务，最终达成促进农村留守儿童健康成长的目的。这就很好地发挥了高校学生志愿者参与社会治理的功能。

就志愿者素质而言，高校学生志愿者的素质参差不齐。高校学生志愿服务事业之所以出现质量不高的情况，最主要的原因就是高校学生本身的素质和能力水平存在以下三个方面的问题：

第一，部分高校学生性格不稳定，缺乏稳定的热情。高校学生志愿者本应该是根据自身条件和能力去报名的，但是一些学生是在志愿宣传、跟风随大流和一时兴起的情况下去报名参加各种志愿服务活动的，对自己所从事的志愿服务工作没有一个清醒的认识，对未来工作中将要遇到的问题和困难没有做好心理准备，所以，当他们在志愿服务的过程中遇到问题或者是条件艰苦的时候，马上就会打退堂鼓，产生消极心理，会以一种极其不认真的态度应付了事。这就会导致志愿服务对象认为高校学生志愿者态度潦草、匆匆了事，认为他们做事不负责任，从而降低了高校学生志愿服务事业在人们心目中的地位。

第二，部分高校学生毅力差，缺乏吃苦耐劳的精神。高校学生志愿服务工作面对的对象是多种多样的，这也就意味着在工作过程中会出现突发事件和难以想象的问题。而这些对于高校学生志愿者来说是非常具有挑战性的，如果志愿者本身意志力弱，韧劲不足，对困难和问题没有预期，到最后会被这些困难打倒，结束自己的志愿者旅程。

第三，缺乏足够的社会实践经验。受中国传统高考制度和当代社会状况的影响，现在的高校学生大都是在学校里接受纯理论教育，而未真正参加过社会实践，社会经历和实践工作经验为零，处于与社会半脱节状态。同时，一些学校的志愿服务工作岗前培训形同虚设，实际效用很小，导致学生志愿者在从事志愿服务工作的时候缺乏专业技能、解决问题以及应急应变能力，他们不能较好地胜任这样的志愿服务工作。综上所述，造成这些困难的主要原因就在于这些志愿者的综合能力不高，这使得高校学生志愿服务工作质量水平不高，影响了高校学生志愿服务事业的进步。

高校志愿服务事业之所以质量水平不高，难以有一个突破性的进展，其中主要原因就是高校志愿服务组织故步自封，形成了一套体系，使其模式化。每个学校都有着类似的志愿服务活动，没有创新性、没有特色和社会影响力。高校志愿服务组织为了志愿服务事业的蓬勃发展，不应该只培养既定路线的执行者，也应该培养创新和变革家。

所以，若想让高校学生志愿服务事业进一步向前发展，就必须建立长期有效的服务高校学生志愿者的机制，给他们开创出一片新的天地，给予更丰富的内容和类型选择，更能体现出高校学生应有的社会价值，为高校学生的发展提供一个广阔的空间，从而能够为高校学生志愿服务组织吸引和招募到更多优秀的志愿者，更好地投入到志愿服务事业中。

随着我国经济社会的快速发展，高校学生志愿服务团体迅速崛起，一些大型志愿服务活动成功开展，促进了社会主义和谐社会的构建，社会效益明显，这也使得越来越多的人认可和支持高校学生志愿服务事业。虽然我国高校学生志愿服务事业发展得比较晚，体系还不成熟，但是现在学术界和社会相关部门对其高度重视，对它的研究也越来越多。高校学生是一个特殊的群体，他们拥有较高的文化水平，充满活力，对构建社会主义和谐社会起着重要的推动作用。但是，我们也不应忽视志愿服务事业发展过程中存在的问题，努力提升我国高校学生志愿服务能力,营造良好社会环境,加强政府关注等。

(三) 高校学生志愿服务融入社会治理的外部困境

高校学生志愿服务既是大学生了解国情、社情、民情的重要窗口,也是基层社会治理获取新生动力的重要来源,因此高校学生志愿服务质量不仅与队伍建设紧密相连,也与基层社会对高校学生志愿服务这一现代社会服务现象的接纳度、认同感息息相关。虽然高校学生志愿服务赶上了蓬勃发展的时代机遇,但在实际服务项目运行中却面临着外部环境的支持度不高、校地合作的志愿服务项目孵化平台缺乏、校地合作的主体协同性不足、高校志愿服务融入社会治理的保障不够等问题。

1. 高校学生志愿服务组织的社会支持度不高

高校学生志愿服务的发展是多方面因素相互促进的结果,一方面离不开党和国家政策的支持引导,另一方面也离不开社会各界的良好支持。但是目前高校学生志愿服务的社会支持度不高,造成志愿服务很难真正走向社会,影响着高校学生志愿服务活动的社会效果。

现阶段我国对于高校学生志愿服务活动的社会支持并不高,例如很多学生表示自己家长对于志愿服务并不赞同,认为会耽误时间和耗费精力,影响高校学生的学习和就业。而且社会对于高校学生志愿服务的评价褒贬不一,对于其志愿服务产生的社会意义认可度较低,间接造成高校学生志愿服务活动的开展困难。

志愿服务本身是一种建立在社会信任基础之上的社会性行为,不仅需要志愿者的奉献、责任精神,同样需要社会、他人的共同参与,而社会支持度的不足,反映出社会信任度的不足,人与人之间的道德情感冷漠。一些高校志愿服务者访谈时讲述了自身的经历:一次在火车站帮助乘客搬运大件行李的过程中,一些乘客持怀疑态度,拒绝高校学生志愿者的帮助,造成志愿者的积极性受到打击。志愿者参与交通协管活动,一些行人对于高校学生志愿者的规劝行为报以冷漠态度甚至是恶言相对。这些不愉快的经历反映的正是道德冷漠与社会信任的缺失。

社会环境非常复杂,人民群众对于高校学生志愿服务存在一定的误解,或者认识不到位,影响着高校学生志愿服务的良好发展。这种影响表现在以下方面:一部分社会组织或个人将高校学生志愿服务片面理解为"无偿服务",不需要承担相应的道德责任,对于高校学生的志愿服务缺乏尊重和应有的支持,导致高校学生在志愿服务的过程中体会不到他人的尊重和认可，参与积极性不断降低。同时，很多用人单位并不重视高校学生的志愿服务经历，而是关注学生的专业成绩、实践岗位、担任的学生干部经历，无形中造成高校学生对于志愿服务的不得已放弃。在学校层面，学校和教师往往注重专业成绩，对于学生的综合评价忽视志愿服务，例如在学校奖学金的评选和评优评先的标准中，志愿服务经历并不作为主要参考项目。

总之，社会支持度不够，制约着高校学生的志愿服务发展，大到社会，小到学校和家庭，如果得不到支持和理解，高校学生志愿服务的可持续发展将更加艰难。

2. 缺乏跨越校地的志愿服务孵化平台

作为社会治理的主体之一，高校学生志愿服务承接了越来越多由政府、社会组织等提供的志愿服务工作。志愿服务的蓬勃发展离不开志愿文化的营造、志愿项目的孵化与公益创业的萌芽。以浙江省为例，随着G20峰会、世界互联网大会、联合国地理信息大会等主场外交活动与世界级盛会的落地，志愿文化在高校中得到了无形的传播。高校学生通过这类活动了解志愿服务，参与社会治理，在投身民族复兴的生动实践中培养了公民意识。而在校园内，不同专业归属的志愿者通过建立志愿服务项目，并凝聚专业教师、社会机构、企业等力量进行定向孵化，优化服务品质，使得志愿服务靶向性更强。由志愿服务论坛、项目推介会、博览会、研讨会、交流会等构成的志愿服务矩阵，再通过互联网等新媒体技术加以传播，其支持网络得以拓宽。有了社会网络的支持，高校学生在志愿服务他人的过程中也能更好地提升自身参与社会治理的专业水平与工作效能感，在实现自我价值的同时进一步传播与传承志愿服务精神。但与此同时，许多高校志愿服务工作在"高校—政府—社会"的循环联动中缺乏一个良好的互动合作平台，校内外优势互补不明显，各自的资源优势未得到充分利用，没有形成整体合力。对社会治理的深度参与也就意味着与社会发展进行了深度融合，这种融合也致使高校不断与社会上的各类平台产生对接关系。短时间内涌现出的大量的组织，在一定程度上丰富了高校志愿服务的组织形态，加大了支持力度，但也对高校志愿服务在工作对接上的鉴别能力提出了新要求。在通过搭建志愿服务平台引导学生参与社会治理的过程中，对接平台水平参差不齐，管理归属模糊，会对校内学生的教育安全产生影响，这是一个亟待梳理并解决的问题。

3. 高校学生志愿服务组织与外部治理主体间协同性不足

首先，高校学生平时的社会活动主要局限在校园内，缺少社会资源，难以筹集到好的项目。而他们参与社会治理活动不可避免地要依靠社会资源，社会组织在这方面具有得天独厚的优越性，如果二者能够联手，将会取长补短，发挥 1+1>2 的效果。目前，各类社会组织还未充分开拓这个领域的合作。其次，高校学生志愿活动还存在多头管理的现象，部门之间关系不顺，阻碍了志愿服务事业的发展。最后，目前尚未出台专门的关于志愿服务的法律，协同保障作用尚未完全发挥。

在校大学生由于受到时间和地域的限制，社会服务活动主要局限在校园内进行，缺乏与外界的联系，服务手段僵化，科技含量低，难以运用学生日常所学到的知识。此外，社会对高校志愿服务难以提供充足的经费支持，有些机构对高校学生志愿服务抱着怀疑的态度，这使高校学生志愿者参与的热情度不断降低，影响志愿服务活动的进一步发展。想要更好地利用社会资源服务地方经济，不仅要求高校团委在组织活动时拓宽思路、放眼长远，同时也需要地方非政府组织、政府机构、社区组织等积极交流和协作，从而发掘适合高校青年志愿者的、专业性强的、有意义的志愿服务活动。

4. 高校学生志愿服务融入社会治理的保障体系不够完善

志愿服务项目运行除了需要一支有志于志愿奉献的志愿服务队伍，还需要配备服务活动开展所需的物资、设备、资金等保障体系。其中，高校学生志愿服务组织发展面临的主要问题在于组织活动经费的缺乏。志愿服务活动是无偿性的非营利活动，但是志愿服务组织的日常运行需要一定的物质基础作为支持，资金等物质条件的不足在一定程度上制约着高校学生志愿服务的可持续发展。目前我国的高校的志愿服务活动中，主动捐助的企业和个人相对较少，在活动的策划阶段，需要志愿者去"拉赞助"，如果赞助情况不理想可能直接影响志愿活动的顺利进行。学生志愿服务组织发展离不开社会的帮助、高校和政府的支持，需要高校的认真研究，也需要志愿组织的积极寻求。面对这一问题，可积极借鉴国外成功经验，构建社会资金支持网络，保障高校志愿服务事业的可持续发展。

参与社会治理的过程中，高校学生志愿者的权利与义务不可分割，作为志愿者也享有人身安全、精神或物质奖励等相应的权利。志愿者权益保障和支持力度，是影响高校学生志愿服务积极性的重要因素，也在很大程度上关系到志愿服务的持续性。论及原因，一是法律保障不足。长期以来，我国一直缺乏在全国范围内适用的志愿服务的法律或行政法规，国家层面上关于志愿服务的法律规范尚不完善。高校学生志愿者在处理与志愿服务组织、服务对象的关系时缺乏法律依据，高校学生志愿者的权益难以得到法律保障。二是经费不足。以高校为主体开展的志愿服务活动多是临时性项目，制度、培训与资金等保障措施都比较少。一些政府开展的长期项目，无法做到定期定量拨款，导致志愿服务项目难以解决服务对象的现实需要。此外，很多社会组织在招募高校学生志愿者开展志愿服务时，对高校学生志愿服务的经费投入存在不足，在高校学生志愿者的人身安全保护方面也存在不足。2017年，国务院颁布《志愿服务条例》，推进了我国的志愿服务进入法治化轨道。以《志愿服务条例》为代表的志愿服务法规体系的建立，标志着我国志愿服务逐步进入国家战略，志愿者的基本权益得到重视。但与此同时，志愿者激励机制还未有全盘的谋划，与高校学生志愿者校内外的激励制度未能完全接轨。大部分高校对志愿服务的激励还是建立在德育教育中，部分高校尝试把志愿服务纳入学生实践学分，或者是入党、入团的考核要求。各地市也结合当地有关部门，出台对应的志愿者激励政策，协同教育、人社、民政、金融等部门给予志愿者优惠政策。但从精神层面来看，志愿服务是高校落实立德树人根本任务的有效载体，是大学生德育教育的有效抓手与重要实践平台。高校学生志愿服务对在校大学生的激励要把精神效能置于物质收获的前端，才能发挥其应有的育人功能。不仅如此，社会治理体系的建立，将高校学生志愿服务的半径延伸到了校外，志愿服务周期拉长到毕业后，拓宽了高校学生志愿服务的平台，延展了其效用长度。当高校的青年志愿者走上社会后，在校内收获的精神激励如何有效转化为后续参加志愿服务的动力，并通过物质奖励加以巩固与催化，则是高校与社会之间需要探索的协同机制。

5. 高校学生志愿服务质量评估体系尚不健全

在推进治理能力现代化的进程中，社会组织承接了越来越多的来自政府、基金会、企业等方面的社会服务，也因此在社会治理中发挥着越来越重要的作用。为了促使社会组织更好地提供服务，通常在服务项目结束时都要对项目进行评估，这已经成为衡量一个社会组织在社会治理中是否发挥作用的重要依据。由此，为了保证机构项目服务的质量，各类社会组织在招募志愿者参与志愿服务时，也应当对志愿者的服务工作进行科学评价。

首先，志愿服务效果的反馈机制缺乏影响了志愿服务常态化。高校学生志愿服务本身是一种社会性行为，需要参与主体之间的良好信息沟通，志愿服务者在服务的过程中及时了解活动的进展和效果，被服务对象应及时与志愿者沟通，志愿者与志愿服务组织之间的信息沟通同样重要，共同促进了志愿活动的健康发展。但是目前，部分高校对于双方之间的信息反馈沟通不十分重视，缺乏反馈机制。反馈机制的不完善具体体现在志愿者对于志愿服务组织的活动效果的反馈和评价缺乏，很多志愿服务组织对于志愿者和志愿活动只是单一的组织，忽视志愿者对服务活动的适应度和评价。

与此同时，当前高校学生志愿服务普遍缺乏科学的评估体系。一方面，高校自己成立的各种志愿服务组织由于主要由大学生自己管理，要么缺乏对志愿服务进行评估的意识，要么评估的方法欠缺科学性；另一方面，一些社会组织本身欠缺科学评估的意识，导致这些组织虽然招募了高校学生志愿者，但对高校学生志愿者的服务管理与评估都比较欠缺。有研究指出，中国高校志愿服务评估随意性较大，评价目标不明确。评价标准偏颇与评价方法单一，使评价的公正性与合理性受到损害，不仅不能发挥激励作用，反而挫伤了高校学生的热情和自尊心，不利于志愿服务的专业化发展。

三、高校学生志愿服务融入社会治理的优化路径

（一）激活高校学生志愿服务融入社会治理的内生动力

高校学生志愿服务融入社会治理有利于高校学生早日建立社会连结的视野。高校学生志愿服务参与社会治理能够使高校学生深入到社会之中，在社会上广泛地开展实践活动，能够更好地促进高校学生实现全面发展，是马克思主义人的本质思想的体现。在内生机制上，高校应积极拓宽各种渠道，完善高校学生志愿服务机制，主要表现在以下三个方面：

第一，促进社会工作专业与高校学生志愿服务教育的理论衔接。近些年，应社会发展的需要，较多综合性大学陆续开设社会工作专业。具有社会工作专业的高校，可跨校形成志愿服务理论研究团队，对本校其他院系以及专业性较强的高校在内的志愿者有计划、分层次进行专业培训，运用专业的方法和技巧指导高校志愿者开展服务。与此同时，学校需要在课程学习中渗透志愿服务意识。各高校可以结合本校学生志愿服务的特点以及参与的实践基地，积极推行志愿服务价值观教育课程，志愿服务应与高校社会实践课程、专业与社区服务类别挂钩。同时，协调高校学生志愿服务时间与课程学习的矛盾，积极制订高

校学生志愿服务培训计划；编辑相关培训教材，建立健全高校学生志愿服务培训体系，不断提高高校学生志愿者素质和服务质量。

第二，多方位构建高校学生志愿服务实践基地保障机制。社会治理的主体是多样的，高校学生是社会治理主体中的重要力量。高校志愿服务长效机制需要与各项制度对接，原则上要把政府支持、党领导、团委引导、各校协调合作结合起来，拓展志愿项目，在国内运行模式较为成熟的前提下推广国际志愿服务项目。一方面，高校党团组织应该积极主动地争取和申请，展现高校学生志愿服务的优势，承接政府外包的部分任务，参与到社会治理之中。另一方面，高校党团组织应代表高校学生志愿服务，积极主动与社区街道办事处或居委会联络，联合商讨社区志愿服务基地的建设，促成尽早成立志愿服务基地。要多方位、多途径构建志愿服务实践平台，建立高校学生志愿服务人才培养实践基地，让高校学生志愿服务组织真正成为社会治理的主体之一。

第三，落实高校学生志愿服务教育的评价机制。志愿服务根植于基层，准确把握社会脉搏，了解社会需求。注重从宣传、表彰、资助等方面给予充分的扶持。建立健全志愿者注册制度，实施社区志愿者注册制度，建立社区志愿者数据库，对于申请注册的志愿者颁发中国社区志愿者证。志愿者证将实行全国统一编号，在全国通用，如同身份证一样。如果志愿者迁居到外地，只要拿着志愿者证到外地社区进行登记，志愿者关系就自然转到外地。因此，应推广通用注册制度和积分管理制度。鼓励志愿者开展志愿服务运用积分管理系统，对志愿者参加志愿服务的时间进行记录，并换成积分，不同积分对应不同的志愿者服务等级，这样累计积分，可以折抵个人所得税等。同时，志愿服务时间、经历也应成为个人求职、职业发展、年老受助等重要依据。

（二）健全高校学生志愿服务融入社会治理的制度框架

志愿者服务是真、善、美的具体体现，其蕴含的"奉献、友爱、互助、进步"的志愿精神体现了人与人之间相互关爱、人与社会相互融合，是促进社会和谐的精神力量。在外生机制上，政府、社会与市场应积极配合，具体而言主要表现在：运用政府的有形之手，制订高校学生志愿服务相应的法律法规；结合市场的无形之手，调动高校学生志愿服务的积极性与创造力；融入社会的隐形之手，建立志愿服务立体式及全方位格局。

第一，完善法律法规，保障高校学生开展志愿服务的权益。法治是社会治理的基础和灵魂。高校学生志愿服务参与社会治理需要法律的支持与维护。2017年8月22日，国务院颁布了《志愿服务条例》，该条例自2017年12月1

日起施行。这是目前我国关于志愿服务的相关行政法规，对志愿者及志愿组织进行了界定，对志愿活动管理、志愿服务促进措施、法律责任进行了规范。其中，第四章第二十九条第二款规定："高等学校、中等职业学校可以将学生参与志愿服务活动纳入实践学分管理"；第四章第三十一条规定："自然人、法人和其他组织捐赠财产用于志愿服务的，依法享受税收优惠"。高校应当结合志愿服务条件制定和出台更为细化的实践学分认定细则、实践学分应用办法，以利于增强高校学生对志愿服务的认同感与热爱之情，增强高校学生的劳动与社会实践能力。

当前，随着高校学生志愿者人数的增加以及志愿服务范围的扩大，妥善保护志愿者的合法利益在志愿服务中显得更为迫切。虽然有《志愿服务条例》的支持，但地方性志愿服务的法律法规尚未健全，志愿服务立法的不完善使高校学生志愿服务的开展受到了种种限制。志愿服务的发展需要完善地方的法律法规，有法律保障及损失补偿可以有效化解高校学生志愿服务过程中出现的各种困难。需要通过顶层立法，进一步明确志愿服务的法律地位、组织框架、运行方式、资金保障、主体权利义务和法律责任的相关内容。应积极推进志愿服务组织的全国性立法，尤其是登记注册制度的立法。结合国情特点与社会现实状况，统一规范志愿者的招募、登记、培训、统计、服务认证、激励保障、注册制度等，拓展志愿者招募渠道，建立包括招募计划、信息发布、招募办法、志愿者申请等程序在内的规范化志愿者招募制度，确保能够招募到足够数量的志愿者，对招募的志愿者要定期进行相关知识和技能的培训，不断提高服务能力和服务水平。根据不同服务对象及相关项目，按照服务内容、项目等要求合理划分小组，合理安排服务时间、服务任务、服务对象等，实现志愿者与服务对象、服务项目的有效衔接，不断完善志愿服务激励机制，推动志愿服务常态化。对登记注册的程序、内容、管理机关作出明确的规定，明确志愿者应享有的相关权利与所履行的义务，为志愿服务提供法律保障。同时，要积极支持、协助地方出台法规文件，促进志愿服务工作走向制度化、规范化、法制化。

第二，拓宽经费来源，调动高校学生志愿服务的积极性与创造力。高校学生志愿服务属于公益性质，但开展志愿服务活动需要一定的成本，需要一定的经费支持。《志愿服务条例》第四章第三十条规定："各级人民政府及其有关部门可以依法通过购买服务等方式，支持志愿服务运营管理，并依照国家有关规定向社会公开购买服务的项目目录、服务标准、资金预算等相关情况。"高校要积极与企业进行相应联动，在政府的促进下，构建高校学生志愿服务资金募集以及监督机制，也可通过建立购买社会服务机制，建立深入推进各地区高校学生志愿服务活动的保障和激励机制，创新形式与内容。由于社会治理存在地区差异性，加之高校学生志愿服务的地区分布不均衡，各地区的高校数量、学生人数等实际情况都有差异，应结合当地文化，与当地企业的产业结构相结合，构筑不同层次与领域的志愿服务形态及模式，形成高校学生志愿服务品牌项目。

第三，推动组织创新，建立志愿服务立体式及全方位格局。各地区政府应积极配合在发达地区与欠发达地区实行志愿服务对接，形成点线面格局，构筑爱心联动团队。一是要培养高校学生志愿服务公益意识。随着志愿服务外延的扩大，高校志愿服务不能仅仅停留于简单的爱心互助层面，需要更为专业化、科学化的综合理解，应通过联动系统培训，传播公益理念，形成良好的服务氛围。二是尝试进行高校学生志愿服务团队及项目对接，借鉴发达地区的实践经验与理论。应制订高校学生志愿服务发展指导规划，建立统一的协调机制，推行相关的注册管理机制，实现各地区资源共享。三是发达地区要有志愿服务的前瞻意识与推广意识，创新平台，形成自身特色，打造专业化、专家化志愿服务团队，树立志愿服务的榜样示范作用。

（三）增强高校学生志愿服务融入社会治理的协同运行能力

一是重视对志愿服务活动的组织吸纳和精英吸纳。中国特有的文化传统形成了志愿服务等社会组织对国家机构的依附关系，使得中国的志愿服务组织与西方国家的NGO组织有本质区别，表现为官方机构对志愿服务的组织吸纳。所谓组织吸纳，是指吸纳志愿服务组织共同建构社会治理共同体，建立合作伙伴关系而不是予以防范与控制，不应当把社会组织推向社会治理的对立面。所谓精英吸纳，是部分社会精英基于诸多因素选择参与志愿服务实现自己的人生抱负，他们对于社会成员的影响很大，应吸纳这些精英并满足其参与社会治理的愿望，进而实现其政治抱负。对于游离于政治管理体系之外的一些精英而言，志愿服务是他们能量释放的重要途径。

二是以项目合作方式承接政府社会服务。将高校学生志愿服务等第三方志愿服务纳入社区发展规划，夯实基层社区发展的校地共建模式。从本质上来说，政府福利、慈善和志愿服务及其衍生出来的服务体系及其活动是公共领域的核心，福利不过是纳税人通过政府实现自己慈善目标的一种方式。从政府的视域完全可以主动放权于部分社会公共服务，通过购买服务或项目外包让渡公共服务，让志愿服务组织承接公共服务，实现社会公共服务供给从单一主体向多元主体参与的转变。一方面改变政府资源投入的决策方式，形成自下而上、由内向外的权力和资源分配体制，使公共资源的分配更加协调、更加合理；另一方面让专业性更强的志愿服务组织承接社会服务，让专业人士和专业组织做专业内的事，可以显著提升社会服务的专业水准，达到"提高社会治理社会化、专业化水平"的目标，而政府作为管理方进行监督和考核，解放时间和精力去办其他大事难事，与志愿服务组织形成合作共赢模式。

三是协同社会力量壮大社会治理相关活动队伍。首先是促进个体与社会的有效连接，增加个体的社会资本，让个体嵌入和融入社会，避免个人与公共领域的疏离，形成社会善治的基础与环境。其次是提升个体自助的能力，让个体"能"起来，形成治理的意识自觉和治理的能力自为，在一个大家都"能"参与和融入的社会，才能真正实现社会民主决策、科学治理，推动社会整体治理水平提升。第三是通过志愿服务人员和组织协调全社会的人力与物力，有效集成社会资源，丰富公共物品供给，不断满足人民日益增长的美好生活需要，不断促进社会公平正义，形成有效的社会治理、良好的社会秩序，使人民获得感、幸福感、安全感更加充实、更有保障、更可持续。最后是协同社会治理的多方主体，联通政府治理的纽带，架起公众参与的桥梁，畅通企事业单位的通道，形成理念融合、工作配合、机制耦合、环境和合的多元共治社会治理局面。

四是完善协同动力与保障体系。首先要建立志愿服务参与社会治理的指导标准、专业体系、运行模式、运行机制，让志愿服务参与社会治理规范化、科学化。其次是完善志愿服务参与社会治理的激励措施、评价机制、监督机制，推动志愿服务组织和个人健康有序、积极主动参与社会治理建设，让志愿服务参与社会治理可持续。最后是切实加强志愿服务参与社会治理的法律保障体系建设。一方面，以法律法规保障志愿服务组织和个人的合法权益，解除其后顾之忧；另一方面，以法律法规、道德要求约束志愿服务组织和个人在社会治理中的思想与行为，做到思想有红线，行为不越矩。

优化高校学生志愿服务参与社区治理的运行机制要从多方面努力。一是加强制度建设。政府应做好高校学生社区志愿服务的顶层设计，制定出台有关开展社区志愿服务的制度和条例，规定其经费投入、组织管理、激励方式和保障措施等内容，采用以经济、法律、财政、税务等手段为主的间接方式促进社区志愿服务工作的制度化和法制化；健全志愿者社会保险制度，以保证高校学生在服务过程中遭遇意外人身伤害时所享受的正当权利，解除他们参加志愿服务的后顾之忧。二是强化过程管理。社区居委会要与高校团委及志愿者组织联合创建高校学生社区志愿服务工作站，领导、组织和监管高校学生社区志愿服务。其中，居委会主要开展社区居民需求调研，提供岗位职责要求与服务需求信息；高校主要做好志愿者的组织管理及调配和培训，根据居委会提供的社区需求做好志愿服务的规划与管理，并与固定社区联手成立实习实训基地，建立长期合作关系，实现高校学生社区志愿服务的常态化；高校学生志愿者组织的任务则是以专业视角做好社区服务项目的规划或者为其服务提供必要的资金支持与社会援助。三是制定多元立体考核制度。创建由高校、社区居民委员、受助者等共同参与的多元考核主体机构，对高校学生志愿者的服务态度、服务能力和服务成效进行质量考核，并根据考核结果进行奖惩，以调动他们的工作积极性。

（四）服务与需求相结合，走永续型志愿服务道路

当前中国高校学生志愿服务组织应当提升志愿服务格局，要继续深化共青团组织的核心战斗堡垒作用，以特色志愿服务项目为依托，以专业志愿服务组织为保障，建立常态化、专业化志愿服务工作模式。志愿服务由过去行政化命令变为一种社会治理有效形式，不缺团组织的凝聚力，缺乏的是工作力量的专业化程度。实现志愿服务可持续发展的一个重要有效方式是品牌化，志愿服务的品牌之路需要高校推动和建设一批具有全国影响力的项目和团队。因此，高校志愿服务应该以社会为依托，建立长期的志愿服务合作项目。由离散型模式走向固定型模式，切实根据社会治理的需求，将服务扎根于一线。

高校共青团组织与地方共青团组织深化合作，引导志愿服务组织创建服务品牌。充分发挥青年志愿者协会、妇女志愿者协会、义工联等各类志愿者组织的作用，围绕大型赛会、宜居家园、文明城市创建、文明社区建设等主题，坚持用典型和品牌培育志愿服务文化自觉，不断推动"关爱他人、关爱社会、关爱自然"志愿服务活动广泛开展。着力普及"学习雷锋、奉献他人、提升自己"的志愿服务理念，努力营造浓厚的社会氛围，把学校、社区作为重点领域，强化"三关爱"志愿服务活动的思想道德内涵，紧紧围绕"讲文明、树新风"、扶老助残、帮困助贫、应急救援、医疗卫生、大型赛会等活动形式，根据志愿服务内容精心设计符合服务对象需求的志愿服务项目。志愿服务管理机构应积极组织开展形式多样的志愿服务活动，在服务中突出地域服务特色，打造志愿服务品牌。在城乡社区、学校、机关、企事业单位等打造好"志愿服务工作站（分站）""志愿服务工作基地"等典型或品牌。弘扬志愿服务品牌形象，引领社会风尚，营造有利于志愿服务的社会氛围，充分利用报刊、广播、电视、互联网等大众媒体，宣传和报道品牌志愿服务活动的经验和志愿者的感人事迹。积极动员和鼓励企事业单位和社会资助志愿服务，依托"志愿服务基

金"建立相应的项目申报、资助、评估等特色志愿服务资助体系。尤其是要加强对社区帮困助贫、关爱留守儿童、医疗保健、山区支教等特色志愿服务领域的支持力度，充分发挥品牌效应，保障志愿服务活动可持续发展。坚持"立足基层、见诸日常、细致入微、持续发展"，探寻志愿服务品牌化运作、社会化融入、项目化推进的工作模式，建立一批有影响力的志愿服务品牌。

（五）服务与实践相结合，走回应型志愿服务道路

高校志愿者组织为满足社会各级人士需求，应积极拓展服务渠道，探索多样化志愿服务。除了开展品牌活动，高校志愿组织还可与社会组织开展志愿服务合作活动，如高校与市中心血站共同开展无偿献血志愿服务、与部队开展军地青年共成长工程等。通过社会项目的参与，高校学生能在实践中不断增强志愿者意识，升华思想认识，通过志愿服务活动，体验民情，观察社会，增强社会责任感。

信息化时代需要智慧治理，可通过搭建高校与社区的志愿服务大数据共享平台提升治理的效度，让参与志愿服务和接受志愿服务的群体感知志愿服务的温度与速度。一方面，可以极大提升治理的效率，包括发现问题更加迅速快捷、回应问题更加及时等；另一方面，可以跨越物理空间的限制而发挥作用，使高校志愿服务的社会认可度得到提高。

在社会治理的过程中，通过技术手段的应用，相关材料及相关意见建议的收集工作更加便捷高效。例如，运用移动互联网手段，通过微信群、QQ群等进行广泛动员宣传，征求居民对志愿服务的需求以及意见建议。尤其在社区公共安全、公共服务、公共管理等"三公"领域的志愿服务项目中作用更加突出。利用物联网技术建立高校志愿服务的"时间银行"，使高校学生志愿者参与社会服务工作的时间、地点以及服务内容都可以被即时记载保存，独立的身份识别卡也能够确保志愿者和社区居民的安全。在公共服务方面，高校学生志愿者走进社区，教授老年人电脑、智能手机等电子科技产品的使用方法，使得老年居民能够在社区范围内享受到众多基础性服务，解决了公共服务"最后一公里"的难题。在公共管理方面，立足社区自身特色建立志愿服务大数据共享中心，打造高校志愿服务与基层社区协同治理的"智慧仓储"，着力消除因数据割据、数据垄断所导致的数据碎片化等一系列问题。此外，相关教育部门和企事业单位也可以帮助高校进一步丰富志愿服务的数据信息资源，进而实现数据资源的开放、共享。

（六）守正与创新相结合，走创新型志愿服务道路

志愿服务乃扶贫济弱、弘扬正义的事业，在我国具有悠久的传统文化根基，也具有当今普遍认同的社会价值基础。《志愿服务条例》总则对志愿服务的时代意义进行了清晰的界定："为了保障志愿者、志愿服务组织、志愿服务对象的合法权益，鼓励和规范志愿服务，发展志愿服务事业，培育和践行社会主义核心价值观，促进社会文明进步。"全国志愿服务信息系统显示，到 2022 年 10 月，全国志愿者总人数达到 2.17 亿，青年志愿服务队伍逐步壮大，并逐渐形成了中国特色的青年志愿服务道路。

高校学生志愿服务发展的主要瓶颈在于志愿服务经费来源窄、经费不充足，志愿服务的接续性不强，因此，扩大高校学生志愿服务的经费渠道，增强高校学生志愿服务的活动实效，强化口碑效应，提高和增强高校学生志愿服务在大学生中的认同度、荣誉感，提升高校学生志愿服务在社区服务中的贡献度、价值感，势在必行。在中国式现代化的推进过程中，基层社区治理需要注入新生力量，高校学生志愿服务也需要提振质量、创新思路，两者需有机结合，方能创造出新时代的中国高校学生志愿服务融入基层社区的新路子。

改革高校学生志愿服务的经费管理制度，是破解高校学生志愿服务困境的入口。《志愿服务条例》第三十条规定："各级人民政府及其有关部门可以依法通过购买服务等方式，支持志愿服务运营管理，并依照国家有关规定向社会公开购买服务的项目目录、服务标准、资金预算等相关情况。"第三十一条规定："自然人、法人和其他组织捐赠财产用于志愿服务的，依法享受税收优惠。"这两条法规为扩大高校学生志愿服务的经费池提供了法律保障。自然人、法人及其他组织给予志愿服务项目、志愿服务活动经费捐赠，能产生双赢的社会效应，这将有助于高校学生志愿服务常态化，从而在社会治理中发挥更积极、更显著的作用。

推动高校学生志愿服务改革，促进大学生社会实践的力量深入乡村、社区、田间、地头，与基层的社区治理实务结合，形成常态化志愿服务，有助于实现社区治理与志愿服务的双向路径创新。扩大经费来源，吸引自然人、社会组织、企业法人捐赠资金投入高校学生志愿服务工作，也可推动社会公益融入基层社区建设，并间接实现对"第三次分配"创新性、尝试性的实践探索。